JN212139

第2版

ソフトウェア ファースト

SOFTWARE FIRST

あらゆる
ビジネスを
一変させる
最強戦略

及川卓也 Oikawa Takuya

日経BP

ソフトウェアファースト 第2版

あらゆるビジネスを
一変させる
最強戦略

SOFTWARE FIRST

Second Edition

はじめに

筆者は35年以上に及ぶＩＴ業界でのキャリアの大半を、外資系企業で過ごしてきました。その中には、マイクロソフトやグーグルのように大成功を収めている企業も含まれます。筆者が外資系企業を選んだことについて、日本を見下している、あるいは見捨てたという印象を持つ方もいらっしゃるかもしれません。しかし、本人の認識は、その逆です。日本企業で勤務している方々と同じくらい、もしかするとそれ以上に、日本の成長を強く願い続けています。

少しだけ昔の話をします。筆者は、マイクロソフトで国際版のウィンドウズの開発に携わっていました。最後に担ったポジションは、日本語版と韓国語版のウィンドウズの開発責任者。同僚は、中国語版の開発責任者、欧州版の開発責任者など、世界各地で筆者と同じように各地域を統括しているメンバーでした。彼らは同志であると同時に、ライバルでもありました。このチームは、米国や英語圏だけでなく、世界各地で使われるウィンドウズの開発に責任を持っていて、予算確保のためには、各市場が投資に値することを示す必要がありました。開発人員を増やすにも、その地域に採用基準に見合う優秀な技術者がいることを証明する必要がありました。言葉にこそしませんでしたが、同僚とは各国や地域を代表する者として競い合う関係でもあったのです。

筆者がマイクロソフトに勤務していた２０００年代半ばまでは、米国から見ても日本は今以上に魅力ある国でした。パーソナルコンピューターメーカーも多くあり、ウィンドウズに新しい技術を搭載する際には、真っ先に相談する相手もいました。国際標準を共同で策定することもありました。周辺機器についても同じです。プリンターだけをとっても、世界市場を席巻するメーカーの多くは日本にありました。今はどうでしょう。パーソナルコンピューターのコモディティ化に伴って、日本では多くのメーカーが撤退しています。国民総生産（GNP）も停滞したままです。その結果、1990年代後半から今日《こんにち》にかけて、外資系企業の中には、日本の研究所を閉鎖したり、特定の製品を日本で展開しないケースが出てきています。筆者が外資系企業に勤務していた時に、ジャパンパッシングという言葉が生まれました。ジャパンバッシング、経済大国として国際競争力が突出していた日本に対してバッシング、すなわち批判や攻撃をするのではなく、パッシング、つまり日本を通り過ぎて中国やアジア各国へ投資することを示す比較的新しい言葉です。

バブル経済崩壊後の日本における「失われた30年」の間に、こうした日本市場の軽視、あるいは無視が増えていきました。筆者は、日本の国際競争力の低下を防げなかった戦犯とも言える世代の1人なのだと自覚しています。

初版を2019年に書いた理由：「手の内化」でデジタル敗戦から脱却へ

筆者はグーグルを退職後、日本企業の支援を始めました。当初はスタートアップを中心としていましたが、大企業も支援するようになると、日本の競争力低下の理由に少しずつ気付き始めました。それはITを過小評価し、変化を嫌う企業体質です。社会や人々が求めるものや価値観が大きく変っているにもかかわらず、頑なに変わろうとしない姿がそこにありました。人は理解できないものを否定してしまう性《さが》があります。まさに日本企業はそのような思考回路を備えているように見えました。

確かに、筆者が転職したころのマイクロソフトやグーグルはまだ子どものような存在で、大企業から見れば、「こんな会社はそう長続きしないだろう」と思われても仕方なかったかもしれません。実際に、注目されたもののすぐに消えてしまったIT企業も多くあります。しかし、その中でも生き残った企業は、多くの産業において、その根本的な構造から大きく変えたのです。それが「ディスラプト（破壊的）」と呼ばれる現象です。さすがに２０１０年代も後半になれば、ITの破壊力に気付いても良さそうなものなのに、実体が見えないという理由で、ITを虚業呼ばわりしたり、そこまではないとしても、ITはよく分からないからとすべてをIT企業に丸投げする、そんな会社がまだ多くを占めていました。

「デジタル敗戦」とも指摘される状況に対して強い危機意識を持った筆者は、２０１９年に『ソフトウェア・ファースト』第一版を上梓しました。その中で筆者は、ITの本質はソフトウェアであること、そして、ソフトウェアを自分の武器とするために「手の内化（中身をブラックボックス化せずに、自らの制御下に置くこと）」することの重要性を説きました。デジタルトランスフォーメーション（DX）という言葉は当時から認知されており、多くの企業がDXに取り組み始めていました。そこで著者は、DXを進めるにはソフトウェアの手の内化、すなわちソフトウェアファースト【編注1】が必須であることを訴えました。

「手の内化」の意味を改めて確認すると、これはトヨタグループで使われている言葉です。トヨタ企業サイトの『トヨタ自動車75年史』【編注2】によると、80年代に発展したカーエレクトロニクス分野の関連機能をグループ内で内製化したことを「手の内化」と記しています。筆者なりにその意味を解釈すると、

編注1　初版では「ソフトウェア・ファースト」というように「・（中黒）」を入れていたが、この言葉が一般化したこともあり第2版では「ソフトウェアファースト」と表記する

自社プロダクトの進化にかかわる重要な技術を自分たちが主導権を持って企画・開発し、事業上の武器にすることを「手の内化する」と言うのでしょう。

『ソフトウェア・ファースト』第一版は筆者の予想をはるかに超えた多くの読者に手に取っていただきました。「うちの会社の役員会で話題になった」、「この本を参考に勉強会を開催した」、「新入社員の必読本にしている」、「ソフトウェアファーストという部署ができました」――。これらの言葉が筆者の元にも届きました。根が臆病な筆者は、日本企業の方々に随分と耳の痛いことを書いてしまったと心配していたので、温かい言葉に胸をなでおろしました。実際、多くの企業から研修や講演の依頼が舞い込みました。日本および日本企業がＩＴを用いて、これまで以上に世の中に価値のある事業を展開できるように、そして再び高い国際競争力を発揮できるために、本書が少しでもお役に立っているなら嬉しく思います。

第二版を今書いた理由：ＤＸへの真の理解が企業の成否を分ける

そして２０２４年の今。第一版が出版されてから今日までで、日本の状況は劇的に改善しています。２０２０年から始まった新型コロナウイルスによるパンデミックにより、企業が提供するサービスの多くはデジタル化せざるを得なくなりました。緊急事態宣言に伴い、飲食店には営業自粛が要請され、文字通り生き残りをかけ、多くの店がテイクアウトやデリバリーを始めました。そこでは、スマートフォンから簡単にオーダーをできる仕組みが整備されました。店舗での飲食を提供する場合でも、ソーシャル

編注2　https://www.toyota.co.jp/jpn/company/history/75years/text/leaping_forward_as_a_global_corporation/chapter2/section1/item3_b.html

ディスタンスを考慮し、テーブルで店員を介さず、タブレット端末もしくはスマートフォンでオーダーできる店舗が増えました。

影響が及んだのは飲食業界だけではありません。一般企業も在宅勤務が進んだことで、オンラインで仕事を進めることが当たり前になりました。ビデオ会議やオンラインでのホワイトボードなど、今ではどんな会社でも対応できるようになっています。

国はパンデミック前からDXを推進してきました。第一版でも紹介した通称DXレポート（正式名称『DXレポート～ITシステム「2025年の崖」克服とDXの本格的な展開～』）【編注3】が出たのは出版の前年の2018年です。その後も、DXレポートは改訂され、さらにはその実現方法まで踏み込んだ「デジタルガバナンス・コード」やDX推進のための人材に求められるスキルセットをまとめた「デジタルスキル標準」【編注4】も制定されています。さらには、国内の進捗状況をまとめた「DX白書」【編注5】も発行されています。今まで国によるIT産業政策が必ずしも成功とは言えなかった歴史を知っている身からすると、また現実を直視せず、非現実的な打ち手を展開しているのではないかと不安に思っていましたが、これら一連の国からの発信は現状を正しく分析し、危機感を露《あら》わにしたものとなっており、DXが進まない日本企業に対する悲痛な叫びにすら思えるものとなっています。

2021年9月、日本におけるデジタル化の遅れを解消し、デジタル社会の形成を加速することを目的として、デジタル庁が発足しました。先ほど、新型コロナウイルスによるパンデミックが日本のDXを推進したと書きましたが、同時に、行政手続きや医療や教育などの公共サービスはむしろデジタル化の遅れが露呈されたと言っても過言ではないでしょう。デジタル庁が引き継いだ形となった新型コロナ

編注3　https://www.meti.go.jp/shingikai/mono_info_service/digital_transformation/pdf/20180907_03.pdf
編注4　https://www.meti.go.jp/policy/it_policy/jinzai/skill_standard/main.html
編注5　https://www.ipa.go.jp/publish/wp-dx/dx-2023.html

ウイルス接触確認アプリ（ＣＯＣＯＡ）も提供開始直後に不具合が発見されるなど、スタート時は前途多難に見えましたが、その後のマイナポータルなどは非常に使いやすいものとなっています。デジタル化の進め方はそこで使われている技術も含めて公開され、民間企業の模範になっています。

日本が世界に誇る製造業、中でも自動車産業は「１００年に一度の変革期」と呼ばれています。特にＳＤＶ（ソフトウェア・ディファインド・ビークル）への対応が焦点になっています。これは、車の価値がソフトウェアによって定義・実現されるという概念です。車は従来、ハードウェア中心で設計されていましたが、ＳＤＶではソフトウェアが中心となり、車の機能はネットワークを介して更新（アップデート）されていきます。まさに、ソフトウェアファーストです。このような背景の元、トヨタ自動車、本田技研工業、日産自動車など日本の自動車メーカーも車載ソフトウェアだけではなく、コネクテッドカーを実現するべく、通信やネットワークの先にあるクラウドと呼ばれる環境でのソフトウェア開発の内製化、つまり手の内化を進めています。

一方で、ソフトウェアで新たな価値を生み出そうとする企業と、そうでない企業との差は、さらに開きつつあります。「ＤＸ推進のためのタスクフォースが発足したので手伝ってほしい」と言われて話を聞いてみたら、いまだに効率化や省力化のためのＩＴ活用の話をしていたり、経営者セミナーに参加した社長が「ＤＸ」というキーワードを聞きかじり、それが何なのかはよく分からないけれど、ＤＸ担当者をやらされることになりましたという笑うに笑えない話も聞こえてきます。

「あなたにとってＤＸとは？」この質問にはっきりと答えられない会社がまだ多くあります。私にとってＤＸとは、ＩＴの中でも最も破壊力のあるソフトウェアを使って、人と組織、事業、そして社会を変革する、ソフトウェアファーストを実現することです。

２０１９年の第一版当時からすでに、ソフトウェアファーストは欧米では当たり前の概念でした。なので、もし『ソフトウェア・ファースト』が日本で売れたら、日本が周回遅れであることの証左でもあると思っていました。売れてほしいような、売れてほしくないような……。しかし、蓋を開けてみれば予想以上の反響を呼んだことは、すでに書いた通りです。さらに言うと、今でもまだ多くの日本企業が、この考えを理解していないのが実情です。

今度こそ、日本がソフトウェアをしっかりと活用し、以前と同じように世界で輝ける国になってほしいという気持ちで、再び筆を取り、実際にはマックブックプロですが、第二版を書くことにしました。

第二版の内容構成：「体験のサービス化」を実現するために

第二版の構成は次の通りです。時代の変化を反映して、第一版から大きく内容構成を見直しています。1章では、現代社会における「体験のサービス化」の加速と、それを支える技術の重要性を解き明かします。同時に、人工知能（ＡＩ）の進化とその社会への影響、特にサービス化に与える影響についても解説し、今後を見据えたソフトウェアファーストの意義と本質を示します。

続く2章では、ソフトウェアファーストに成功する企業と失敗する企業の違いを浮き彫りにします。さらに、日本のデジタル敗戦とその原因、製造業の現状と展望、コロナ禍で進んだ小売業の変革などを通じて、成否を分ける要因を明らかにし、成功への道筋を示します。

その上で3章では、ソフトウェアファーストを実現する手段を説明します。迅速に新しいプロダクトを投入して、顧客のニーズに的確に応えるための具体的なステップとマネジメントを解説します。

4章では、「手の内化」に必要な今どきの開発技法を、経営層にも理解していただけるよう、かみ砕きつつなるべく端的に説明します。DXの成功に欠かせない技術に対する見識を高め、技術選定やデータ活用の勘所を理解していただく狙いです。

続いていよいよ、DX実践を担う組織と人材について説明します。5章では、経営層はもとより、エンジニアの方々にも向けて、強い開発組織を形づくる方法を説明します。そして6章では、そうした組織で活躍できる人材になるためにすべきことを示します。

最後の7章では、日本企業がソフトウェアファーストを実践すべき領域と方策について、著者の考えを述べます。読者にイメージを持ってもらいやすいよう、なるべく具体的に記します。

真のＤＸに向けて勇気を持って踏み出そう

第一版の「はじめに」では、著者は自分のことを「IT業界のチコちゃん」と称しました。筆者が講演会などでいくら日本の現状に警鐘を鳴らしても、聴いている人にはエンターテインメントとして消費されてしまっている。これを、NHKの番組「チコちゃんに叱られる！」になぞらえたのです。筆者の話は聴く人にある種の爽快感を与えるようで、「上司にも聴かせてやりたい」、「胸のつかえが取れた感じです」――このようなことを言っていただくのですが、その後、その会社が変わった様子はありません。

チコちゃんに、「ボーっと生きてんじゃねーよ！」と無知を指摘され、その場は楽しいのですが、翌日には何を言われたのかさっぱり覚えていない。そんな状況と一緒です。

このようなＩＴ業界のチコちゃんを卒業すべく書いたのが第一版だったのですが、状況は良くなったでしょうか。すでにソフトウェアファーストに向かって前進している会社がある一方、むしろもっと悪化して、思考停止に陥っている会社も見受けられます。

お会いしてまだわずかにもかかわらず、筆者に「どうすれば良いですか？」と聞いてくる人が多くいます。最初は「詳しくお聞きしないと分からないですし、決めるのはあなたです」と丁寧に対応していましたが、しばらくして次のように理解しました。これらの方々は筆者に背中を押してほしいのだと。何が正しいか分からない中、決断するのが怖いのでしょう。

ふと、こうした人々に向き合っていた人がいたことを思い出しました。マツコ・デラックスさんです。バラエティ番組を中心に多数のレギュラー番組を抱える売れっ子タレントで、大衆に媚びないストレートな発言が視聴者に支持されています。もしかしたら、好き嫌いがはっきりと分かれるのかもしれませんが、筆者も争点を適切に指摘するマツコさんの発言には賛同することも多くあります。

ＩＴ業界のチコちゃん改め、ＩＴ業界のマツコ・デラックスさんを標榜し、端的にこうしろ、ああしろと言いまくることも考えましたが、それではまた思考停止に拍車をかけるだけです。ならば、最新状況を踏まえて、ソフトウェアファーストに踏み出していただくために、そして、すでに踏み出している人々の背中を押して勇気を与えるために、この第二版に思いの丈を綴《つづ》ることにしました。

本書が読者の皆様個人、あるいは所属組織の真のＤＸを推進するためにお役立ていただけることを願っております。

3章 ソフトウェアファーストを実現する手段

6章 各人材に求められる変革

7章
日本企業への提言

【注】
・参考文献等については、編注として欄外に記載した。
・図については、参照元や出典を図の欄外に記載した。

SOFTWARE
FIRST

1章

ソフトウェアファーストとは何か

ソフトウェアファーストとは、ユーザーや顧客の体験価値を最大化するためにソフトウェアを「手の内化」してフルに活用することです。1章では体験がなぜ重要なのか、そしてそれを最大化するためにソフトウェアを活用するとはどういうことなのかを説明します。

「体験のサービス化」が加速する

1990年代初頭、筆者はまだ小さかったマイクロソフトの米国本社に1年ほど勤務していました。本社があったのは、ワシントン州レドモンドという小さな町です。当時すでに、レドモンドの周辺には、マイクロソフト社員をはじめとするコンピューター技術者が集まり始めていました。夜は技術者同士のカジュアルな集会が開かれることも多く、情報交換や交流の場となっていました。

マイクロソフトの新しい技術のお披露目会に参加した時のことです。デモの中であるカフェが取り上げられていました。確か簡単な店舗のオペレーションをソフトウェアでモダンにするといったものだったと記憶していますが、そこには見慣れないロゴがありました。緑色の背景に、特徴的な女性の姿。後にそれは人魚だということを知りましたが、そう、そのロゴはスターバックスのものでした。

当時のスターバックスは、日本ではまだ無名の存在でした。しかし、米国ではすでに上場しており、発祥地であるワシントン州シアトル、そして近隣のレドモンドでも広く知られていたようです。

スターバックスが人気を博した理由は、エスプレッソをベースとした美味しいコーヒーもさることながら、店内環境を整備することで、自宅と職場以外の心地よい空間、「第三の場所（サードプレイス）」というコンセプトを打ち出したことです。

その後、テイクアウトを利用する顧客が増えると、スターバックスの魅力は必ずしも「第三の場所」だけではなくなりましたが、それでも米国のみならず世界中の人々の間で、スターバックスは「他に選択肢があってもつい選んでしまうカフェ」というポジションを確立することになりました。

さて、この「第三の場所」というコンセプトは、おしゃれな内装や快適な座席というハードウェア、無料Ｗｉ－Ｆｉや邪魔にならない心地よい音楽、ホスピタリティあふれる店員との会話、そしてカスタマイズ可能なメニューによって構成されています。これらすべてが「体験」です。

飲食業を営む筆者の知人は、「スターバックスのコーヒーよりもうちのコーヒーのほうが断然美味しい」と言います。残念ながら筆者はコーヒーを飲まないので真偽は分かりませんが、スターバックスの魅力はコーヒーの味だけでなく、「第三の場所」という体験にあるのです。

このように、体験が価値を持つようになったのは１９９０年代後半から２０００年代初頭にかけてです。２００１年に発売されたウィンドウズＸＰは、ウィンドウズＶｉｓｔａが登場するまでの７年間もの間、マイクロソフトのウィンドウズビジネスを支え、その後も現役として多くのユーザーに使われました。それは、次に発売されたウィンドウズＶｉｓｔａの販売不振という理由も否定できませんが、ウィンドウズＸＰがそれだけ長い間使い続けられる必要十分な機能を備えていたからに他なりません。

筆者は当時、ウィンドウズＸＰの開発に携わっており、日本語版の提供にあたって、英語版の用語を日本語に翻訳する役割も担っていました。そこで頭を悩ませたことの１つが、「適切な日本語訳が思い浮かばない」ということ。その中に、〝Experience（エクスペリエンス）〟という言葉がありました。

ご存知の方は少ないかも知れませんが、ウィンドウズXPのXPは〝eXPerience〟のXPです。そのため、ウィンドウズのいくつかの機能の説明に、〝Experience〟という言葉が登場しました。その時、どのような日本語にしたかは記憶にないのですが、「体験という意味だと思うのだけれど、なぜこの機能の説明に体験が出てくるのだろう」と不思議に思ったことを覚えています。

それから20年以上経ち、少なくともIT業界においては、体験、特にユーザー体験や顧客体験という言葉は一般的なものとなりました。マーケティングの世界でも「コト消費」の重要性が叫ばれるようになりました。これはモノを消費するのではなく、モノを通じた、もしくは無形で提供される体験を消費することを指し、体験の価値が高まったことを意味しています。

音楽・映像、飲食、業務アプリ……「モノからコトへ」が相次ぐ

では、実際に「モノからコトへ」が実現された例を見ていきましょう。

音楽業界で過去数十年に起きたことは、体験革命とも言えるほどインパクトがあり、産業構造を根本的に変えてしまいました。

筆者の若い頃、音楽を楽しむには、レコードを購入するのが一般的でした。その後、アナログからデジタルへの移行とともに、CDが主流となりました。しかし、フォーマットが変わっても、若者にとって高価な買い物であることに変わりはありませんでした。そこで、レンタルサービスが普及し始めます。

とはいえ、レンタル料金や借りに行く手間などのコストは依然として高く、多くの人は好きなアーティストやジャンルに絞って、ハズレを避けるようにしていました。

その後、コンピューターの発展とインターネットの普及により、音楽はMP3形式などで共有されるようになりましたが、依然として音楽は「所有」するものでした。しかし、アップルのiPod（アイポッド）とiTunes（アイチューンズ）の登場で、状況は一変します。特に革命的だったのは、「移動中でも自分の好きな音楽を聴ける」という点です。この変化の始まりは、1979年にソニーがウォークマンを発売し、ポータブルオーディオプレーヤーが流行したことに遡りますが、iPodの登場で大容量化が可能となり、自分のCDコレクションすべてを持ち歩くことが可能になりました。

iPodとiTunesがソフトウェアベースであることも重要なポイントです。これによって、音楽の入手方法が大きく変わりました。ウェブからダウンロードすれば、すぐに好きな音楽が聴けるようになったのです。また、大量の音楽コレクションの管理も楽になりました。楽曲名やアーティスト名、ジャンルなどで簡単に目的の曲を検索できるようになったのです。

現在、音楽業界はサブスクリプションサービスによる「聴き放題」の時代に移行しています。読者の皆さんもスポティファイやアップルミュージックなど何らかのサブスクリプションサービスに加入しているのではないでしょうか。もはやMP3などのファイル形式を意識することさえなくなっています。

所有から利用権への移行は、単に自分の好きな音楽を購入して聴くという体験から、ソーシャルメディアでの口コミやサービス側から提供されるプレイリストを通じて、知らない音楽に出会う楽しさという新たな体験をもたらしています。ハズレをつかまないために無難に自らの趣味にこだわっていた時代は、もうはるか昔のことです。

筆者は元々、レッド・ツェッペリンやエリック・クラプトンなど、イギリス発のロック「UKロック」が好きでした。他にもモダン・ジャズなど、比較的古くて評価が確定しているような音楽を好む、保守的な音楽ファンだったのです。しかし、サブスクリプションで聴き放題になると、筆者の音楽体験は劇的に変化しました。「朝にスターバックスで流れているような音楽」というプレイリストを聴いたり、サービス側が提案する楽曲が流れてきて、それが意外と気に入ったりすることもあります。その楽曲に高評価をつけると、似たような楽曲がレコメンドされてきます。そうこうしているうちに、そのような曲が「トロピカルハウス」というジャンルであると知り、プレイリストでトロピカルハウスを聴くようになり、最近では「ライブにも行ってみようか」とまで考えるようになりました。同じような体験をしている読者も多いのではないでしょうか。

このように音楽業界は、私たちの音楽体験を根本的に変えてきました。しかし、変化は時として「破壊（ディスラプション）」を伴います。2006年の米タワーレコードの経営破綻は、音楽業界がたどった激動の時代を象徴するものと言えるでしょう。

映像産業も同じような変化を経験しています。かつてはビデオテープやDVDの購入、あるいはレンタルが主流でしたが、現在は、ネットフリックスやフールー、アマゾンのプライム・ビデオといったサブスクリプションサービスによる「見放題」の時代に移行し、そのプラットフォームでしか見ることのできない独占コンテンツも制作されています。映像視聴体験も大きく変わり、例えば離れた場所で一緒に同じ映像を見るという新しい体験も可能になっています。

体験の多様化も見逃せません。音楽に関して言えば、アナログからデジタルという一方向の変化だけではなく、アナログ回帰も起きています。２０２０年のアナログレコードの生産額は、２０１０年比で10倍に成長しています【編注1】。求める体験は十人十色で、アナログを好む人もいれば、デジタルを好む人もいる、コスト重視の人も質重視の人も効率重視の人もいる。それも今日《こんにち》の特徴と言えます。

２０２０年からの3年間で、地球上のほとんどすべての人々の生活と仕事は一変しました。ソーシャルディスタンスという今まで聞いたこともない言葉で、社会は物理的な断絶を余儀なくされました。政府は緊急事態宣言を出し、要請を受けた企業は社員に在宅勤務を命じました。自宅で働くことなど想定していなかった多くの人は、今まで暮らすためだけのものだった住居に働くためのスペースを確保し、どうにかやりくりしました。

一方で、仕組みそのものを変えざるを得なかった業種もあります。その最たる例が、飲食業です。多くの店舗がデリバリーサービスの導入や非接触オーダーシステムの採用、キャッシュレス決済の導入に踏み切りました。これらの変化は、ただ時代の要請に応えるためだけではなく、顧客体験の向上という観点からも積極的に取り入れられました。例えば、ファミリーレストランや寿司チェーンでは、デジタル技術を駆使して新しい顧客体験を提供しています。

これらの店舗は、顧客がスマホを使ってＱＲコードからメニューを閲覧し、その場で注文できる非接触オーダーシステムを確立したり、テーブルに備え付けられたタッチパネルからオーダーできるようにしました。これにより、接客業務の効率化を図りつつ、顧客の待ち時間を短縮しました。また、キャッシュレス決済を導入することで、会計時の接触を減らし、さらにスムーズな食事体験を提供しています。

編注1　https://prtimes.jp/main/html/rd/p/000000474.000010908.html

しかし、これらパンデミック対応として導入された技術は、使い勝手次第で顧客の評価が分かれることがあります。ユーザーフレンドリーな設計であれば、紙のメニューよりも使いやすく、注文の正確性も向上します。一方、システムが不十分な場合、店員を呼んだほうが早いとなることもあるでしょう。店舗側の人員不足のシワ寄せが、顧客にいってしまっていると感じることもあります。大切なのは、単に効率化を目指すのではなく、体験価値の向上を目指しているかどうか。これが評価の分かれ目となります。

パンデミックが一段落した現在でも、これらのシステムはその便利さと効率性から継続して提供され、飲食店がデジタル変革を進める上で良いロールモデルとなっています。今後は、デジタル技術を使って、いかに顧客体験を豊かにするかが大きなテーマになるでしょう。

体験が重要になったことを示す例は、業務アプリケーションでも見ることができます。

従来の業務アプリケーションは、業務を遂行するために必要な機能が備わっていれば十分で、使い勝手は二の次でした。そのため、常に分厚いマニュアルを手に確認をしながらでないと操作できないこともありました。どのボタンを押せばいいかすら分からないようなユーザーインターフェイスは当たり前で、データを取り込むにも毎回利用者が整備しなければならなかったりと、利用者視点に欠けていました。しかし、今日では状況が一変しています。

その背景の1つに、ユーザーの目が肥えてきたことが挙げられます。コンシューマー向けのスマートフォンアプリやウェブサービスが非常に使いやすく進化していることから、業務アプリケーションにも同様の使い勝手が求められるようになったのです。例えば、経費精算処理アプリケーションはスマホの家計簿アプリケーションと比べられるようになり、社員から「なんでうちのアプリはこんなに使いにくいんだ」とクレームが来るようになりました。

また昨今、従業員体験という言葉もよく聞かれるようになりました。従業員体験とは、入社から退職に至るまでのライフタイムにおける職場での経験や体験を意味しています。職務内容や職場環境、組織カルチャーや人事制度、上司と部下の関係などすべてを含みますが、業務アプリケーションも従業員体験を高める重要な要素です。使いやすく、直感的な業務アプリケーションは、生産性だけはなく、従業員体験も向上させ、優秀な人材の獲得と維持、離職率の低下につながります。

業務アプリケーションは、業務の複雑化や適用範囲の拡大に伴い、本来なら使い勝手が悪くなってもおかしくありません。しかし、体験の重要性が認識されるようになった結果、全体の傾向として、以前より使いやすくなってきたと言えるでしょう。

産業のサービス化が進む

ここまで見てきたような価値観の変遷、所有から体験への変化、体験の多様化は、「産業のサービス化」と言い換えることができます。産業のサービス化とは、モノづくりからコトづくりのように、無形の価値をもたらす方向に変化することです。

産業のサービス化はさまざまな業界で起きており、そこには共通の背景があります。まず、インターネットが社会基盤として定着したことにより、常にインターネットに接続されている状況、つまり「コネクテッド」が前提になりました。スマートフォンだけでなく、ウェアラブル端末もインターネットに接続できるようになりました。さらにはＩｏＴ（モノのインターネット）によって家電などともつながることを前提にした事業が生まれています。エンターテインメント産業を例に取ると、スマートフォンに動画がダウンロードされていなくても、動画配信サービスを使えば、どこにいても動画を楽しめるようになりました。むしろ、スマートフォンのストレージ容量を消費しないほうが好まれることもあります。以前は、移動先でスマートフォンから動画配信を使う場合、メリットと通信費がト

編注2　https://www.meti.go.jp/statistics/toppage/report/minikaisetsu/hitokoto_kako/20230224hitokoto.html

レードオフの関係にありました。しかし、今は携帯料金がかなり安くなり、動画配信サービスの通信利用料を除外するプラン（カウントフリー）を用意する携帯電話会社もあります。

ミレニアル世代を中心に価値観が大きく変化したことも理由の1つです。「所有」が価値を持つ時代から、「利用」が価値を持つ時代へ、さらには「体験」が価値を持つ時代へと移り変わってきました。高級車を持つことが成功の証とされる時代はすでに過去のものとなり、今では所有を嫌う傾向さえあります。この変化は、「シェアリング」というもう1つの消費者動向の変化とも呼応します。遊休資産を共有するシェアリングの考えは、所有への価値が減少するとともに一般的になりました【編注2】。特に、事業者を介さないサービスが増加したことで、個人間でシェアするという考えも普及しています。CtoC【編注3】のフリーマーケットとして大成功したメルカリもシェアリング的な発想で生まれたサービスと言えるでしょう。

さて、このサービス化の流れを根幹で支え、一大分野にしたのが「ソフトウェア」です。中でも、近年はSaaSと呼ばれるクラウドサービス【編注4】が広く普及しています。

SaaSはSoftware as a Service（ソフトウェア・アズ・ア・サービス）の略で、ユーザーが使う完成形としてのソフトウェアをクラウドの形態で提供しています。Gメールやグーグルマップのようなサービスが代表的ですが、今までパッケージソフトとして提供されていたような会計ソフトウェアや勤怠管理システムなども、SaaSとして提供されるようになっています。さらに、従来アプリケーションが存在していなかった業務、例えば契約書の内容確認をサポートするようなアプリケーションも、SaaSとして登場しています。サービス分野によって普及度の違いこそあれ、今や個人の活動や企業の業務の

編注3　Consumer to Consumerの略で、コンシューマー同士が製品やサービスを提供し合うこと

編注4　ITインフラやソフトウェアをインターネット経由で利用するサービス。顧客は必要に応じて機能やデータ容量を拡張できる

多くがSaaS化していると言っても過言ではないでしょう。

ＩＴ事業者から見ても、SaaSはいくつかの破壊的な変化をもたらしました。その1つが、ビジネスモデルの変化です。従来、ＩＴ事業者はソフトウェアを販売することで収益を上げていました。いわゆるパッケージ販売モデルです。パッケージソフトを販売した後は保守サービスを通じてしかユーザー接点が持てず、販売後の収益も、基本的には保守サービス費とユーザー数が増えた場合の追加ライセンス料金のみでした。つまり、パッケージ販売モデルの場合、ソフトウェアが使われ続けていたとしても、ユーザーが新しいバージョンにアップグレードしない限り、大きな収入にはならないのです。

筆者がマイクロソフトに在籍していた時に感じたジレンマが、まさにこのパッケージ販売特有のものでした。ウィンドウズVistaの開発中に、米国本社にいる上司からこんな質問を受けました。

「ウィンドウズVistaの競合は何か？」

当時は携帯電話やインターネット接続テレビのような情報家電に注目が集まっていたので、筆者は「情報家電ではないか」と答えました。上司は首を横に振りました。

「我々の競合は、ウィンドウズXPだ」

彼は、現行のウィンドウズXPに満足しているユーザーが多く、次期製品をリリースしてもアップグレードされないであろうリスクを強く感じ取っていました。残念ながら彼の予想通り、ウィンドウズVistaは営業的には失敗に終わり、多くのユーザーは、ウィンドウズVistaをスキップして次のバージョンのウィンドウズ7を待つことになりました。

これがSaaSになると、サブスクリプション型の継続ビジネスに変わります。ユーザーと契約した直後の収益はパッケージ販売に比べて大幅に低くなりますが、使われ続ける限りは継続して安定した収益を得られるようになります。使わなくなったら解約されてしまうリスクがある一方で、使われ続けるよう努力と改善を続ければ、会社が成長し続けるのです。つまり、体験をより良いものにしていくことの重要性が増すというのが、SaaSのもう1つの特徴になります。

一方で、SaaS型のビジネスモデルを採用していても、利用状況の把握を通じた改善ができていないと、ユーザーにとって期待外れとなり、契約更新されない可能性が高くなります。また、常に改善できる状態になった結果、SaaSでは「バージョンアップ」という考え方がなくなりつつあります。プロダクトによっては、SaaSでも大きな機能変更やユーザーインターフェイスの変更をバージョンアップに近い形で行うケースはありますが、多くのSaaS型ソフトウェアは小さな機能追加や改善を繰り返すことで図1-1のように疑似直線的に進化できるようになっています。

筆者がマイクロソフトから移ったグーグルでは、このSaaS的、クラウド的なプロダクト開発手法を従来のパッケージソフトの領域にも応用していました。筆者がグーグル在籍時に担当していたウェブブラウザのクロームがその一例です。クロームはインストール型アプリケーションなので、新しい機能を使い始めるには、ユーザーによるアップグレードが必要です。クロームが登場した当時、主力ブラウザはマイクロソフトのインターネットエクスプローラーでしたが、これは数カ月から年単位の期間で機能追加が行われていました。しかし、ブラウザにもSaaS型ウェブサービスと同じような進化のスピードがほしいと考えたグーグルは、ソフトウェアの更新を自動更新にすることで、6週間に一度のペース【編注5】で自動的に最新版が提供される仕組みを導入したのです。これにより、パッケージソフトであっ

編注5 現在では4週間に1度のペースになっている

図1-1：パッケージソフトとSaaSの「進化パターンの違い」

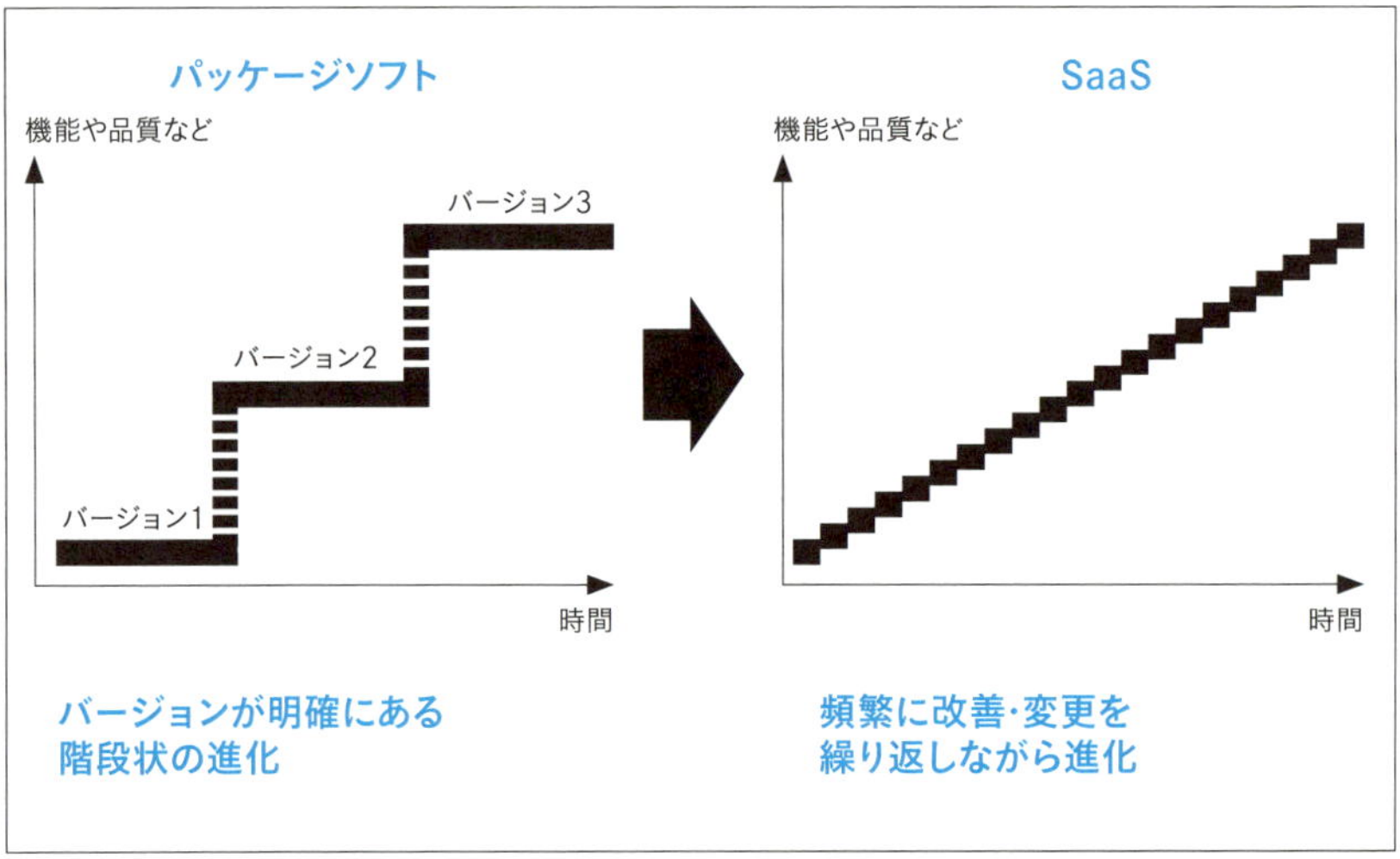

ても進化し続ける手段を手に入れました。

現在では、スマートフォンアプリケーションが自動更新を前提としたものになるなど、グーグルが進めた「SaaS／クラウド型ソフトウェア手法をパッケージソフトにも導入する」という考え方が主流になっています。パッケージソフトの代表格だったウィンドウズでさえ、Windows as a Service（ウィンドウズ・アズ・ア・サービス）というコンセプトを打ち出し、継続的なイノベーションのためにアップデートし続けることにコミットしています。

ソフトウェアを定期的にアップデートするという考え方は、今や家電や自動車など、私たちに馴染み深いハードウェア製品にも広がっています。これらの製品の内部では、ソフトウェアが重要な役割を果たしています。例えば、電子レンジの多くには自動解凍機能がありますが、これは食品の種類や重量に基づいて計算された適切な時間と出力レベルで食品を解凍する機能です。このような機能はソフトウェアで実現されています。

このハードウェア内部に組み込まれたソフトウェアは「組み込みソフトウェア」と呼ばれ、家電製品だけでなく、自動車などの電子制御が必要な多くのハードウェアに内蔵されています。従来、この組み込みソフトウェアは一度製品に組み込まれると変更が難しく、不具合が発生した場合の対処も困難でした。例えば、自動車なら修正のためにディーラーに持ち込む必要がありました。

しかし、現在ではネットワークを介して、この組み込みソフトウェアの更新が可能になっています。これは「OTA（オーバー・ジ・エアー）」と呼ばれる無線通信網を使った更新方法で、携帯ネットワークの普及によって可能となりました。

もともとOTAは、携帯電話のソフトウェアを更新するために普及した技術です。現在、皆さんが使用しているスマートフォンでも、OTAによってOS（オペレーティングシステム）やアプリが頻繁に更新されているのを経験していることでしょう。

今では、携帯電話以外の製品でもOTAが利用されています。例えば、最近の電子オーブンレンジでは、メニューに従って食材を入れるだけで、後は自動で最適な調理を行ってくれます。このメニューを拡充するために、OTAを使ってソフトウェアを更新しているのです。

自動車の分野では、テスラがこの技術を積極的に利用しています。「自動車をスマートフォン化した」とも言われるテスラは、ソフトウェアのアップデートによって不具合の修正だけでなく、新しいエンターテインメント体験やFSD（フルセルフドライビング）と呼ばれる高度な運転支援システムの品質や機能も向上していきます。今では、テスラだけでなく、日本の自動車メーカーもOTAを積極的に取り入れています。

このように、アズ・ア・サービス的な思想を取り入れるための技術が、さまざまなプロダクトをサービス化しているのです。

日本企業に足りないのは「プロダクトマネジメント」の実践

筆者は、２０１５年にグーグルを退職し、日本企業の支援を開始しました。すぐに、日本企業がＩＴに出遅れていることを実感しましたが、同時に、ソフトウェア技術力は決して大きく見劣りはしないことにも気付いていました。例えば、筆者がいたグーグルは優秀なソフトウェア技術者を採用するため、採用基準を一切妥協しないことで知られています。外資系企業によっては、「ローカル採用」と「グローバル採用」で国ごとに採用基準を分けるケースもあるようですが、筆者が在籍していた頃のグーグルでは、そのようなことはありませんでした。正式なデータは公表されていませんが、グーグルの日本オフィスに多くの日本人技術者がいたことを考えると、日本人のソフトウェア技術力が他国と比較して引けを取っているわけではなかったと言えます。

しかし、技術だけで、新たな価値は生み出せません。米国などの諸外国では技術をどのように価値に変えているのでしょうか。その秘密は「プロダクトマネジメント」にあります。プロダクトマネジメントとは、プロダクトを成功に導く仕組みや考え方であり、プロダクトマネジメントを実践する組織では、専門職としてプロダクトマネジャーというプロダクトの責任者が存在しています。

プロダクトマネジメントにおけるプロダクトとは、顧客の課題を解決したり、顧客に新たな価値を創出するものです。その定義に基づくと、私たちの身の周りにある多くの営みは、プロダクトとして捉えることができます。

本書のような書籍もプロダクトです。本書は、ITの専門家ではない一般のビジネスパーソンを顧客とし、社内でデジタルトランスフォーメーション（DX）推進の旗振り役を任されたものの、どのように進めれば良いか分からないといった課題を解決するために書かれたものです。制作にあたっては、まさにプロダクトマネジメントが実践されています。顧客を理解し、現在のビジネス書の市場や競合にある類書を調査し、本書ならではの独自の価値提案を行うように内容を決めていきます。また、ターゲットとなる顧客に合わせて、技術的な深堀り度合いや紹介する事例も決めていきます。装丁やタイトルなども顧客にとって適切なものを選定します。つまり本書も、一方的に筆者の経験や考えを伝えるのではなく、顧客のニーズを理解し、それに応える形で設計されたプロダクトなのです。

社内の業務システムも、プロダクトの一例です。

社内システムの場合は、利用者は社員です。無料で利用してもらうことになるため、プロダクトという言葉は馴染まないと感じるかもしれません。多くのプロダクトは解決策や価値の提供への対価をいただくことがほとんどですが、中には利用者からは直接の対価は求めず、第三者から収益を得るようなビジネスモデルを用いることもあります。ウェブ上で広告を収入源とするようなコンテンツサービスがその例です。

そう考えると、社内システムは会社から開発・運用費が支払われることでサービスを提供しているプロダクトと捉えることができます。会社に対しては、システムが想定していた社員の課題を確実に解決し続けていることを示し、投資を継続してもらう必要があります。そのためには社員の効率向上や新たな価値創造にしっかり役立つように、改善を繰り返していくことが不可欠です。このように社内システムであってもプロダクトマネジメントの手法は適用できるとともに、とても重要なのです。

また、プロダクトというと技術だけが手段として用いられているものと思われるかもしれませんが、そんなことはありません。例えば、接客のような顧客と相対する仕事も、プロダクトが人に対して価値を提供するものとするならば、プロダクトの中の一機能と捉えることができます。顧客の課題解決や価値提供にかかわるすべてがプロダクト、もしくはプロダクトの機能と考えられるのです。

米国などの諸外国においては、非ＩＴ企業の中にもプロダクトマネジャーがいて、顧客体験の向上を中心としたプロダクト戦略の立案と実施を通じて、ビジネス成長を推進する指導的な役割を担っています。ＤＸを推進するには、日本企業においてもプロダクトマネジメントの実践が欠かせません。

AIが体験のサービス化を進化させる

昨今、問い合わせ窓口としてチャットを用いる企業が増えています。従来の電話や「良くある質問」のように分類からたどることで分からないことを解決する手段だけでなく、担当者にテキストで質問し、その回答を得ることができるものです。実際に担当しているのは人間ではなく、人工知能（ＡＩ）によって実現されるチャットボットによるものが多くなっています。

これらのチャットボットは、24時間３６５日応答可能で、顧客の問い合わせに応じて一貫した対応を提供してくれます。これらは企業側の省力化や運用コストの削減だけでなく、顧客体験の向上をもたらしています。

そもそもＡＩとは何でしょうか。

ＡＩとは、簡単に言えば「人間が知能を使って行うことを機械に行わせる技術」です。主に学習と推論のプロセスから構成されています。大量のデータを解析し、その中からパターンを見つけ出すことで学習を進め、新たな状況に遭遇した際には以前の学習経験を基に推論を行います。この能力により、ＡＩ

は問題解決や意思決定をサポートし、多くの業務の自動化を可能にしました。

ＡＩは、ＩＴの中でもとりわけ進化が速い分野で、特に近年の発展は目覚ましいものがあります。ＡＩは今や、Ｅコマースサービスでのレコメンデーションから、顔認識技術、自動運転車、音声アシスタントに至るまで、私たちの日常生活のさまざまな場面で当たり前のように利用されています。

ＡＩの普及に伴い、ＡＩの技術基盤である半導体市場も活況を呈しています。特に、エヌビディアは大きく企業価値を向上させています。エヌビディアの作る半導体は、複雑な計算を必要とするＡＩに必要不可欠であり、多くの国や企業が「エヌビディア詣で」をして半導体の供給を依頼するほどです。

ＡＩ技術の進化をさらに加速させているのが、生成ＡＩです。生成ＡＩとは、テキスト、画像、音声などの新しいコンテンツを生成するＡＩのことです。例えば、大規模言語モデル（ＬＬＭ）という大量のテキストを基にしたＡＩ技術を用いることにより、テキストで指示を出すだけで整った文章を用意したり、会議を録音した音声を読み込ませることで議事録を作ったりすることが可能です。この生成ＡＩでは他にも画像や映像、音楽、ソフトウェアのプログラムの自動生成などができ、クリエイティブな作業やデータ分析、ソフトウェア開発の効率が飛躍的に向上しました。

生成ＡＩは体験価値の向上にも大きく寄与しています。生成ＡＩの応用は、個々のユーザーにカスタマイズされたコンテンツを提供することで、よりパーソナライズされたサービスの提供を可能にしており、これが現代のデジタル経済におけるＡＩの役割をさらに重要なものにしています。

生成AIが企業のAI活用を加速

マーケティングの分野では、以前から1to1マーケティングという概念がありました。これは顧客一人ひとりに合わせたマーケティング戦略を展開し、個々のニーズや興味に基づいてパーソナライズされたコミュニケーションを行うことです。これが生成AIを用いることで、単なるパーソナリゼーションを越え、「ハイパーパーソナリゼーション」とも呼ばれるレベルまで進化しています。企業はこれまで以上に詳細かつ個別の顧客データに基づき、顧客一人ひとりに最適なマーケティング活動を展開できるようになりました。

筆者がフェローとしてかかわるアドビは、フォトショップやイラストレーターなどクリエイター向けのツールを擁するデジタルクリエイティブ分野のパイオニア的存在として広く知られていますが、実はデジタルマーケティング分野においても業界をリードする存在です。

アドビが毎年開催している「アドビサミット」では、デジタルマーケティングの最新テクノロジーや先端事例が共有されます。2024年3月の同イベントでは、生成AI時代の顧客体験管理をテーマに、AIを活用した顧客体験の向上について発表がありました。

基調講演では、デルタ航空の最高経営責任者（CEO）を務めるエド・バスティアン氏が登壇し、DXを通じて顧客サービスを向上させる取り組みを紹介しました。デルタ航空は、デジタル技術を活用した体験と人による接客やサポートをシームレスに連携し、スマホアプリやウェブを通じて、フライトの選択、チケットの予約、マイレージプログラム、座席や食事の選択、ラウンジアクセス、そして預け入れ荷物の位置情報など、多岐にわたる顧客体験を提供しています。

　例えば、預け入れた荷物が無事自分の搭乗する機体に収納されたことや到着した空港で荷物受け取りのベルトコンベアの何番で受け取れるかなどが分かります。旅行で一番困るのは、預けた荷物が紛失するロストバゲージですが、最悪そのような事態になったとしても、どこに自分の荷物があるのか分かる仕組みになっています。

　筆者は、このデルタ航空を使って、アドビサミットが行われるラスベガスに向かいました。予定より早く到着したら、スマホアプリに花吹雪が舞っており、こんなちょっとした遊び心にも感心しました。次のフライト予約、レンタカーやホテルなどのレコメンドは、顧客データから行動や好みに基づいてパーソナライズされています。

　同じ基調講演には、メジャーリーグベースボール（ＭＬＢ）の最高執行・戦略責任者（ＣＯＳＯ）クリス・マリナック氏も登壇し、ＭＬＢが行ったデジタルを通じた顧客体験の改善を語りました。ＭＬＢではチケットのデジタル化を進め、２０１７年にはわずか14％だったデジタル率が、２０２３年には91％と大幅に増加しています。以前の紙のチケットでは、顧客が初めて球場に訪れたのか、何度も足を運んでくれているのかすら分かりませんでしたが、デジタル化したことで、パーソナリゼーションが可能になりました。

　例えば、顧客データに基づくターゲティングにより、大谷翔平選手の本拠地以外でも、大谷選手のファンに対してはその地域の球団広告ではなく、大谷選手の広告を表示することが可能になっています。このように、ファンの興味や関心に合わせた広告配信が実現しているのです。

スマホアプリの通知も、デルタ航空の例と同様に活用されています。顧客が球場に到着すると、その位置に基づいた食事情報や席のアップグレードオファーが通知されます。また、選手がホームランを打った瞬間に、パーソナライズされたプッシュ通知が送られ、ホームランを打った選手のユニフォームを購入するためのリンクが提供されます。さらに、試合終了の30分後には、次の試合のチケットを購入するためのプッシュ通知も送られます。このようなシームレスかつパーソナライズされた通知によって、顧客はより深い満足感を得ながら、ＭＬＢの試合を楽しむことができるのです。

デルタ航空とＭＬＢの例は、デジタルおよびデータに基づくＡＩを活用したものですが、これが生成ＡＩによってさらなる進化を遂げていきます。ターゲティングに基づくキャンペーン告知に使われるテキストや画像などのクリエイティブは、生成ＡＩで自動生成されるようになります。キャンペーンの効果測定結果に基づき、生成ＡＩが生成したキャンペーン内容が見直され、次の機会に活かされます。このように、デジタルマーケティングの世界も生成ＡＩによって次のステージへと進んでいくのです。

ソフトウェアファーストの本質

これまで述べてきたように、体験価値が重要性を増し、すべての企業が事業のサービス化を考える時代になりました。それを進めるには、ソフトウェアの活用が不可欠です。

そのためには、高い能力を持つ社員を多く抱えることを目指すだけでなく、人の知見をソフトウェアで加速かつ増幅させることが必要です。

ソフトウェア活用というと、単にシステムを開発、運用すれば良いと思われがちですが、ソフトウェア技術の進化は激しく、作ったアプリケーションやシステムも常に変化が求められます。言わば生き物のような存在です。必要なのは、技術や手法の理解だけではなく、思想や姿勢です。これが本書のタイトルにもなっている「ソフトウェアファースト」なのです。

ウェブ黎明期にブラウザの開発で一世を風靡したネットスケープ創業者のマーク・アンドリーセン氏は2011年、「Why Software is Eating the World」というレポート【編注6】を米ウォールストリートジャーナルに寄稿し、話題をさらいました。このレポートでは、映画業界から農業、国防までさまざ

編注6　https://www.wsj.com/articles/SB10001424053111903480904576512250915629460
タイトルは「なぜソフトウェアが世界を食い尽くすのか」の意

まな業界がソフトウェア企業によってディスラプト（破壊）されていることを紹介し、いずれすべての企業はテクノロジー企業になっていくであろうと予測しています。ここで言うテクノロジーとは、主にソフトウェアを指すと彼は主張しています。

それから10年以上が経ち、彼の予測通り多くの産業がソフトウェアによってディスラプトされています。しかし、一方でソフトウェア開発の流儀だけでは通用しない領域も見えてきました。リアルな世界（フィジカルな世界）でのビジネスは、インターネットで完結するビジネスとは勝手が違う部分が多くあります。ソフトウェア開発の手法が活かせる領域は多いものの、依然としてソフトウェアだけでは解決できないことも多く、単純に「ソフトウェアが世界を制する」とは言えない状況です。

そのような中、事業やプロダクト開発を成功させるには、本書でこれから述べるように、ソフトウェアの流儀を知り、ソフトウェアの可能性を知りつつも、現状のソフトウェアが抱える限界も理解して開発に臨む姿勢が必要なのです。

本書のタイトル「ソフトウェアファースト」とは、ＩＴ（とそれを構成するソフトウェア）活用を核として、事業やプロダクト開発を進めていく考え方です。ソフトウェアは1つの手段であって、決してソフトウェアがすべてというわけではありません。ただ、ここまでの説明でお気付きのように、使い方次第では既存の産業構造や製品・サービスのあり方を根底から覆すような破壊力を持っています。

なぜソフトウェアが重要なのか

まず、なぜソフトウェアが重要なのかを改めて説明しましょう。ＩＴにはハードウェア、ネットワーク、セキュリティなどさまざまな技術があり、そのすべてが重要です。しかし、ソフトウェアはその進化速度が著しく、５年前の知識はすでに陳腐化しています。ＡＩなどはその典型例でしょう。生成ＡＩが朝のニュース番組に取り上げられるほどの社会的インパクトを起こすとは数年前には想像もしていませんでしたが、今では生成ＡＩを超えてＡＧＩ（汎用人工知能）にまで進化するのではないかとさえ言われています。

また、ソフトウェアは他の技術と違い、高い柔軟性を備えています。前述の通り、ハードウェアがそのままでも、内部のソフトウェアはＯＴＡでアップデートできます。今は「ＶＵＣＡ」の時代と言われています。これは、変動性（Volatility）、不確実性（Uncertainty）、複雑性（Complexity）、曖昧性（Ambiguity）を表す用語で、急速に変化し予測が困難な現代のビジネス環境を指します。このようなＶＵＣＡの時代では、素早く仮説検証を繰り返し、顧客自身も気付いていない潜在的なニーズを見つけ出す必要があります。そのためには、プロダクトを進化させ続けることが必須であり、ソフトウェアが持つ柔軟性が不可欠です。

ＩＴ業界では、モバイルファーストやＡＩファーストなど、たくさんの「〇〇ファースト」が飛び交っています。モバイルファーストはパーソナルコンピューターとモバイル端末（スマートフォン）のトラフィック量が逆転した頃から言われ始めました。それまではパーソナルコンピューター向けのウェブサイトを先に作り、モバイル端末向けは後付けで提供されることが多かったのが、モバイルファーストになった今は、モバイル端末向けのサイトを優先して作るのが良しとされています。ここで大事なのは、ウェブデザインの話だけではなく、モバイルの特性を考え、機能なども最適化することが、モバイルファーストだということです。

ＡＩファーストという言葉は、ＡＩ技術を活用し、取り込みながらプロダクトを開発するという意味で使われています。ただ、ＡＩを活用するにはデータが必要で、データを処理するための前工程の処理も必須です。また、生成ＡＩのように、規制や倫理的な問題が生じかねないリスクなども考慮しながら取り組むべきものもあります。このように、ＡＩを活用するためには、ＡＩ技術そのもの以外の要素が非常に多いのです。だからこそ、関係する部署や人材を巻き込んで組織全体で取り組んでいかないと、永久にＡＩは活用できません。ＡＩ活用に向けて、データの処理から組織までをも見直し、価値の最大化を図るのが、本当のＡＩファーストです。

ソフトウェアファーストも、これらと全く同じです。ソフトウェアの力だけでは良いプロダクトは生まれませんが、凄まじい破壊力を持つソフトウェアの特徴を理解し、プロダクトや事業開発のすべてを変えていくことが、これからの企業の競争力を左右します。

また、企業がソフトウェアファーストを実践するには、ソフトウェア技術を理解し、事業に活用できる人材が必要です。このような人材を育て、活かせる組織が必要です。さらには、失敗することを前提に、作っては壊すことを良しとする文化も大切です。

ソフトウェアファーストこそがＤＸの核心

ＤＸという言葉が浸透し始めた時から、筆者はその使用に慎重な姿勢を取ってきました。ＤＸに関するコンサルティングや講演を受けることがありますが、依頼してきた企業に「ＤＸとは具体的には何を指すのか」と尋ねると、明確な答えが返ってこないことが多々あるのです。ＩＴ業界は常に新語・流行語であふれ、さまざまな用語が勢いよく登場しては消えていきます。

特にＤＸは、人によって解釈が異なり、誤解を招くことも多く、筆者は安易にこの言葉を使うことを避けてきました。流行り言葉としての側面が強く、一過性のものに見えること、そして何よりも、同じ言葉を使っていても話が通じないことが問題だと感じています。過去には流行ったものの今は使われなくなったバズワードも多く、言葉ではなくその背後にある本質を理解して活用することの重要性を感じています。

それでも、あえてＤＸという言葉を使うようになったのは、筆者が行っている技術コンサルティングや講演、研修でこのテーマが頻繁に取り上げられるからです。説明の手間を省くため、そして、より広い聴衆とのコミュニケーションを図るために、この言葉を受け入れることにしました。しかし、いざ使う時には、ＤＸの解釈を明確にし、誤解のないように心掛けています。

あなたにとってのＤＸとは何ですか？ この質問に明確に答えることができますか？

ＤＸとはソフトウェアファーストである。

筆者はあえてこのように断言します（ＤＸの定義については巻末の補章を参照）。すべての企業はソフトウェアファーストの考え方でＤＸに挑むことが必要です。その理由は、その進化スピードと柔軟性です。

進化スピードと柔軟性を活かしてソフトウェアを武器にする

ソフトウェアの進化スピードを表す例として、読者の皆さんにも分かりやすいのは、前節でも取り上げたＡＩでしょう。ＡＩは過去に何度かのブームがあり、それぞれの時期において重要な進化がありました。第1次ＡＩブームは、論理推論という人間の思考を記号と論理規則で表現し、推論を行うことを目指して１９５０年代に起こりました。次にブームになったのが１９８０年代です。この第２次ＡＩブームでは、エキスパートシステムと呼ぶ専門知識をデータベース化して推論を行うものが研究され、産業界でも応用されました。

実はこの第1次ブームと第2次ブームの間、そして、その後、第3次ブームが起きるまでの間は、「ＡＩ冬の時代」と呼ばれる、技術者としてはＡＩという単語を口にするのも恥ずかしいような期間がありました。実際には研究は続けられていましたし、その応用技術も出ていたのですが、人類の知能を人工で作り上げるという意味を持つＡＩには到底達していなかったため、ＡＩという言葉自体は避けられる傾向にあったのです。例えば、ウェブ検索技術は自然言語処理というＡＩの1分野に大きく依存していますが、ＡＩの冬の時代には、これをＡＩ技術としてではなく、単に技術的な進歩として語られることが多かったのです。

しかし、状況は２０１２年に一変します。この年、トロント大学での深層学習のブレークスルーによって始まりました。この進歩は、画像認識、音声認識、自然言語処理など、多くの分野でＡＩの応用を飛躍的に進化させました。現在は、生成ＡＩにより第4次ブームが到来したとも言われ、前述したようにテキスト、画像、動画、音楽の生成など、創造的なタスクにおいてもＡＩの能力が示されています。

そして、今日ではＡＩは日常生活やビジネスにおいて不可欠な技術となり、その影響力は脅威とも言えるほどになっています。わずか5年前のＡＩ技術の常識が、今では全く通用しないほど、ＡＩの進化は加速しています。特に生成ＡＩの登場は、ＡＩの活用可能性を根本から変え、これまでとは全く異なる手法や可能性を開いているのは先に述べた通りです。

ソフトウェアの進化スピードは、プログラミング言語を見ても実感できます。

ウェブを支えるプログラミング言語として知られるＪａｖａＳｃｒｉｐｔ（ジャバスクリプト）は、欧州電子計算機工業会（エクマ）という団体で標準化が行われており、標準としてはＥＣＭＡＳｃｒｉｐｔ

（エクマスクリプト）と呼ばれています。このＥＣＭＡＳｃｒｉｐｔは最近では毎年のように改訂されており、版と版の間には大きな改訂が加わることがあります。以前の版まででは、ＪａｖａＳｃｒｉｐｔだけでは実現できなかったり、効率が悪かったものが、今ではＪａｖａＳｃｒｉｐｔだけで実現できるようになったのです。

また、最近ではＲｕｓｔ（ラスト）というプログラミング言語も人気を博しており、ハードウェアを直接制御するようなシステムプログラミングで使われていますが、この言語の最初のバージョンは２０１５年にリリースされたばかり。こちらもＪａｖａＳｃｒｉｐｔと同様、頻繁に改訂されています。

ソフトウェアの柔軟性とは、適用領域が広いことと製品やサービスの価値を進化させ続けられることを示します。

ハードウェアは一度市場に出されると、その物理的な特性上、後から変更や更新を加えることは困難です。しかし、ソフトウェアに関しては、ＯＴＡ技術を用いたネットワーク経由での更新が可能であり、これにより製品やサービスを市場に出した後も、継続的に改善し、進化させることができます。

この柔軟性は、仮説を立てて検証するプロセスを可能にし、顧客のフィードバックや市場の変化に迅速に対応することを可能にします。また、サブスクリプションモデルなどのリカーリング（継続課金）ビジネスとの相性も良く、顧客への価値を継続的に向上させていくことができます。このようなソフトウェアファーストの特質を理解した新興企業が従来の産業をディスラプトし、新たなビジネスモデルを確立しているのです。

もちろん、ソフトウェア以外のデジタル技術も重要ですが、すべてはソフトウェアにつながっています。このソフトウェアを武器にすることこそがソフトウェアファーストであり、ＤＸを成功に導く戦略なのです。

SOFTWARE FIRST

2章

DX失敗の原因と製造業信仰からの脱却

本章では、現在のDXの実践状況を見ながら、うまく実践できていない企業の原因を探ります。多くの企業がDXの重要性を認識し、推進のための部署や担当者を配置していますが、その効果を十分に引き出せていないケースが多く見受けられます。ソフトウェアへの認識不足による原因を浮き彫りにしてから、製造業でのソフトウェアファーストのあり方を示します。

なぜＤＸがうまくいかないのか

ＤＸという言葉を毎日のように目にするほど、その重要性が叫ばれています。関連イベントも数多く開催され、テレビなどのマスメディアで特集が組まれることも増えました。日本政府も、官公庁内や公共サービスにおけるＤＸに取り組み、民間企業に対してもＤＸを促す政策を積極的に打ち出しています。その効果もあってか、重要な経営課題としてＤＸに取り組む企業は確実に増えています。着実に実績を積み上げる企業がある一方で、思い描いたような成果を得られていない企業も見受けられます。両者を分かつものは、一体何なのでしょうか。

ＤＸへの理解が大きく不足している

ＤＸがうまくいかない企業の問題点を理解するため、ＤＸをいったん離れ、典型的な新規事業開発を例に考えてみましょう。

近年の例では、航空業界に旋風を巻き起こした「ホンダジェット」が挙げられます。ゼロから飛行機を開発し、2015年に新規参入を果たしたホンダジェットは、小型ジェット機販売で5年連続首位を獲得しています【編注1】。

本田技研工業（ホンダ）の航空機事業参入は、創業者である本田宗一郎氏の夢でした。ホンダは1962年にジェットエンジンの基盤となるガスタービン開発に着手しました。当時の通商産業省からの四輪車参入阻害策に反発しつつも、その裏ではジェットエンジンを自動車の動力源として利用できないかという壮大な構想を抱いていたのです。

ホンダが全くの無知な状態からスタートし、30年かけてホンダジェットを事業化できた背景には、この創業者の強い想いを引き継ぐ強力なリーダーシップと謙虚な学びの姿勢がありました。ホンダジェット開発を率いる藤野道格氏は、飛行機作りには「神」と呼ばれるような全権を握る絶対的なリーダーが必要と考えていました。藤野氏は、その強いリーダーシップの元、無駄のない戦う集団とでもいうべき強い組織文化を作り上げます。

ホンダジェットの事業化への道は必ずしも安泰ではありませんでした。藤野氏はホンダ入社後に研究所で航空機の研究に配属され、米国で研究実績を積み重ねました。しかし、バブル崩壊による経営環境悪化に伴い、航空機事業は縮小され、日本へ帰国を余儀なくされます。帰国後、藤野氏は現在のホンダジェットの原型のアイデアを思いつき、社長に直訴した結果、経営会議で事業再開が決まりました。

航空機開発は進められましたが、会社側はリスクの大きさから研究開発のみに留め、事業化はしないと判断。しかし、藤野氏は再度社長に直談判し、経営会議で事業化にこぎつけます。

編注1　https://business.nikkei.com/atcl/opinion/16/021900056/
https://www.nippon.com/ja/in-depth/d00469/

その後、藤野氏はノウハウ不足を理由に、日本単独での航空機開発は難しいと判断し、米国を拠点としました。そこで彼は多くの人々に教えを請い、知見を広げ、航空業界への新規参入を成し遂げます。それが5年連続販売首位として結実したのです。

ホンダの成功は、新規事業開発に必要な心得がつまったベストプラクティスと言えます。新規事業開発を成功させるには、その事業でのビジョンの明確化、リーダーシップの発揮、そして、必要な専門能力の獲得が不可欠です。いずれか1つが欠けていたら新規事業はうまくいきません。

さて、DXではどうでしょう？　ITやデジタルの話になった途端、「私はITの専門家じゃないから分からない」と思考停止し、あるべきものを見失ってはいないでしょうか。DXに失敗している企業は、DXに取り組む強い意志とビジョン、組織全体の協力体制や文化の醸成、それを率いるリーダーシップ、知見に基づいた技術的スキル、そして主体性――これらのどれか、もしくはいずれもが欠如しています。

つまり、DXに失敗する企業には、「DXとは何か」への基本的な理解が不足しているのです。DXとは、単にデジタルを活用することでも、新しい技術を導入することでもありません。ビジネスモデルや業務プロセスを根本的に見直し、デジタル技術を活用してこれらを変革することです。しかし、多くの日本企業は、まだDXをただのITプロジェクトと捉える傾向にあり、真の意味での理解には及んでいないように思います。DXは「変革」です。どんな形であっても、トップが自分の言葉で明確に言語化し、それを全社員に伝える必要があるのです。

加えて、DXを通じて実現したい「ビジョン」も曖昧です。ビジョンとは、人や組織の向かうべき方向を指す羅針盤となるもので、DXを通して自社、顧客、そして社会をどう変えたいのかを示すことです。しかし、DXが実践できていない企業では、具体的な目標やビジョンが設定されていないことがほとんどで、その結果、方向性を見失い、迅速な変革が難しい状況に陥っています。

この「迅速性」が、DXにおいて特に意識していただきたいポイントです。ビジョンとは、普通はそう簡単には実現できないもので、時間がかかることがほとんどです。しかし、多くの最先端テクノロジー企業がDXなんて言葉を使わずともDXを実現できている事実からして、DXとはできるだけ素早く達成すべきビジョンと理解してください。言い換えれば、「DX」という言葉を使わなくても変革できる企業を目指すべきなのです。

また、デジタル技術についての「学び」が不足していることも大きな問題です。マッキンゼーが2018年に行った調査によると、DXを進めるに際してトップの布陣に変更があったとする回答が70％にも上っています【編注2】。中でも多いのは、デジタル技術に精通した新しいリーダーが経営陣に加わったケースです。また、同じ調査で、最高デジタル責任者（CDO）を採用している企業は3分の1以下に留まったものの、CDOを採用している企業は他に比べて1.6倍の確率でDXに成功しているとしています。逆に言うと、経営層がデジタル技術やその影響を学ぶ意欲が低い場合、その姿勢が社員にも影響し、組織全体の技術理解が進まないのです。トップが率先して学び、新しい技術を積極的に取り入れる文化を作ることが、DX成功の鍵なのです。

最後に、外部に「依存」し過ぎることも問題です。技術力不足から、多くの企業が外部のシステムインテグレーター（SIer）やITベンダーに依存しています。これが原因で、社内に技術的なノウハウが蓄積されにくく、迅速なビジネス展開が困難になっています。「手の内化していきたい」「内製化して

編注2　https://www.mckinsey.com/capabilities/people-and-organizational-performance/our-insights/unlocking-success-in-digital-transformations

そが、ＤＸを成し遂げる上で非常に重要です。

いきたい」と言葉にするだけでなく、実際にそうなるように行動し、社内で技術力を養っていくことこそが、ＤＸを成し遂げる上で非常に重要です。

ＤＸ失敗プロジェクトで紐解く「失敗の本質」

少し手厳しくなってしまいましたが、ＤＸに失敗しているのは、日本企業ばかりではありません。

２０２０年、新型コロナウイルスが世界中で広がり始めた頃、衝撃的なニュースが入ってきました。筆者がアメリカ出張の際にいつも利用していたレンタカー会社のハーツが、５月に経営破綻の危機に直面し、米国連邦破産法第11条（通称チャプターイレブン）の適用を申請したのです。

ハーツのレンタカーサービスは本当に便利で、ゴールドプラスリワードという無料の会員サービスに登録していれば、空港到着後すぐにカウンターをスキップして、指定された場所で車をピックアップできました。筆者がハーツを愛用していた理由の１つです。

しかし、コロナ禍で旅行需要が世界的に大幅に減少し、ハーツのようなレンタカー会社は大きな打撃を受けました。幸いなことに、ハーツは約1年後の２０２１年6月にチャプターイレブンから脱却し、経営再建へ向けて軌道に乗り始めています。

ハーツは、なぜこんなにも急に破産申請をする状況に追い込まれたのでしょうか。一説には、攻めの経営戦略が裏目に出て、財務状況が悪化したのではと言われています。また、２０１７年に完了予定だったＩＴプロジェクトが失敗に終わったこともその一因だと指摘されています【編注3】。少し長くなります

編注3　https://www.cio.com/article/201936/4-lessons-from-the-hertz-vs-accenture-it-disaster.html

が、この失敗プロジェクトの内情を紹介します。日本でも似たようなＩＴプロジェクトの失敗が相次いで表面化しており、示唆が得られるはずです。

ハーツのＩＴプロジェクトは、ハーツブランドのウェブサイトと関連アプリケーションを全面リデザインし、ユーザー体験の向上、デジタルプラットフォームの統合、モバイルおよびデスクトップでの機能向上を図ろうというものでした。具体的には、新たなニーズに応じたウェブサイトとモバイルアプリを開発し、ダラーやスリフティといったグループ内の他のブランドにも展開できるプラットフォームの構築を目指していました。このプロジェクトを成功させるため、ハーツはＳＩｅｒと協力し、戦略の確認とプロジェクト計画の立案を行いました。

２０１６年初頭に始まったこのプロジェクトにおいて、ハーツはその夏、複数の主要なＳＩｅｒやＩＴベンダーから提案を求めました。当該ＳＩｅｒの提案が選ばれたのは、印象的なプレゼンテーションとデモンストレーションが高く評価されたためだと言われています。そのＳＩｅｒは、ハーツのウェブサイトとアプリケーションの設計、構築、テスト、展開といった業務全般を担当することになりました。ハーツはＳＩｅｒに大きな期待を寄せ、プロジェクトの進行を託したのです。

ところが、プロジェクトは数多くの課題に直面しました。当初の完成予定日だった２０１７年12月にはプロジェクトを完了できず、その後も２０１８年1月、そして4月と複数回にわたり延期を余儀なくされました。ＳＩｅｒが開発した顧客向けフロントエンドコードは品質が非常に悪く、結局すべて廃棄されることになりました。また、コンテンツ管理システムのコーディングやファイル構成も不適切で、アプリケーションの信頼性やメンテナンス性に大きな問題がありました。さらに、プログラミングも決められた言語標準に則っておらず、保守が困難であったと報告されています。

プロジェクト管理に関しても問題が指摘されています。プロジェクト進行中に重要なメンバーが離脱。新たなメンバーがアサインされたものの同等の経験を持たず、多くの知識が失われたとされています。

結果として、このプロジェクトはハーツに以下の損害を残しました。

1. **機能しないウェブサイトとアプリ：**ＳＩｅｒは、３２００万ドル以上を受け取りながら、機能するウェブサイトやモバイルアプリを提供できませんでした。
2. **遅延による追加コスト：**ＳＩｅｒが約束した期限を何度も延期したため、ハーツは予定されていたプロジェクトの完成を達成するためにさらなる費用を負担しなければなりませんでした。
3. **未完成のプロジェクトの修正費用：**ＳＩｅｒによる作業が不十分だったため、ハーツは他のプロバイダーを雇ってプロジェクトを完成させるための追加の費用、総額１０００万ドル以上を支払う必要がありました。
4. **ビジネス機会の損失：**ＳＩｅｒの失敗により、ハーツは予定していたＤＸを実現できず、その結果として発生した機能しないデジタルプラットフォームのために収益の損失が発生しました。これは競争が激しい業界でのビジネス機会の損失も意味します。

ハーツの失敗は、ソフトウェアファーストな体制と適切なプロジェクト管理の重要性を浮き彫りにしています。まず、プロジェクトマネジメントをＳＩｅｒに「ほぼすべて委託したこと」。これだと事実上の丸投げで、効果的な監視や指導が行われず、プロジェクトが軌道から外れる原因となりました。外部の専門家の力を有効活用するのは大切ですが、最終的な意思決定は自社で行うべきです。

また、「使用された技術の適切性」も疑問視されています。これもSIerに一任するのではなく、ハーツ自身が技術選定に関与し、適切なアドバイスを受けつつ、自社のニーズに合わせて最終決定を下すべきでした。

アウトソーシング先のスキルセットと経験を「正しく評価すること」も、このプロジェクトからの重要な教訓です。ハーツは、プレゼンテーションでの印象にとらわれず、SIerのチームの質を十分に調査するべきでした。また、定期的な評価とフィードバックを行い、提供されるサービスが契約通りであることを継続的に確認し、問題が発生した時点で迅速かつ適切に対応できる体制を整えておくべきでした。

ハーツの例は、外部との協働であっても自社の主導権を保ちつつ、戦略的な視点を持ってプロジェクトを進めることの重要性を教えてくれます。特に、ソフトウェアファーストなアプローチと効果的なリーダーシップがいかに重要かを強調するものでした。

失敗したのはハーツに限りません。ゼネラル・エレクトリック（GE）の例も教訓に満ちています【編注4】。

発明王エジソンを知らない人はいないでしょう。そのエジソンが創立した企業の1つが、アメリカの名門GEです。GEは、革新的な経営手法で知られるジャック・ウェルチ氏が長年率いたことでも有名です。ウェルチ氏のリーダーシップの元、GEはコングロマリットおよびグローバル企業としての地位を確立し、航空からエネルギー、ヘルスケア、金融に至るまで、多岐にわたる事業で成長を遂げました。

編注4 https://change-management-japan.org/2021/11/23/ge-digital-failure/

このウェルチ氏の後を継いだのが、ジェフリー・イメルト氏です。イメルト氏のCEO就任直後から、GEは多くの困難に直面しました。2001年9月11日に発生したアメリカ同時多発テロ事件は、GEの主力事業である航空機エンジン市場に大打撃を与え、業績を大きく圧迫しました。さらに、2008年のリーマンショックでは、GEキャピタルが直撃を受け、事業縮小や資産売却を余儀なくされました。彼は、GEキャピタルを含む金融事業の売却を進め、2015年には事実上、金融事業からの撤退を決定しました。

こうした経済的な危機を背景に、イメルト氏はGEのビジネスモデルをデジタル重視へと大胆に転換。センサーやネットワーク技術を駆使して工場やインフラ設備などの稼働状況をリアルタイムで監視し、データを収集・分析することで、生産性向上やコスト削減、安全性強化を実現するインダストリアル・インターネットという概念を打ち出しました。その名の通り、インターネットの技術や手法を産業界に応用しようというものです。

このインダストリアル・インターネットを具現化したサービスが、IoTを活用する企業向けのプラットフォーム「プレディックス」です。2016年にはフォレスターリサーチにより、IoTプラットフォームのリーダーと位置付けられるほど注目されました。

2015年には、GEのデジタル技術と戦略を一元化し、さらなるイノベーションを促進するため、ソフトウェアセンター、グローバルIT部門、各事業部のソフトウェアチーム、セキュリティ部門を統合した新たな組織「GEデジタル」を設立。シリコンバレーを含むハイテク企業出身の約5500人のデジタル人材が加わり、GEの伝統的なビジネスアプローチに新たな風を吹き込むことになったのです。

本拠地となったカリフォルニア州サンラモンは、デジタル戦略の中心地となりました。

しかし、GEの試みは失敗に終わりました。その理由を調べてみると、以下の複合的な要因が複雑に絡み合っていることが分かります。

1. **組織内の抵抗**：GEの各事業部は、それぞれ独立した情報システム部門を有しており、既存のレガシーシステムが確立していました。これらのシステムはすでに機能的に十分であるため、新システムであるプレディックスへの移行に対して見るべきメリットが少なく、プレディックスの機能不足が明らかになると、管理職層からの抵抗が顕著になりました。
2. **外部人材への依存による軋轢《あつれき》と調整の失敗**：GEデジタルはプレディックスを社内に普及させようとしましたが、外部から招聘したデジタル専門家たちは社内の既存文化や政治に疎く、内部のIT部門との間で意見の不一致が生じました。
3. **ビジネスの統合失敗**：GEデジタルは独立して運営されていましたが、これが他の主要事業部との間で連携を欠き、デジタル戦略が全体の事業戦略と融合しない問題が発生しました。
4. **財務的プレッシャー**：GEデジタルは自身の利益を追求する立場にあったため、短期的な収益が長期的な戦略より優先されがちでした。これが、持続可能な成長より即効性のある結果を求める動きを強め、根本的なデジタル変革を阻害しました。
5. **技術的な課題**：既存のシステムと新技術の統合が困難であり、この急激な変更が組織内で混乱を引き起こしました。特に、実証されたビジネスプロセスに対する影響が大きく、目に見える利益をもたらすことなく問題が生じました。

こうしてGEのデジタル変革は、多くの教訓を残す結果となりました。

GEの失敗からは、「組織文化を丁寧に醸成すること」の重要性も伝わってきます。専門技術や新しい視点を持った外部人材を積極的に採用することは、競争力を高める上で見習うべき点です。しかし、GEの例から明らかなように、採用を急ぎ過ぎると問題が生じることもあります。GEでは、既存の組織との間に対立が生じ、組織全体としての調和が取れなくなってしまいました。仮に、外部人材が持ち込んだ新たなアイデアや技術が、既存の組織文化に適切に融合できていれば、より良い変革につなげられたかもしれません。

組織文化を変えるには、外部人材と内部人材が互いに理解し合い、共通の目標に向かって協力できる環境を整えることが必須です。このプロセスを慎重に進めることで、持続可能な成果を期待できるでしょう。

DXに「早急なビジネス成果を求めたこと」も問題です。筆者が支援する日本企業でも、事業開始前から「3年で単年度黒字、5年で累積黒字」という具体的な収益目標が設定されていることがあります。しかし、新たな事業がそもそも顧客のニーズに合っているか確認するだけでも、ある程度時間が必要です。顧客にもまた、新たな提案に価値を見いだし、変化を受け入れてもらわなければなりません。この検証過程で、何度も方向転換（ピボット）を行う必要がある場合もあります。事業の初期段階は、試行錯誤の連続が予想されます。成功の方程式を見つけるまで、収益目標に固執することは現実的ではありません。

ＤＸプロジェクトも同様に、焦りを避け、段階を踏んで進める必要があります。事業の本質的な価値と顧客ニーズの深い理解に基づいて、持続可能な成果を目指すべきです。長期的な視点で取り組むことが、最終的には企業と顧客、双方に利益をもたらすのです。

本節では、ＤＸが実践できない要因を失敗事例から探りました。繰り返しになりますが、まとめてみましょう。

・強力なリーダーシップや明確なビジョンの欠如
・組織の協力体制や文化醸成の不足
・技術的スキルや技術評価の欠乏
・外部のＳＩｅｒやベンダーへの過度な依存

これらは新規事業開発でも陥りがちな失敗原因であり、ＤＸの核となるソフトウェアに焦点を絞ると、さらなる原因が見えてきます。次節では製造業を中心とした日本企業のＤＸを見ながら、ソフトウェアファーストに至らない理由を紐解きます。

日本のデジタル敗戦の現状とその原因分析

製造業を中心とした日本企業のＤＸの現況を知る前に、少し視点を高く持って日本のデジタル敗戦について考えてみましょう。ソフトウェアファースト、つまり「ソフトウェアの手の内化」を妨げるさらなる原因が見えてくるからです。

低位安定に甘んじて挑戦しない姿勢

デジタル敗戦からの脱却で大きな役割を期待されている半導体産業は、経済安全保障面でも日本政府にとって重要な課題となっています。半導体やデジタル産業は国の競争力に大きく影響し、これらの産業の強化が国の将来に直接関与するからです。

筆者がまだ学生だった１９８０年代には日本が全世界で50％以上のシェアを誇っていた半導体も、今では10％以下。国力低下は認めざるを得ず、デジタル産業の強化は待ったなしの状態です。

図2-1：「低位安定」がデジタル競争の敗因

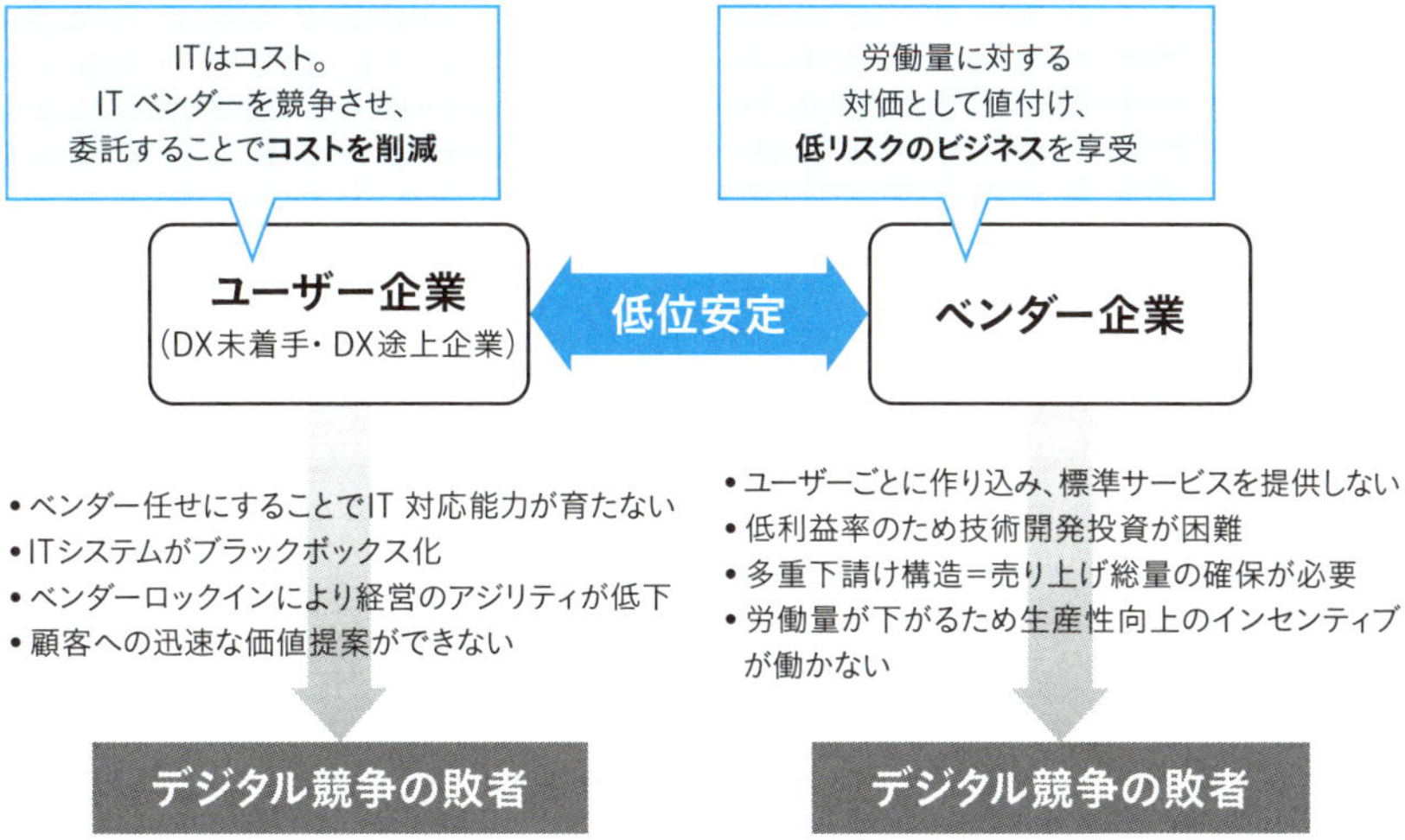

出典：経済産業省商務情報政策局「半導体・デジタル産業戦略」（2023年6月6日）

こうした背景の元、経済産業省は２０２１年、日本のデジタル産業と半導体産業の競争力強化を目的に、「半導体・デジタル産業戦略検討会議」を設立しました。２０２３年６月には、業界の現状と将来の方向性を示す「半導体・デジタル産業戦略」【編注５】が公表されました。

この戦略では、デジタル産業の競争力が落ち込んだ一因として、ユーザー企業とベンダー企業との間の相互依存が指摘されています。ユーザー企業がベンダー企業にデジタル化を委ね、ベンダー企業も低リスクで安定した受託開発型のビジネスモデルで応える、このような関係を「低位安定」と呼び、グローバル市場での競争力を低下させ、標準的なサービスの提供が遅れる一因となっていると示されています。

さらに、多くのユーザー企業がＩＴを単なるコスト削減の手段と見なした結果、社員のＩＴスキルは伸びず、ＩＴシステムのブラックボッ

編注５　https://www.meti.go.jp/press/2023/06/20230606003/20230606003.html

クス化が進んでしまったとも指摘しています。この状況が特定のベンダーに依存するベンダーロックインを引き起こし、経営の機動性が損なわれ、最終的にはデジタル競争で後れを取る原因となったとも分析しています。

一方、ベンダー企業もまた、安定したビジネスを維持するためにユーザー企業特有の要求に応えるカスタマイズに注力し、効率的な標準サービスの提供を避けてきました。この低利益率のビジネスモデルによって、技術開発への投資が困難となり、多重下請け構造が普及するなど、生産性向上を妨げる負のループに陥っていると書かれています。

これらの指摘からも分かるように、日本政府はデジタル産業の問題点を鋭く洞察し、具体的な改善策を模索しています。筆者はこの「低位安定」が、日本の大企業の現状である、挑戦しない安定志向な様を極めて的確に表現していると考えます。正直、政府の文書にこのような刺激的な言葉が含まれているのには驚かされました。

間違った製造業信奉

日本企業がＩＴを正しく理解できていない理由に、間違った製造業信奉があります。製造業は日本を代表し、グローバル市場でも高い競争力を維持している業界で、多くの他業界も模範にしています。それ自体は間違っていませんが、製造業のベストプラクティスは、ＩＴ分野のそれと多くの点で異なります。無理に模倣することが、ＩＴの正しい理解を妨げたり、または模倣が中途半端になり製造業の良い点を

図2-2：日米欧のソフトウェアに対する考え方の違い

日本企業	“標準化された設計パターンに従い、元の条件からはほとんど変更しないカスタムまたはセミカスタム・アプリケーションの複数バージョンを大量生産するのに向いており、現在も活躍している。（中略）しかし、それが世界を変えることはないし、だれかが大富豪になるということもない”
米国企業	“米国人ほどソフトウエアをビジネスとして捉えている国民はほかにはいまい。（中略）会社を作って「まあまあ良質」の製品を作り、業界標準を打ち立て、その過程で大儲けしようとしている”
欧州企業	“製品をマス・マーケットに出荷して、自分たちの素晴らしい技術からなるべく多くの利益を生み出そうとするよりも、むしろソフトウェア設計における美を達成することに多くの力を注いでいる”

『ソフトウエア企業の競争戦略』を参照して作成

取り入れることができなかったりしています。

　このことを指摘したのが、米マサチューセッツ工科大学スローン経営大学院の主幹教授で、東京理科大学の副学長を務めたこともあるマイケル・A・クスマノ氏です。クスマノ氏は、著書『ソフトウエア企業の競争戦略』（ダイヤモンド社）の中で、ソフトウェアに対する日米欧の考え方の違いについて興味深い分析を披露しています。

　クスマノ氏は、日本企業はソフトウェアを「設計パターンに従って複製可能な工業製品」と見なし、米国企業は「ビジネスであり商売の重要な武器」、欧州企業は「ソフトウェアの標準化に代表される美」を体現するものと捉えていると分析しています。筆者はこれを、日本企業の多くが製造業の成功体験に引っ張られていることを端的に指摘したものだと感じました。一方で、日本企業のソフトウェア開発は、製造業が強みにしていた本質的な部分を活用できていないとも感じました。

この本は20年前に書かれたもので、その先見の明に驚かされます。また、クスマノ氏の警告を受け入れず、進歩していない日本企業に対して、強い失望を禁じ得ません。

まず、製造業を模範にすることがふさわしくなかった部分から見てみましょう。

製造業のモノづくりと、今日のソフトウェア開発とでは、ゴールが大きく異なります。誤解を恐れずに言えば、製造業におけるモノづくりのゴールは、時間をかけ、検討を重ねて設計した図面通りにモノを「複製」することにあります。特にハードウェア製造では、一度作成した金型を変更することはコストや工程に大きな影響を及ぼすため、設計段階での誤りは許されません。

そのため、製造業では、デザインレビューを含むステージゲート方式の工程管理が主流となっています。この方法では、各ステージで厳格なチェックを行うことで、設計の誤りを未然に防ぎます。一度製造工程に入れば、設計段階に戻ることは極力避けられるため、手戻りは基本的に発生しません。これは、モノ＝ハードウェアを製造する業界特有の方法です。生産ラインを構築するだけでも大きな投資を要するため、リスクの洗い出しと効率化の検討に多くのリソースを割くことが不可欠なのです。

開発プロセスの違いに対する理解不足

また、製造業では、製造と販売の活動が分離される「製販分離」のモデルが広く採用されています。これにより、製造部門は製品の品質と効率の最適化に集中でき、販売部門は市場のニーズに応じた戦略を

図2-3：製造業のモノづくりとソフトウェア開発の違い

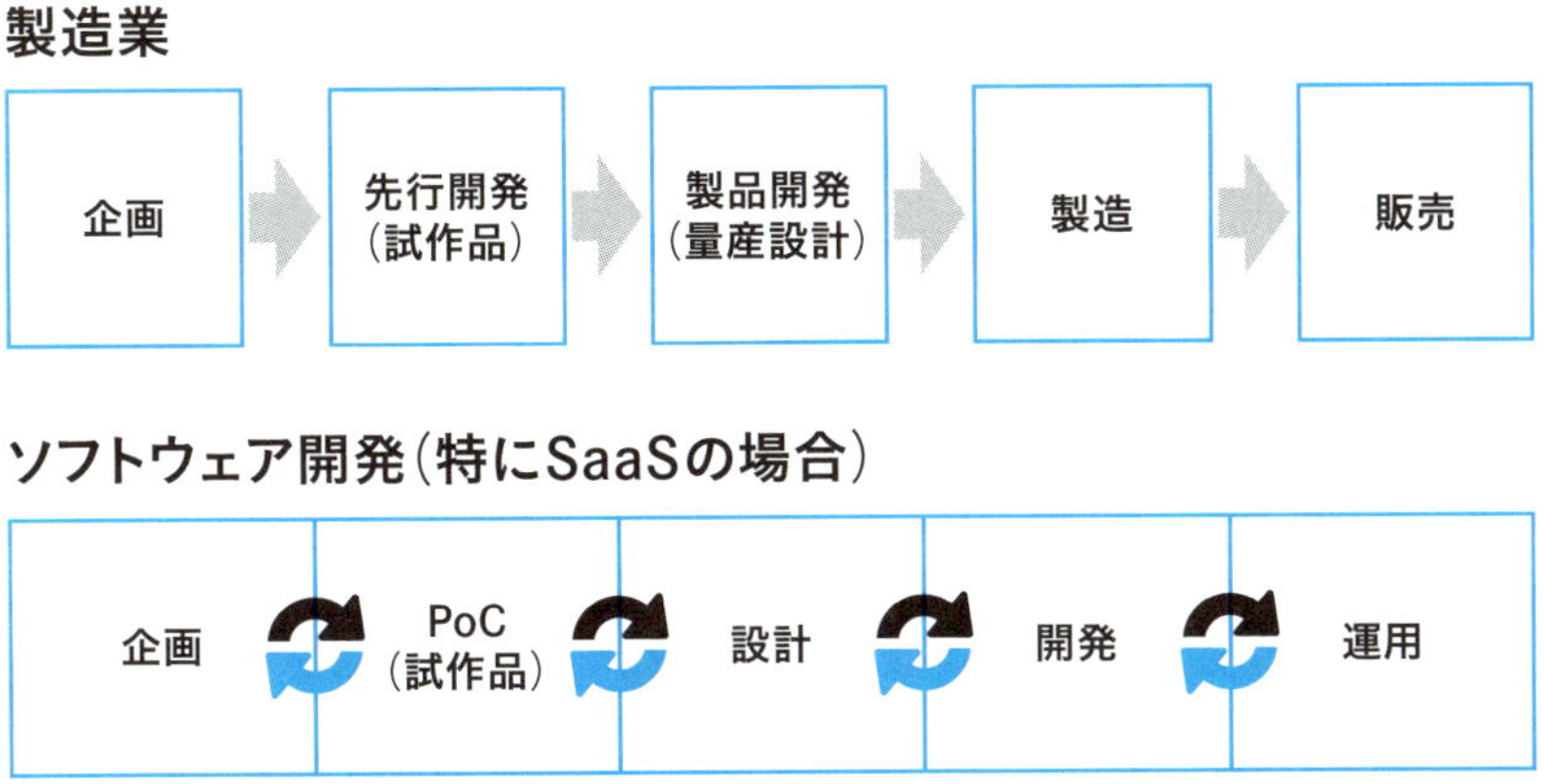

製造業の開発プロセスと、クラウドの普及以降一般的になりつつあるSaaSの開発プロセスを単純化して比較したもの（詳細比較は後述）

展開することが可能になっています。

一方、ソフトウェアの世界では、工場で図面を基にモノを製造するプロセスがありません。その結果、製造業でいう「製造」と「販売」の段階が省略され、代わりに安定的にサービスを提供する「運用」が重要な役割を担います。この運用段階で得た知見は、企画や設計、開発にフィードバックされ、継続的な改善に生かされます。ソフトウェア開発のライフサイクルは、ソフトウェアが持つ柔軟性と迅速なアップデートの可能性を前提に構築されているのです。

ソフトウェアの開発プロセスとしてよく知られるウォーターフォールモデルは、製造業の工程管理を模範としています。要件定義、設計、実装、テストという段階を順に進めることで、プロジェクト管理の精度を高め、一定の品質を担保しています。この手法はＩＴ業界で長年用いられており、必ずしも悪いものではありません。

製造業のように手戻りが許されない開発には有効です。しかし、このアプローチは、途中で仕様が変更しにくく、完成までに時間がかかることから、開発が完了した時点で顧客のニーズに合わないプロダクトが完成してしまうリスクをはらんでいました。この問題を解決するためにアジャイル開発が生まれ、広く普及しました。

アジャイル開発は、短いサイクルで頻繁にプロダクトを作り、顧客のフィードバックを元に改善を繰り返す手法です。このプロセスは、言うならば、以前は避けていた「手戻り」を積極的に取り入れ、開発初期から反復して顧客の要求に応える設計変更を行います。これにより、顧客が本当に必要とする機能を持つプロダクトを効率的に開発することが可能になります（詳しくは4章を参照）。

アジャイル開発では、顧客の実際の使用環境でプロダクトを検証することを重視し、顧客のニーズにそぐわないモノを作り続けるリスクを低減します。このアプローチでは、「手戻り」を避けるのではなく、制御下に置いて活用することで、プロダクトの品質と顧客満足度を高めていくのです。

ですから、製造業の製販分離をソフトウェア開発にも当てはめようとするのは間違いです。ソフトウェア開発では、開発を進めていく中で設計の見直しが必要になることがしばしばあります。設計と開発は表裏一体の関係にあるため、これらの工程を切り離して考えることは適切ではありません。

特に日本企業では、ソフトウェアの開発（実装）を、若手が経験を積むための場と見なす傾向があり、「田中君は3年ほど開発したから、そろそろ設計に移そう」といったキャリアパスが見られます。これも、設計と開発を分離する要因になります。要は、ソフトウェア技術の進化は速く、若手の頃に3年開発を経験して以来ずっと設計を担当するとなると、時代にそぐわない設計となってしまうリスクがあるのです。開発された時点ですでに技術的負債となることも少なくありません。

ソフトウェア開発では、設計と開発を一体として捉え、「行きつ戻りつしながら」進めることが求められます。このアプローチにより、現実の技術変化と市場のニーズに即した柔軟な対応が可能になり、より適切な製品開発が行えるようになるのです。

このように、製造業を模範としたためにソフトウェアの正しい理解が阻害されたと同時に、製造業を中途半端に模範にすることの弊害もあります。

日本の製造業が強かった時代、日本企業は先行国における製品の「設計パターン」をしばしば参考にし、その後の製造プロセスでの差別化を通じて競争力を確立していきました。また、一時期の日本は、「安価な労働力を提供する世界の工場」としての役割を果たし、これが今の日本企業のソフトウェアに対する考え方にも大きな影響を与えています。しかし、日本の製造業が競争力を維持していたのは、単に製品をうまく複製する技術や安価な労働力に依存していたからではありません。

にもかかわらず、多くのソフトウェア開発は単に「世界の工場」としてのやり方を真似ているに過ぎず、「調達」や「開発委託」における徹底したこだわりを踏襲していません。この点が、なぜ日本企業が革新的なソフトウェアビジネスを生み出せないのかという問いの答えの1つであると私は考えています。例えば、製造業は部品の調達に対して非常に厳格な基準を持っています。調達先がどこでも良いわけではなく、グローバル企業が現地生産を行う場合は、グローバルで調達しなければならないという難しい命題があります。それでも、自ら調達先を探し、常に品質に気を配っています。もし、品質に問題があった場合は、自らが現場を訪れ指導することも珍しくありません。実際の現場を見るのは当たり前であり、

図2-4：製造業のモノづくりプロセスの詳細

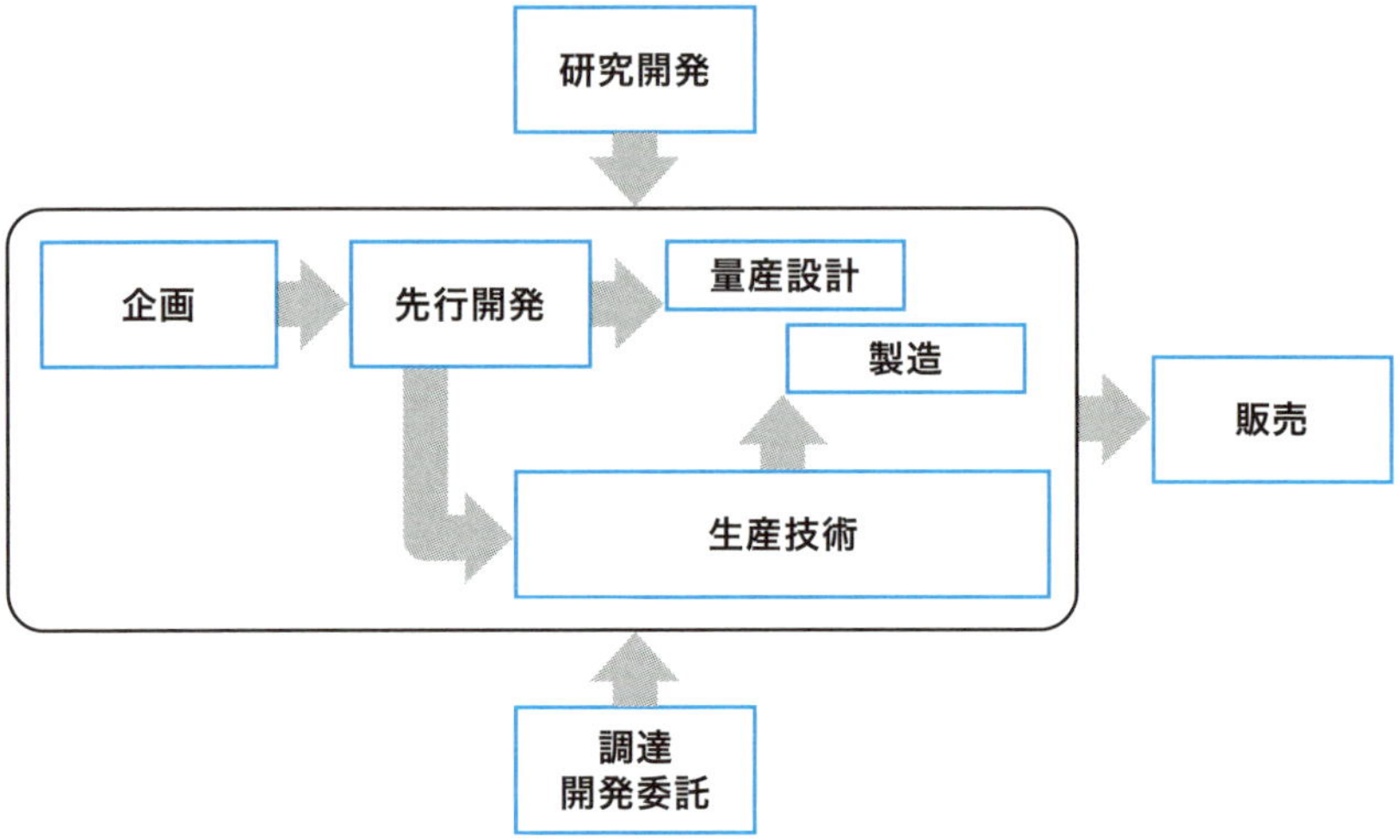

従来型製造業の企画から開発、製造に至るまでのプロセスの一例

問題が続く場合は別の調達先に変更したり、自らが開発・生産することもあります。こうした徹底した品質管理と自律的な調達の取り組みが、製造業の強みとなっているのです。

実際、私の経験上、ソフトウェア開発の要点を説明しても納得してもらえない場合、製造業の開発プロセスに例えて説明すると理解してもらえることが多いのです。

つまり、日本の製造業が世界を席巻した成功体験の一部分だけをソフトウェア開発に持ち込むのではなく、包括的に成功のエッセンスを学び、その上でソフトウェアならではの価値の高め方を実践していくやり方が問われるのです。

トヨタ自動車が編み出して世界中に広まっている「カンバン方式」や「カイゼン」など、製造業で生み出されたプロセスは非常に洗練されており、ソフトウェアもそのプロセスを応用しながら開発手法を進化させてきました。

製造業のプロセスと現代的なソフトウェア開発プロセスの類似点や相違点を図解して、理解を深めてみましょう。先ほどの製造業のプロセスを簡略化した図をより詳細で実態に近い形にすると図2－4のようになります。

まず、企画に基づき「先行開発」というプロセスでさまざまな試作品が作られます。この段階では、小規模な設計と開発が繰り返され、企画の意図に合致しているかどうかが検証されるとともに、量産に必要な条件が明らかにされます。量産化の承認が下りた後は、量産のための詳細設計に移ります。この設計作業は製品開発とも呼べるものですが、その結果得られるものは設計図であり、その設計図に基づいて製造ラインで量産を行うのが製造というプロセスになります。

「生産技術」は、製造ラインの設計と準備を担う役割であり、製造技術開発、製造プロセス開発、製造現場（工場）の展開を含みます。この技術は実際の製造に先立って進められ、製造を支えるプロセスです。「研究開発」は、将来の製品や生産技術に必要な基盤技術を開発するプロセスであり、製品開発のみならず製造技術にも寄与します。

また、「調達」や「開発委託」も製造業では重要な要素です。製造業はピラミッド型の産業構造を持ち、自社内ですべてを行うことは少ないため、外部から部品や完成品を取り入れ、それらを組み立てて製品を形成します。日本の製造業が高品質で知られる一因として、現場の品質に対しての絶え間ない努力がありますが、それに加えて外部調達品の品質管理の精度が非常に高いことも、その理由の1つです。

この製造業のプロセスを踏襲したものが、ウォーターフォール型の開発と言えます。ウォーターフォール型の開発は、製造業のように手戻りが許されない開発には向くものの、それ以外には適さないと説明

図2-5：製造業とソフトウェア開発の詳細プロセス比較（1）
～ウォーターフォール型のソフトウェア開発の場合

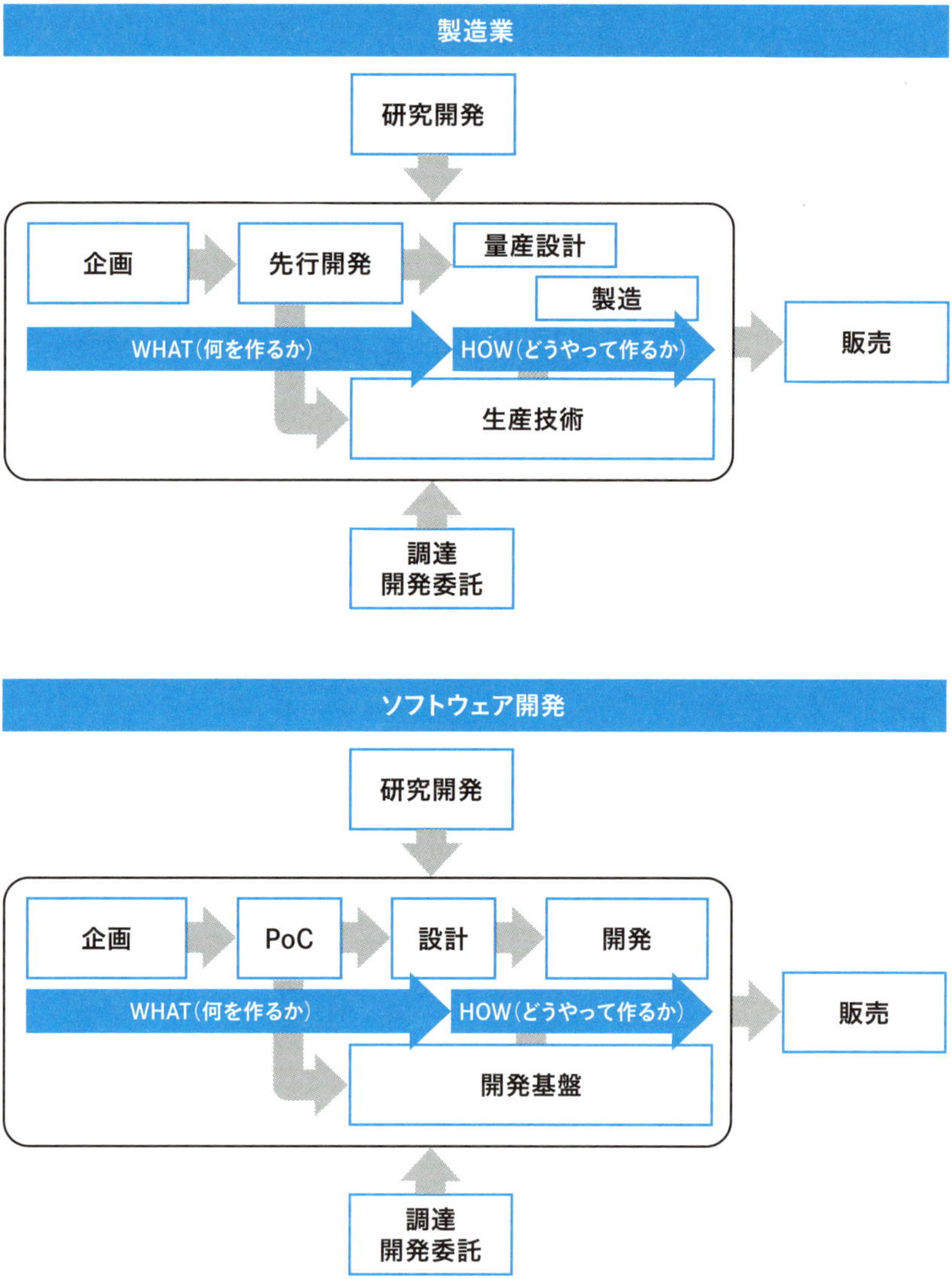

従来型製造業の開発プロセス（上）と、パッケージソフトの企画から販売に至るプロセス（下）の比較

しました。それでも成功した製造業のようなスタンスでウォーターフォール開発を行っていれば、少なくともＳＩｅｒやＩＴベンダーに丸投げしたり、自社でグリップが効かなくなる（制御できなくなる）ような状況には陥っていないでしょう。

例えば、ソフトウェア開発を外注するというのは、図２－５の「開発」の外部委託に相当します。製造業の調達や開発委託では、自社で開発すべき部分と外部から調達する部分を、その希少性や競合優位性、品質、コストなどの多面から判断します。外部に委託する場合でも、極力依存度を抑え、１社に偏らないよう複数の調達先を確保することもあります。必要に応じて、自社で開発できるようにしているものもあります。このように、製造業では、戦略的な判断の元、外部からの調達を行っているのです。

ソフトウェア開発を外注化する場合、ここまで戦略的に判断しているでしょうか。自社にはできないということで、安易に委託してしまっていることも多いのではないでしょうか。付き合いが長いだけで、いつも同じＳＩｅｒに委託してしまっていることはありませんか。製造業の調達や開発委託と同じ基準で考えるならば、ソフトウェア開発を安易に外注してしまうことが、どれほどのリスクになるかお分かりいただけるでしょう。

以前、日本企業の幹部から「マイクロソフトやグーグルは１００％内製しているのですか？」と聞かれた際、筆者は「当たり前です」と答えそうになりました。しかし、よく考えてみると、マイクロソフトもグーグルもオープンソースソフトウェア（ＯＳＳ）を利用しています。ＯＳＳはすべて自社が作ったものではないと考えると、１００％内製しているわけではありません。しかし、彼らはＯＳＳをブラックボックスとして扱うことはありません。自社の制御下で、必要に応じて自社のエンジニアがＯＳＳに貢献し、必要な修正を行っています。

例えば、自社製品に使用しているOSSに不具合があり、製品に悪影響を及ぼしているとします。にもかかわらず、OSSプロジェクト側の対応が遅く、なかなか修正されないということが起こり得るのですが、そのような場合でも、自社のエンジニアが直接修正を施すことが可能です。また、OSSの方針と自社の方針が合わなくなった場合には、既存のOSSプロジェクトから分岐して、自社の方針に合った新しいOSSプロジェクトを立ち上げることもできます。このように、海外のテクノロジー企業におけるOSSの利用は、単なる外部委託とは根本的に異なり、技術の内部統制と密接に関連しています。

筆者が在籍時にはOSSに敵対的だったマイクロソフトでさえ、現在ではOSSの最大の貢献者および利用者に変わりました。OSSの取り入れ方1つを見ても、企業がソフトウェアをどれだけ戦略的に捉えているかが伺えます。

製造業で言うところの「生産技術」は、製品を効率よく、高品質に作るための技術です。ソフトウェア開発においては、「開発基盤」という役割がこれにあたります。近年、「開発者体験」という概念が注目されており、これはソフトウェアを作る人々が快適に作業できるようにすることを指します。

開発者体験を向上させるには、プログラミングしたソースコード（プログラムの元となるテキストファイル）を一か所に整理して保存したり、タスク管理システムを使って開発作業を効率化することが含まれます。さらに、プログラムを変更したら自動的にテストして、すぐに問題がないか確認できるような仕組みが整っていることも重要です。

また、開発者が使用するコンピューターの性能も大きな要因です。古いスペックのマシンを使用して

図2-6：製造業とソフトウェア開発の詳細プロセス比較（2）
～サービスとして使われるソフトウェア開発の場合

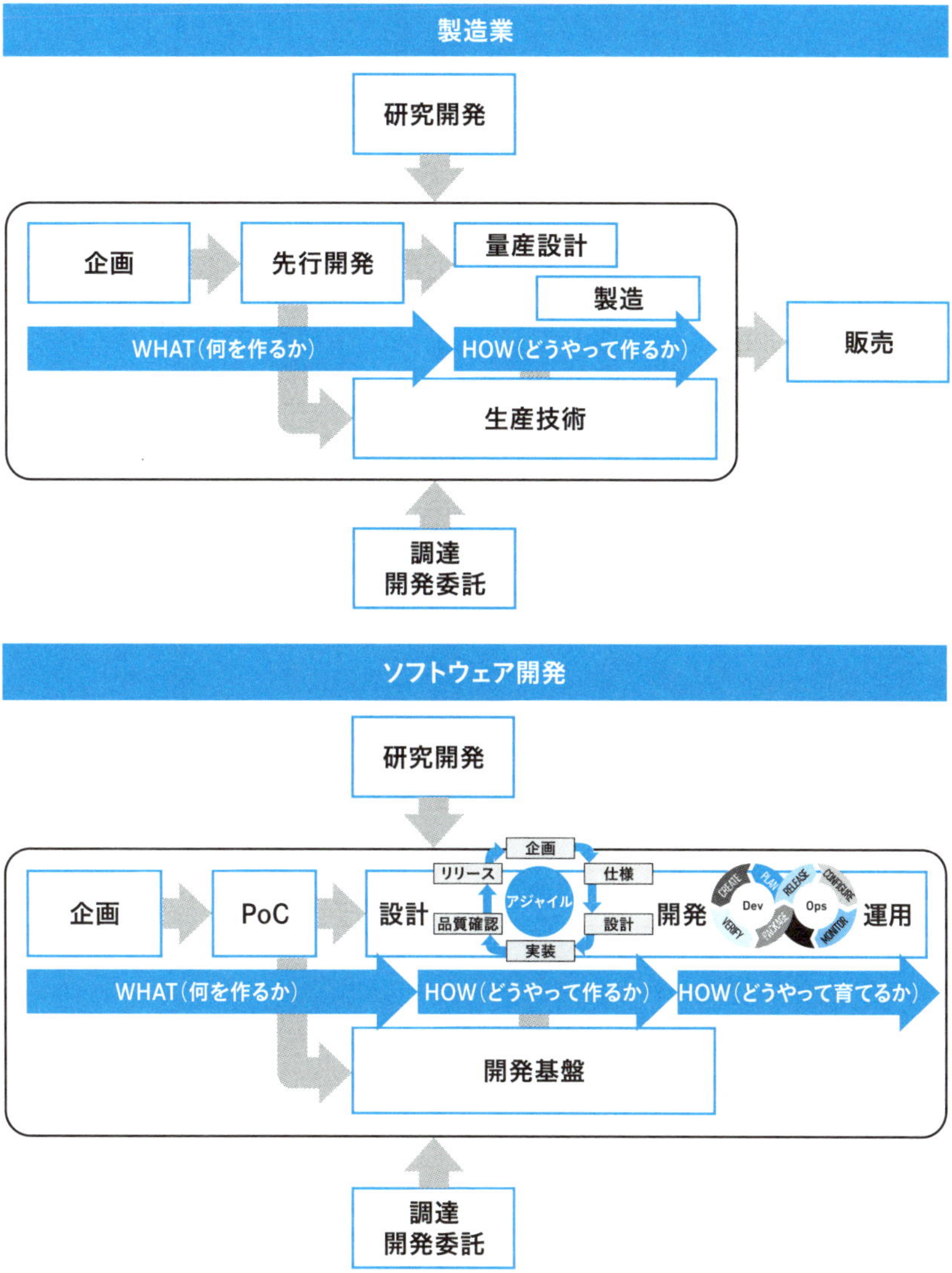

サービスとして使われるソフトウェア（SaaSなど）の場合は、開発プロセス間の境界が曖昧になり、仮説検証のサイクルが組み込まれる

いると作業効率が落ち、開発の進行にも悪影響を及ぼします。

これらの開発基盤が整っていることで、開発者体験が向上し、より良い品質のソフトウェアが作られるのです。しかし、実際には多くの企業でこれらが軽視され、投資が後回しにされています。

このように、ウォーターフォールであっても、従来の製造業が行っていたベストプラクティスをきちんと踏襲すれば、より良いプロダクトを生み出すことができます。ただし、サービスとしてユーザーに提供するソフトウェアを開発する場合は、「育てていく」という概念が加わり、これまでよりも素早く仮説検証を回す必要が出てきます。これにウォーターフォールで対応するのは少々難しい。そこで仮説検証に使われるのが、図2－6に記した、アジャイル開発やDevOps（デブオプス）となります（DevOpsについても詳しくは4章を参照）。これが、製造業のプロセスと現代的なソフトウェア開発プロセスの最も大きな違いだと言っても過言ではないでしょう。

サブスクへの移行で大成功を収めたアドビ

より具体的に説明するために、パッケージソフトからSaaSモデル（サブスクリプションモデル）への移行で大きな成功を収めたアドビの事例を見てみましょう。1章でも紹介したように、アドビは写真や画像を編集・加工するプロダクトを提供する、クリエイターを中心に有名な会社です。アドビも以前はパッケージソフトを提供していましたが、現在はサブスクリプションモデルを中心としたSaaSの企業へと変貌を遂げています。

図2-7：アドビはSaaSモデルへの移行で売上を大幅に伸ばした

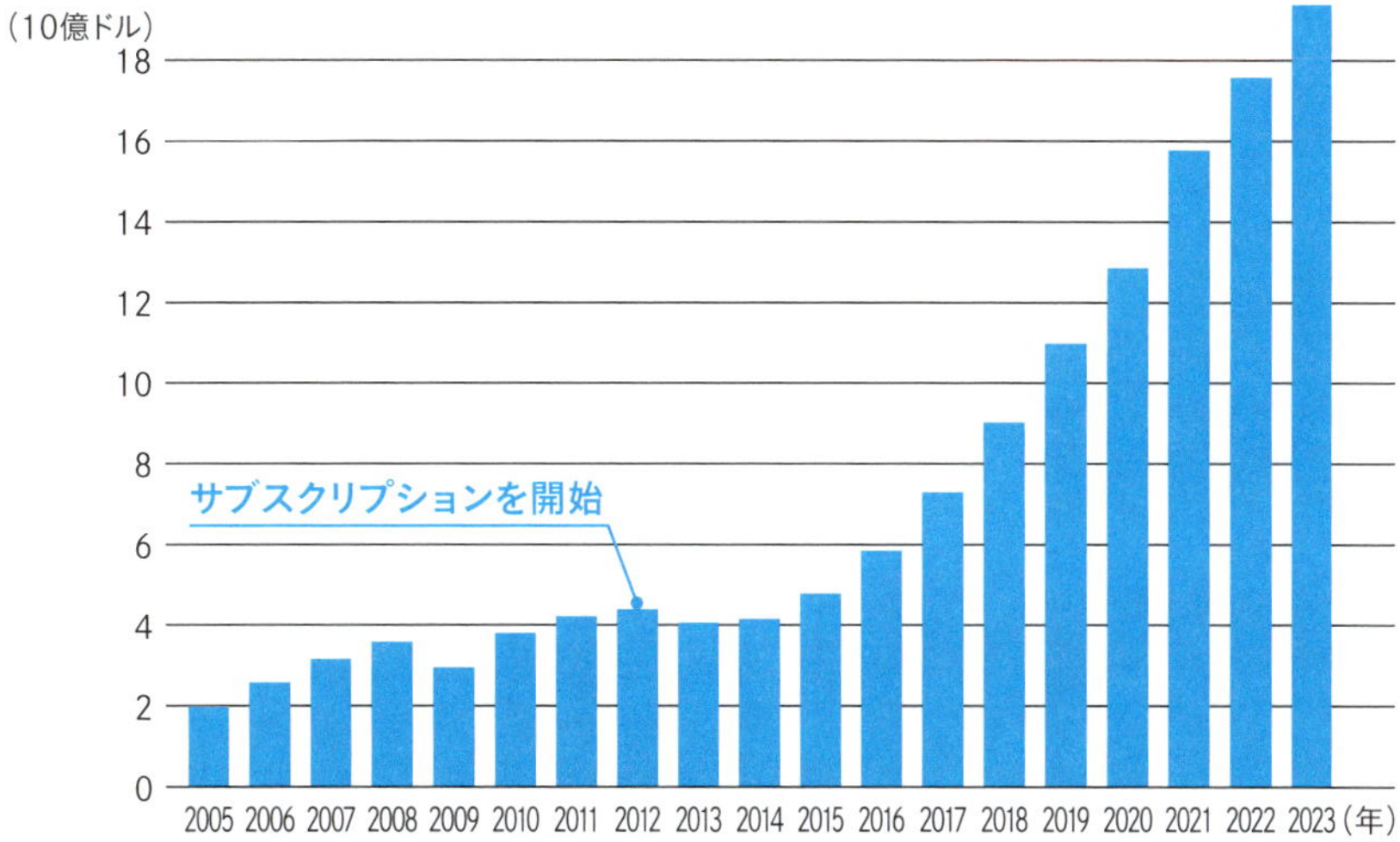

アドビの業績レポートを基に作成

アドビのSaaSモデルへの移行は、次のように展開されました。アドビはクリエイター向けの製品では市場を牽引する存在でしたが、それでも従来の12〜18カ月の製品サイクルでは市場の急速な変化に追従できず、問題となっていました。また、2008年のリーマンショックで売上が大きく落ち込み、継続的な収益源の重要性が浮き彫りになりました。この課題に対応するため、アドビは2012年にリカーリングビジネスとしてサブスクリプションモデルを導入しました。こうしてアドビは財務の安定性を確保することに成功したのです。この移行は、単なるビジネスモデルの変化に留まらず、製品の質、開発プロセス、顧客との関係性において革新をもたらしました。

　パッケージ製品の基本的なビジネスモデルは、1年に一度かそれ以上の間隔で新しいバージョンを出荷し、それをユーザーに購入してもらうことで収益を上げる形です。アドビの場合は1年から1年半のサイクルです。会社にとって重要なのは購入してくれるユーザーであり、売上が立った時点で収益は約束されます。

一度納品されると、そのユーザーとの関係は保守が中心となり、次にそのユーザーから大きな売上が上がるのはバージョンアップのタイミングとなります。手離れがいいと言えば聞こえは良いのですが、どのように使われているかを把握する手段は乏しく、バージョンアップのタイミングなどで他製品に切り替えられてしまうリスクがありました。

一方、ＳaaＳは継続利用されることで、その利用期間ごとに収益が上がるビジネスモデルです。使われなくなれば、その分収益が下がります。そのため、新規ユーザーの獲得だけでなく、既存ユーザーが利用を継続することが重要となります。つまり、カスタマーサクセスの考え方が必要なのです。

収益性で見た場合も、ＳaaＳは収益予測を立てやすくなるという利点があります。ＳaaＳは利用継続されている限り収益が上がりますし、利用停止というリスクも利用状況を継続的に把握していればある程度の予測は可能です。「顧客生涯価値」とも言われるＬＴＶ（Life Time Value）という考え方を導入することにより、いくらまでならばユーザー獲得や満足度向上のためにコストを使っていいかの判断も可能となります。利用状況が把握できるということで、事業投資の面でもいろいろな施策を取りやすくなります。

対して、パッケージ製品は新規ユーザー獲得とバージョンアップが収益の柱となりますが、どちらも予測不能です。後者のバージョンアップによる収益もユーザーの事情に大きく左右されます。

アドビのサブスクリプションモデルへの移行は、単なるビジネスモデルの変更だけでなく、顧客との関係性を深め、製品の品質とサービスの向上を実現しています。この成功事例は、SaaSモデルがいかに企業の成長と革新を促進するかを示していると言えるでしょう。

サブスクリプションは、これまで購入者に一方的に押し付けられていたリスクを提供者にも平等に負担させる仕組みです。例えば、顧客は特定の目的を持って製品やサービスを購入しますが、それが本当に目的を満たすかどうかは使い始めてしばらくしないと分かりません。自動車を例に取ると、子どもと週末にアウトドアへ行くために車を購入しても、実際に使い始めてみると悪路に適さないことが分かり、結局レンタカーを借りることになるかもしれません。試乗しただけでは分からなかったのです。

自動車会社は車が売れた時点で利益を得ており、リスクを負っていません。つまり、製品やサービスが本当に価値を提供するかどうかのリスクは顧客に一方的に押し付けられていました。

サブスクリプションではこれが変わります。顧客は購入者ではなく契約者となり、もしサービスが目的を達していないと感じれば解約できます。提供者も顧客のニーズを満たさなければ収益を得られないというリスクを負うわけです。リスクが平等に分担されることで、提供側はプロダクトを良くするための努力を求められます。これはプロダクト提供側にとって大変なことですが、このような良い循環がプロダクトの質を向上させていくのです。

品質に対する誤解

製造業やサービス業を問わず、日本人の品質へのこだわりは世界的に見ても際立っていると言われます。実際多くの日本人が、品質に対して厳しい目を持っていると自負し、「こと品質には厳しい日本で売れるものなら、世界でも必ず売れる」という言葉に自尊心をくすぐられる人も多い印象です。「品質」という言葉からは、均質性や安全性、堅牢性、仕上がりの美しさなどさまざまなイメージが思い浮かびますが、国際標準化機構（ＩＳＯ）が定める品質マネジメントシステム「ISO9000シリーズ」を含め、品質の定義は複数存在します。ここで紹介する「狩野モデル」もその1つです。狩野モデルを紐解くことにより、日本企業が陥りがちな品質に対する誤解が浮き彫りになります。

１９８０年代に東京理科大学の狩野紀昭教授が提唱した狩野モデルでは、品質を顧客満足度に直接影響を与える要素として定義しています。製品の機能が充足し、常に安定して使えるというだけではなく、その機能そのものが持つ「顧客にとっての重要性」を理解し、対応することが必要だと示しています。そのため、狩野モデルは、顧客が製品やサービスに要求する品質を5つに分類し、それぞれが顧客満足度にどのような影響を与えるかを定義しています。

この5つの分類のうち、充足してもしなくても満足度に影響を与えない「無関心品質」は簡単に言うとあってもなくても良いものなので、企業としては優先度を低くできます。また、充足することによって不満を引き起こしてしまう「逆品質」は提供を避けるべきものであり、もし過去の経緯などで製品に含まれてしまっている場合は積極的に削除を検討すべきものです。これら2つは、一般的には品質と認識されることが少ないため、あえてここでは論じません。しかし、実際にはこの「無関心品質」や「逆品質」になっている機能が放置されたままになってしまっていることも少なくありません。

狩野モデルで重要なのは「当たり前品質」「一元的品質」「魅力品質」です。これらについて知ること

図2-8：狩野モデルによる品質の5分類

当たり前品質（基本品質）	充足されていても当たり前と受け取られるが、不充足であれば不満を引き起こす品質要素	例）アクセルを踏むと進む 例）ブレーキを踏めば止まる 例）ハンドルを切ると曲がる
一元的品質（性能品質）	充足されていれば満足を引き起こし、不充足であれば不満を引き起こす品質要素	例）燃費 例）車内空間の広さ
魅力品質	充足されていれば満足を引き起こすが、不充足であっても仕方ないと受け取られる品質要素	例）先進ドライバー支援機能 例）インターネット接続
無関心品質	充足されていても不充足であっても満足度には影響を与えない品質要素	例）見えない部分の塗装
逆品質	充足されていれば不満を引き起こし、不充足であれば満足を引き起こす品質要素。人によって満足度が異なる要素	例）エンジン音

各種資料を基に作成

は、多くの日本企業が抱える課題を理解する助けになるため、詳しく解説していきましょう。

「当たり前品質」は基本品質とも呼ばれ、あって当然、なければ不満を覚える品質要素を指します。自動車に例えるなら、走る・止まる・曲がるにあたる機能の良し悪しが、当たり前品質となります。これらの機能がない自動車は存在しませんし、走る・止まる・曲がるが満足にできない自動車がユーザーに支持されることはないでしょう。かといって、最高時速が10キロ速くなっても、高速道路の速度制限以上であれば意味がありませんし、ハンドルやブレーキの反応速度がコンマ数秒改善されたりしても、F1ドライバーでもない限り満足度が高まることはありません。一定レベルまで品質を高めると満足度が高止まりしてしまうのが、当たり前品質の特徴です。

一方、「一元的品質」は、上がれば上がるほど

図2-9：狩野モデルにおける「当たり前品質」「一元的品質」「魅力品質」

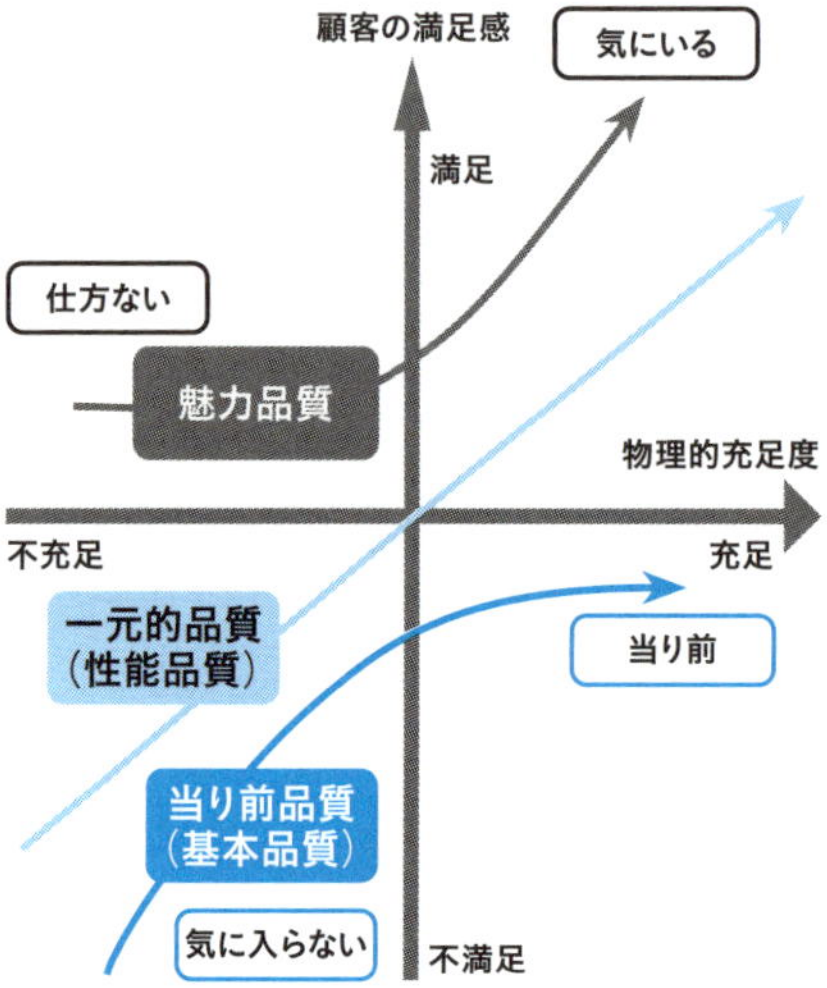

各種資料を基に作成

	説明	例）自動車
魅力品質	差異化要因となり得る品質要素。なくても困らないが、使い始めて充足感を覚えると手放せない	・先進運転支援技術 ・車載通信機器を介したネット接続機能
一元的品質	上がれば上がるほど満足度が高まり、低ければ不満を引き起こす品質要素	・燃費 ・車内空間の広さ
当たり前品質	備わっていて当然、なければ不満を覚える品質要素	・アクセルを踏めば走る ・ブレーキを踏めば止まる ・ハンドルを回せば曲がる

満足度が高まり、低ければ不満を引き起こしてしまう品質要素です。自動車でいえば、燃費や車内空間の広さなどが一元的品質にあたります。

また「魅力品質」は、なくても大きな不満は引き起こさないものの、一度使い始めて充足感を覚えると手放せなくなるような品質要素です。例えば、ドライバーの運転をサポートしてくれる衝突被害軽減ブレーキや誤発進抑制制御装置などの先進運転支援技術、車載通信機器を介したインターネット接続機能などが魅力品質にあたります。

ここまでの説明で、一口に「品質が高い」と言っても、どの品質が高いかによってユーザーの受け止め方が異なることがお分かりいただけたのではないでしょうか。

この中で、革新的なプロダクト開発を考える際に重視すべきは魅力品質と一元的品質です。当たり前品質では、いくら精度を高めても顧客満

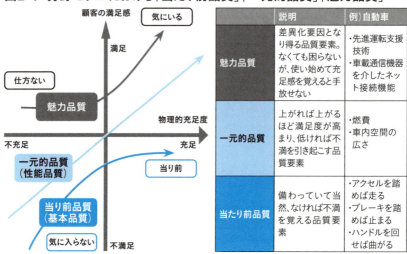

足度を引き出すことはできません。また、ある時点まで魅力品質に分類できた機能も、競合他社も提供するようになればすぐ当たり前品質になってしまいます。例えば、先進運転支援技術のいくつかは、一般車にも搭載されるようになり、もはや魅力品質ではなくなってきていると言えるでしょう。一元的品質も同じで、突出したレベルにまで高められれば魅力品質に転じることがある一方、陳腐化すれば当たり前品質に変質してしまうので、注意が必要です。

筆者がＤＥＣやマイクロソフトで担当した仕事に、英語版のソフトウェアを日本向けに変更する、ローカライズという仕事があります。ローカライズの対象範囲は広く、その中の１つに製品メニューなどを日本語に翻訳する作業がありました。特に日本人は見た目にこだわる人が多く、ちょっとした誤訳や文字列が収まりきらないような見た目上の問題があると、製品そのものの品質を疑う傾向が強くありす。従って、ローカライズ製品の場合、翻訳のクオリティが当たり前品質になっていました。

しかし、グーグルで携わったウェブサービス開発では、これが当たり前品質ではなくなりました。ウェブサービスの製品メニューの翻訳は、パッケージソフトなどに付随する説明書とは違い、いつでも直せるものだからです。Ｘ（旧ツィッター）やフェイスブックのような米国生まれのウェブサービスも、リリース当初は英語のユーザーインターフェイス（ＵＩ）しか提供せず、今でも新機能などはしばらく英語のままになっていることがあります。スマートフォンのように直感的に操作できるデバイス（機器）が普及したことと相まって、日本語に翻訳することの重要性が低下したのです。かつては当たり前品質だったものでも、ユーザーの要求レベルが下がっていくという好例でしょう。

この狩野モデルですが、日本だけでなく、多くの国や業界で使われています。１９８０年代に提唱されたこともあり、当初は製造業での活用が多かったようですが、今日ではＩＴ業界を含む多くの業界で使われています。

筆者にとって非常に印象深かったのは、情報管理ツールとして人気を博したエバーノートの創業者フィル・リービン氏の話です。彼は、パンデミック真っ最中だった２０２１年に登壇したカンファレンスで、リアルとオンライン、そしてハイブリッドでの体験などについて話した後、当時開発していたプロダクトをどのような方針で拡張しているのか説明しました。そこで彼が引き合いに出したのが、狩野モデルでした。

彼はそれを狩野モデルとは明言しませんでしたが、見せてくれた図はまさに狩野モデルそのものでした。まず、彼は当たり前品質を「簡単にできることを実現して顧客の不満を解消する機能」と説明し、「これを実現していないと顧客が怒るからといって、ここに注力し過ぎると失敗に陥る傾向がある」と説明しました。その上で、魅力品質こそが注力すべき領域だと強調しました。

リービン氏が例として示したのが、初代ｉＰｈｏｎｅ（アイフォーン）です。初代ｉＰｈｏｎｅは日本では発売されなかったので、ご存知の方は少ないかもしれませんが、当たり前品質に分類されるであろうテキストのカット＆ペースト機能さえ搭載されていませんでした。当時はすでにショートメッセージ（ＳＭＳ）や電子メールで連絡を取り合うことが一般化し、先行するブラックベリーやノキアの製品は、小さいながらも物理キーボードを装備しており、テキストのカット＆ペースト機能は当然サポートされていました。まさに「これを実現していないと顧客が怒る」機能です。そのため、米国でもこれでは売れないという声が多く聞かれました。しかし、アップルはそのような声に惑わされることなく、今まで誰も想像もしていなかったボディをフルに使うタッチスクリーンや、マルチタッチで直感的に操作できるUIなど、魅力品質を充実させることで一気に人気を博したのです。IT史でも稀に見る革新的な製品であるiPhoneも、狩野モデルに当てはめて考えると、成功の要因が見えてくるのです。

日本からなぜアップルが生まれないのか。理由は決して1つではないでしょう。しかし、規模や業種を問わず、日本企業は顧客の声を盲信し、当たり前品質を高めることに注力し、魅力品質を磨くことを怠る傾向にあることが理由の1つであることは間違いありません。それでは、いくら多額の予算と優秀な人材を注ぎ込んだとしても、顧客に使われ続ける製品を作ることはできません。

本節の最後に、デジタル敗戦の分析から見えてきた、「ソフトウェアの手の内化」を妨げる要因をまとめてみましょう。

・低位安定に甘んじて挑戦しない姿勢
・間違った製造業信奉(中途半端な模倣も含む)
・製造業とソフトウェア産業の開発プロセスの違いに対する理解不足
・品質に関する誤解

これらを改めない限り、ソフトウェアファーストの実践は無理と言わざるを得ません。要因を見ると分かる通り、日本の強みであった製造業の強さが裏目に出た面もあります。では、製造業におけるソフトウェアファーストの現況を知り、そのあり方を探っていきましょう。他業界での実践に向けても大きなヒントが得られるはずです。

製造業におけるソフトウェアファーストのあり方

製造業は日本経済の最後の砦であり、特に自動車業界はその裾野産業の広さから、何としても競争力を維持したいところです。自動車業界もこの重要性を理解しており、百年に一度の変革期とさえ言われるその大きな要因である「ＣＡＳＥ」の４つの要素、コネクテッド、自動運転、シェアリング、電動化を中心に、ＭａａＳ（モビリティ・アズ・ア・サービス）やＳＤＶ（ソフトウェア・ディファインド・ビークル）をはじめとするソフトウェアファーストな取り組みを進めています。

しかしながら、ＭａａＳやＳＤＶ、そしてソフトウェアファーストが一体何を意味するのか、さらに、それを実現した後の世界観（ビジョン）が、いまだ明確でないように思われます。自動車業界は今、ソフトウェア業界から積極的に人材を採用し、アジャイル開発などソフトウェア業界の手法を取り入れようとしています。しかし、まだ本質的にはソフトウェアファーストを実現できておらず、従来通りのハードウェア主体の開発スタイルからは完全には脱却しきれていません。

今こそ、自動車業界、そして日本の製造業は、改めてソフトウェアファーストなモノづくりをイメージし、その実現に向けて舵を切るべきです。ソフトウェアを中心に据えた開発手法を真に理解し、実践することで、日本の製造業は新たな時代を切り拓くことができるはずです。

改めて確認しておきたいのは、製造プロセスの自動化やスマートファクトリーの導入だけでは、ソフトウェアファーストなモノづくりとは言えないことです。生産性の向上やコスト削減は実現できますが、事業としての変革を目指すDXやソフトウェアファーストの本質的な価値を示すまでには至りません。ソフトウェアファーストの本質は、単なるプロセスの改善に留まらず、事業そのものを根本から変革することです。すでにソフトウェアファーストを取り入れている企業は、顧客ニーズに基づいた新しいサービスや製品を迅速に開発・提供するための社内プロセスを整え、企業文化も構築し、柔軟にビジネスモデルを変えることで市場の変化に即応できています。一方、ソフトウェアの重要性を軽視している企業は、時代の流れに取り残されて競争力を失うという、大きなリスクを抱えているのです。ソフトウェアファーストの考え方を早期に取り入れることが、今後の製造業の成功の鍵となるでしょう。

ここからは自動車業界をはじめとする日本の製造業の現在地を明らかにするとともに、製造業の変革に必要な観点、そして具体的なソリューションを紹介します。

CASEへの対応が求められる自動車業界

本節の冒頭で紹介したCASEを少し見てみましょう。

まず、コネクテッド。通信技術は、いつでもどこでも通信回線が安く、速く、安定して利用できるようになったことにより、進化が加速しました。その結果、日常の多くのデバイスがインターネットに常時接続されるようになりました。自動車業界においても、車両がネットワークに接続されることでリアルタイムの情報共有や遠隔診断が可能になり、安全性と利便性が大幅に向上しています。

次に、自動運転技術は、センサー、カメラ、人工知能（ＡＩ）を統合して、ドライバーの介入なしに車両を運転できるように設計されています。

続くシェアリングの代表的な例がライドシェアです。これは自家用車の所有者と乗車希望者を結びつける移動手段で、自動車の共有により効率的な移動が可能です。海外では、ウーバーのような有償ライドシェアサービスが一般的で、これらはオンラインプラットフォームを通じてドライバーと乗客をつなぎます。

日本版ライドシェアは２０２４年4月に導入され、タクシー不足が見込まれる地域や時間帯に限り、個人が自車で有償運送を行うことが許可されています。このサービスは国土交通大臣の許可の元、タクシー企業がドライバーの管理を行い、地域に合わせた運送オプションを提供することを目的としています。海外のサービスに比べると保守的なスタートですが、将来の展開に注目が集まっています。

最後の電動化はＣＡＳＥの中でここ数年最も注目されていると言っても良いでしょう。この動向は主に、地球温暖化対策としての二酸化炭素排出削減の必要性から始まりましたが、その後、むしろ自動車産業の育成や保護政策に関連して捉えられることが多くなっていました。一時期は、特にバッテリー電気自動車（ＢＥＶ）への急速なシフトが予想されましたが、欧米を中心に完全なＥＶ移行が期待されていたものの、車両価格の高騰、航続距離の限界、そして不十分な充電インフラなどの課題が進行を遅らせています。これらの問題により、特に一部の地域ではEVへの転換が一時的にスローダウンする状況も見られます。例えば、米国のゼネラルモーターズやフォードは販売計画の見直しや投資の抑制を決定しました。しかし、これは一時的な見直しであり、環境対策の必要性は変わらないため、ハイブリッド車（HEV）も含めた電動化の流れは将来的にさらに強まると考えられます。

このCASEにより可能になるのが、次世代移動サービスとも称されるMaaSです。自動車は本来、人あるいは物が移動するための手段の1つです。この車という移動の一形態だけを捉えるのではなく、タクシーやバス、電車といった公共交通機関、飛行機や船などを組み合わせることで、より効率的かつ便利な移動体験が可能になります。これがMaaSと呼ばれる、移動体験をサービスとして捉える考え方です。

そして、こうしたCASEおよびMaaSのすべてに関係するのがソフトウェアなのです。

自動車のスマートフォン化と知能化がもたらすもの

自動車業界ではソフトウェア化が大きな潮流になっています。これに対応した自動車は、本節の冒頭でも述べたようにSDVと称され、「自動車のスマートフォン化」という比喩で表現されることもあります。

SDV、言い換えれば「ソフトウェアで定義された車」では、自動車の機能や性能がソフトウェアによって定義され、制御されます。基本ソフト（OS）をはじめとするソフトウェア（アプリを含む）を頻繁に更新して機能・性能の強化や改善が行えるスマートフォンのように、車を制御する車載ＯＳや自動運転や先進運転支援システム、さらにはさまざまな車載アプリを更新できるようになります。「ソフトウェアで定義された」という概念と仕組みは、実はネットワークから始まりました。大事な概念なので、その成り立ちを簡単に紹介します。

ＳＤＮ（ソフトウェア・ディファインド・ネットワーク）と呼ばれるこの概念は２０００年代初頭に提案され、２０１０年代に入るとネットワーク制御技術として広く普及し始めました。この技術は、ネットワークの制御機能を物理的なデバイスからソフトウェアに移し、ネットワーク管理を柔軟にしました。一元的なコントロールが可能になり、ネットワークの動的な再構成や効率的なトラフィック管理が実現したのです。

少し専門的過ぎるかもしれないので、郵便システムの例を使って説明しましょう。郵便物を送る時は通常、各郵便局が地域ごとに郵便物を仕分けし、最終的な目的地に向けて手配します。このシステムでは、各郵便局が個々に稼働しており、全体最適は難しくなっています。

ＳＤＮは言わば、このシステムを、１つの中央の郵便センターにより制御できるようにしたものです。中央のセンターがすべての郵便物を管理し、どこに何を送るかを一括で指示します。これにより、すべての郵便物の配送を効率的に制御できるようになり、個々の郵便物は効率よく迅速に目的地に届くようになります。

例えば、ある地域に郵便物が集中していることが分かれば、その情報に基づいて他のルートで配送するよう指示を出すことができます。データの渋滞を防ぎ、全体のネットワークのパフォーマンスを向上させることができるのです。

SDN以降、SDS（ソフトウェア・ディファインド・ストレージ）やSDDC（ソフトウェア・ディファインド・データセンター）といった技術が登場しました。

SDSとは、データを保存するためのハードディスクやSSD（ソリッドステートドライブ）【編注6】といったストレージデバイスをソフトウェアで管理する技術です。SDSにより、これらのストレージデバイスを効率的に最適化し、データの保存場所や方法を柔軟に調整できます。

SDDCは、データセンター全体をソフトウェアで管理する技術で、サーバー、ストレージ、ネットワークなどのリソースを統合的に管理します。そうすることで、例えばサーバーの配置やネットワーク設定を自動で最適化し、システム全体のパフォーマンスを向上させることができます。

これらの技術により、ハードウェアの制約から解放され、システムをより動的に最適化できます。手作業が減少し、コスト削減や効率の向上といったメリットを享受できます。

では、SDVは何をもたらすのでしょうか。SDVは、ネットワークにおけるSDN同様のメリットを自動車に与えます。つまり、自動車というハードウェアの制約を超えて、ソフトウェアにより機能・性能を高めることができるようになるのです。

以前より自動車には数多くのソフトウェアが搭載されていますが、その役割は補助的なものに留まっていました。SDVでは、ソフトウェアがより中心的な役割を担います。例えば、自動車には多数のコンピューターが搭載されており、これらをつなぐ車載ネットワークが存在します。SDVでは、SDNと同様、この車載ネットワーク全体をソフトウェアで一元管理し、車の機能・性能を柔軟に調整できる

編注6　フラッシュメモリーと呼ばれる半導体素子にデータを記録するデバイス

ようになります。

複数の機能を統合する車載ネットワークにより、自動運転（ＡＤ）や先進運転支援システム（ＡＤＡＳ）を実現できます。これらの機能は、高速な車載ネットワークを必要とします。例としてＡＤＡＳの１つであるＡＣＣ（アダプティブクルーズコントロール）は、レーダーやカメラを用いて先行車との安全な距離を保ちつつ速度を自動調整します。長距離の高速道路走行で、アクセルとブレーキを操作して一定速度を維持したり、前の車との適切な車間距離を保ったりするのは、運転者の疲労につながり、注意力散漫による事故のリスクも高まります。渋滞時における頻繁な発進・停止も同様に疲労を招きます。ＡＣＣはこうした課題を解決します。

同様に、常にハンドルを握り、車線を中央に維持するのも運転者の負担となります。ＬＫＡ（レーンキープアシスト）はこの問題を解決します。ＡＣＣやＬＫＡのように、自動運転ではないものの、運転を支援し、楽で安全な運転を実現する機能がＡＤＡＳです。

細かな機能は多数存在しますが、運転という観点では、こうした機能が連携して作用します。これらの機能を実現するデバイスを連携させるために、ＳＤＶが必要不可欠です。ＡＤＡＳの高度化に伴い、より高度なＳＤＶが求められるわけです。

ＡＤはＡＤＡＳよりも多くの、高い精度のデータを収集し、運転手の負担をより少なくし、最終的には運転手不在でも走行できるようにします。このＡＤＡＳやＡＤのような進化を「車の知能化」と呼びます。

ＳＤＶの役割は、車の知能化のためにデータを効果的に収集、処理、そして活用するためのプラットフォームを構築することにあります。このようにデータを用いてＡＩを駆使した車両のことを、エヌビディアではＡＩディファインド・ビークルと言っており【編注7】、車両に搭載されるＡＩプロセッサーやＯＳ、ミドルウェア、アプリケーション、そしてそのＡＩシステムを作るための大規模な基盤を提供しています。今後、車の知能化が進む中で、このデータ駆動かつＡＩ主導の車がＳＤＶの主流になっていくことでしょう。さらにこの潮流は、車の価値観を大きく変えるほど、移動体験に革新をもたらすのです。

移動体験が進化し、車の価値観が激変する

ドイツにホロライドという会社があります。この会社は元々アウディの社内ベンチャーとしてスタートし、その後独立しています。ホロライドはともすれば退屈な時間となる移動中の車内で、ＶＲゴーグルを装着した同乗者が自動車と連動したバーチャル空間上のエンターテインメントを楽しめるサービスを提供しています。全地球測位システム（ＧＰＳ）や自動車の各種センサーデータを活用することで、例えば、高速道路を走行中はバーチャル空間も高速で移動しますし、横断歩道で歩行者待ちの状態の時はバーチャル空間も停車して可愛いアバター化した動物が道を横切るのを待っている映像を表示します。自動車の持つ価値は、単に移動するという目的から、体験に移行しつつあります。このホロライドの例は最たるものでしょう。また、ＥＶの普及が進む中国では、カラオケやゲーム、冷蔵庫といった車内アメニティも装備されつつあり、従来の常識の枠を外れた体験が実現しつつあります【編注8】。

編注7　https://www.nvidia.com/en-us/on-demand/session/gtc24-se63001/
編注8　https://www.nikkei.com/article/DGXZQOUC1766J0X10C24A5000000

車が社会に広く定着した今では、車が体験を追求するものとはあまり思われないかもしれません。しかし、車の歴史を紐解くと、自動車は実は従来にない体験を求めるものであったことが分かります。自転車は徒歩では行けない距離を徒歩とは比較にならない速度で遠くまで移動する新たな体験を可能にしましたし、その体験を拡張した馬車では豪華絢爛な車室が貴族向けに装備されました。これらはまさにパーソナルモビリティの追求でした。自動車は、さらに長距離を、高速かつ快適に過ごせるよう進歩してきたのです。

このように考えると、自動車の発展は快適なパーソナル移動体験を求める方向に進化していったと言えます。そして今、ADやADAS、MaaSの登場により、新たな移動体験（インフォテインメント【編注9】）が創出されつつあります。車の歴史を振り返ると、常に人々の生活を豊かにする新しい体験を提供してきたことが分かります。現代は、この次世代の移動体験がソフトウェア技術によって新たな次元へと進化している時代と言えるでしょう。

ソフトウェア・ディファインドが新たな価値を創出する

「ソフトウェアで定義された」製品の潮流は自動車業界に留まりません。コンピューターを搭載した製品が当たり前になれば、あらゆる業界に波及していきます。その結果、ソフトウェアが製品の価値を決め、その競争力の決め手となります。その動きはすでに始まっています。

一例として、東芝エレベータのSDE（ソフトウェア・ディファインド・エレベーター）を紹介しま

編注9　インフォメーション（情報）とエンターテインメント（娯楽）を組み合わせた言葉で、自動車の乗員が必要とする情報と娯楽を融合して提供することにより、運転を支援したり快適性を高めたりできる

しょう。東芝エレベータは、従来のエレベーター制御をソフトウェア中心に再構築し、EaaS（エレベーター・アズ・ア・サービス）という新しい形態のサービスを提供しています【編注10】。

東芝エレベータのSDEは、エレベーターの制御システムをソフトウェアで定義することで、従来のハードウェア中心の制御盤から脱却し、クラウドベースのプラットフォーム「エルクラウド」を通じてリアルタイムで制御・監視を行うものです【編注11】。これにより、機能追加や変更を容易に行うことができ、エレベーターの高度なカスタマイズや、将来的な新機能への対応が可能になります。

エルクラウドは、エレベーターの稼働状況をリアルタイムで監視し、異常が発生した際には即座に対応できます。具体的には、エレベーター内の防犯カメラとの連携により、セキュリティ対策を強化できます。また、ビルの管理者が遠隔地からエレベーターを操作・管理できるため、運用コストの削減にも寄与します。

EaaSの導入によって、東芝エレベータはエレベーターの運用を単なる移動手段としてだけでなく、付加価値の高いサービスとして提供することを目指しています。例えば、エレベーターの利用データを活用した最適化や、乗客の快適性を向上させるためのサービスなど、従来のエレベーターとは一線を画す新しい価値を提供できるのです。

このように、SDEとEaaSは、エレベーターの運用に革命をもたらし、ソフトウェアを中心とした次世代のエレベーターサービスを実現します。これらの取り組みは、ソフトウェア・ディファインドの概念が、エレベーターという日常的な設備にも大きな変革をもたらしていることを示しています。

エレベーターは業務用のため、アズ・ア・サービスとなった場合の利点が少し分かりにくいかもしれ

編注10　https://www.global.toshiba/jp/company/digitalsolution/articles/digicon/2023/66.html
編注11　https://www.toshiba-elevator.co.jp/elv/eaas/
https://www.global.toshiba/jp/company/digitalsolution/news/2022/1011.html

ませんので、一般ユーザーとしてより理解しやすい例も紹介しましょう。

セイコーエプソンは、従来からプリンティングやスキャニングのデバイスを販売してきました。これらのデバイスはインターネット接続機能を備え、ＩｏＴに対応していました。このデジタル技術をさらに活用し、デバイスだけでなくサービスとして提供することで、より良い体験をユーザーに届けようとしています。そこで同社はＥＰａａＳ（エプソン・アズ・ア・サービス）というコンセプトを打ち出しています。これは、デバイスを通じて顧客とつながり、サービスやソリューションを継続的に提供する戦略です。

その一例が、２０２０年から欧州を皮切りにスタートした「レディプリント」というサービスです。従来、プリンターは初期導入としてプリンター本体を購入し、インクなどの消耗品を顧客が自分で購入するビジネスモデルでした。レディプリントは顧客のデバイスとセイコーエプソンをつなぎ、定額または利用に応じた課金という契約ベースでプリンティングをサービスとして提供しています。

レディプリントにより、顧客はインク切れの心配をすることなく、常に最適な状態でプリンターを使用することができます。現在、日本ではテストマーケティング中であり、正式なサービス展開が期待されています【編注12】。

このレディプリントを代表とするＥＰａａＳ戦略を実現するためには顧客のリアルなデータが必要となり、そのためのデータ蓄積と分析の基盤が必要となります。これもソフトウェアの力が必要ということに他ならないのです。

編注12　テストマーケティングの募集は2024年6月に終了
https://www.epson.jp/ec/campaign/readyprint/poc/

製造業のソフトウェアファーストを後押しする技術

製造業がソフトウェアファーストに取り組む時に役に立つツールやサービスが相次いで登場しています。製造業でのソフトウェアファーストのあり方を捉える上で見逃せない動きを個別に見ていきましょう。

１９６３年創業、機械部品や工具の製造・販売を手掛けるミスミグループは、特に産業用の標準部品や精密部品に強みを持ち、幅広い製品ラインナップと迅速な配送サービスを武器に、グローバルに展開しています。

そのミスミが提供するデジタル機械部品調達サービスが、「メビー」【編注13】です。メビーは、ユーザーが３Ｄ ＣＡＤモデルをアップロードすると、瞬時に価格と納期の見積もりを提供し、従来のプロセスに比べて部品調達の時間を大幅に短縮。製造業の効率的な生産をサポートします。

メビーの導入によるメリットは多岐にわたります。まず、数週間から数カ月はかかっていた見積もりや製造が、数時間から数日に短縮できます。また、中間業者を介さない分コストを抑えられ、不要な２Ｄ図面の作成も省略できるため、時間と費用を節約できます。加えて、最小発注数量なしで必要な数量を注文できるため、在庫リスクを減らし、資金繰りの改善にもつながります。さらに見積もりや生産状況をリアルタイムに確認できるので、迅速で柔軟な意思決定が可能になりました。

注目すべきは、メビーが単なる効率化ツールに留まらず、日本の製造業の品質へのこだわりを体現していることです。例えば、構造上製造できない部品のデータをアップロードすると、エラーを表示するだけでなく、どこがどう間違っているか、どうすれば製造可能かまで教えてくれます。

編注13 https://meviy.misumi-ec.com/ja-jp/

加えて面白いのは、この機能が技術者の育成にも役立っている点です。サービス開始当初は想定していなかった使われ方ですが、メビーを先生代わりに改善を繰り返すことで、実践的なスキルを身に付けることができるのです。これが実現できるのも、シームレスで使いやすいＵＩをはじめとするソフトウェアの力でしょう。

メビーと同じように製造業のＤＸに取り組んでいるのが、スタートアップのキャディです。キャディは部品受発注の仲介サービスを提供することで、製造業の設計、調達、製造、販売というサプライチェーンの変革に挑んでいます。

キャディの提供する「キャディマニュファクチュアリング」【編注14】は、製造業向けの一括調達と生産管理を提供するプラットフォームで、製造業に従事する人々の業務体験を大幅に改善することを目的に開発されました。このサービスを利用することで、従来は多くの時間と労力を費やしていた図面解析やコスト計算といった作業が自動化され、作業従事者はより高付加価値な業務に集中できるようになります。また、日本中のパートナーメーカーと連携することで、安定した生産能力を確保し、納期の厳守や品質の向上を実現しています。これにより、現場のストレスを軽減し、作業効率を向上させることができます。

キャディはまた、ＡＩを活用した図面検索ソフトウェアであるキャディドロワー【編注15】も提供しています。このソフトウェアは、作業従事者が必要な図面を迅速かつ正確に検索できるようにして、彼らの業務負担を軽減します。また、過去の図面データを活用して価格交渉を効率化することで、コスト削減にも寄与します。

編注14 https://caddi.com/manufacturing/
編注15 https://caddi.com/drawer/

日本の製造業復活の鍵として期待がかかる半導体産業においても、ソフトウェアの重要性は増しています。

まずは、いち早くソフトウェア基盤を整えたエヌビディアを見てみましょう。エヌビディアが2023年から翌年にかけて時価総額を大きく伸ばした背景には、ソフトウェア基盤の存在もあるとされています。

1993年に設立されたエヌビディアは、グラフィックス処理専用プロセッサー（GPU）の可能性を早くから意識していました。当初は主にゲーム市場で存在感を示しましたが、競合のアドバンスト・マイクロ・デバイス（AMD）がGPUベンダーのATIテクノロジーズを買収し、インテルも独自のグラフィックス技術を進めるなど、厳しい競争にさらされました。

この状況を打開するため、2006年にリリースされたのが、GPU向けのプログラム開発基盤CUDA（クーダ）です。このCUDAによりエヌビディアのGPUは、ゲームだけでなく、科学技術計算やAIなど多岐にわたる分野で利用されるようになりました。特に、AIの深層学習（ディープラーニング）では、CUDAがその高い計算能力を活かして大きなブレークスルーを実現しました。2012年に開催された画像認識コンテストILSVRC（the ImageNet Large Scale Visual Recognition Challenge）で、トロント大学のジェフリー・ヒントン教授とアレックス・クリジェフスキー氏が、エヌビディアのGPUとCUDAを用いた深層学習モデルで飛躍的な成果を上げたことも後押しになり、エヌビディアは競争力強化に成功しました。現在では、AI半導体市場で80％以上のシェアを持つリーダー企業として、業界をけん引しています。

この成功を機に、エヌビディアはソフトウェア開発にも大規模な投資を行う企業となりました。現在では自動運転技術のためのソフトウェア開発も行い、フォルクスワーゲンやアウディなどの自動車メーカーに提供しています。

ここまで見てきたように、エヌビディアが半導体業界でリーダーの地位を確立できた要因は、ハードウェアの性能だけでなく、その性能を最大限に引き出すためのソフトウェア技術基盤にあります。つまり、ソフトウェアファーストなアプローチが、エヌビディアを半導体業界でのリーダーに押し上げたと言えるでしょう。

国内でも、ソフトウェアの重要性を認識し、積極的に取り組んでいる半導体企業があります。ルネサスエレクトロニクスです。同社は、顧客の要望に応えるソフトウェア開発環境「ＡＩワークベンチ」【編注16】を提供しています。この環境を使えば、ハードウェアの開発と並行してＡＩモデルの開発、例えばＡＩに対応したＡＤＡＳの開発を進めることができます。開発の初期段階からソフトウェアのフィードバックを受け、車の構造を柔軟に修正することが可能になります。開発スピードの飛躍的な向上が見込まれるのです。

ルネサスは今、社内でソフトウェア人材の確保に努めています。現状ソフトウェア人材は従業員の約２割に留まり、ライバルのエヌビディアやクアルコムの５割にはまだ届きません。しかし、経営陣はソフトウェア人材を、ハードウェア人材を上回るスピードで増やす意向を表明するなど、その重要性を十分に認識し、半導体産業における競争力を高めようとしています【編注17】。これは、エヌビディアのような成功事例から学び、ソフトウェアとハードウェアのシナジーを追求する動きの一環と言えるでしょう。

パナソニックが２０２１年に買収を完了した米ＩＴ企業、ブルーヨンダーも注目に値します。ブルーヨ

編注16 https://www.renesas.com/jp/ja/software-tool/ai-workbench
編注17 https://www.nikkei.com/article/DGXZQOUC14DJZ0U3A211C2000000/

ンダーは主に、製造、物流、小売りの各業界向けにサプライチェーン管理（ＳＣＭ）のクラウドサービスを提供しています。同社のＳＣＭプラットフォームである「ルミネート」【編注18】は、機械学習（４章を参照）を活用してデータ分析と予測を強化し、在庫管理や需要予測を自動化します。これにより、在庫の過不足防止、顧客満足度の向上、運営コストの削減が可能です。物流面では、倉庫管理、労働力管理、輸配送管理などの包括的なロジスティクスソリューションを提供してリアルタイムでオペレーションを最適化し、サプライチェーン全体の可視性を向上させます。

★　★　★

本章では、ＤＸが失敗に終わる原因とその元凶とも言える製造業信奉からの脱却、およびデジタル敗戦からの巻き返しの鍵を握る製造業でのソフトウェアファーストのあり方を見てきました。次章では、ソフトウェアファーストを実現するための手段を具体的に説明します。

編注18　https://blueyonder.com/jp/ja/solutions/luminate-planning

SOFTWARE
FIRST

3章

ソフトウェアファーストを実現する手段

企業が競争力を維持し、成長し続けるためには、ソフトウェアを中核とした戦略が不可欠です。ソフトウェアを活用することで、企業は迅速に新しいプロダクトを市場に投入して、顧客のニーズに的確に応えることができます。そのための具体的なステップ（手順）とマネジメント（運用管理）を解説します。

ソフトウェアファーストを実現するためのステップ

本章の目的は、ソフトウェアファーストを実現するための手段を正しく理解し、自社のDX推進に活かせるようにすることです。まずは、実現に向けての基本的なステップ（手順）を確認しておきましょう。

ソフトウェアファーストを実現するには、（1）現状を冷静かつ緻密に分析した上で、（2）プロダクトマネジメントの導入、（3）適切な技術選定、（4）開発プロセスの設計と実践、（5）人材育成と組織改革、（6）パートナーシップの構築、さらには（7）リスク管理とセキュリティ対策について、当該組織およびそのゴールに即した形で具体的に落とし込む必要があります。

（1）緻密な現状分析

ソフトウェアファーストの第一歩は、綿密な現状分析から始まります。事業内容や業務プロセス、それを支える技術基盤、そして人材のスキルセットを詳細に評価し、現状の課題やボトルネックを明確にします。これにより、改善が必要な領域（技術的負債など）、時代遅れとなった技術、そして、組織全体のソフトウェアに対する意識が見えてきます。これら情報に基づき、次のステップへ進むための具体的な計画を立てます。

(2)プロダクトマネジメントの導入

現状分析を終えたら、プロダクトマネジメントの導入を検討しましょう。プロダクトマネジメントは、製品やサービスを提供する企業のみに必要なものと誤解されがちですが、プロダクトを「顧客の課題を解決し、事業収益を最大化させるもの」と捉えると、プロダクトマネジメントは、業種や規模を問わず、ほとんどすべての企業にとってソフトウェアファーストの実践に欠かせない要素となります。

プロダクトマネジメントの責任者となるプロダクトマネジャーは、事業のビジョンと戦略を明確にし、顧客のニーズを的確に捉え、チームの活動を効果的にコーディネートする役割を担います。この職種は国も推奨し始めており、経済産業省所管の情報処理推進機構（IPA）が策定した「デジタルスキル標準（DSS）」【編注1】にも反映されています。

DSSは、企業のDX推進を担う人材に必要なスキルを網羅しており、2つの主要な部分で構成されています。1つは、すべてのビジネスパーソンが身に付けるべき知識・スキルを定義した「DXリテラシー標準（DSS－L）」。もう1つは、DXを推進するための専門的なスキルを定めた「DX推進スキル標準（DSS－P）」です。

編注1 https://www.meti.go.jp/policy/it_policy/jinzai/skill_standard/main.html

後者のＤＳＳ－Ｐには、ビジネスアーキテクトという人材類型が定義されており、「グローバルではプロダクトマネジャーとも呼ばれる」と補記されています。従って、プロダクトマネジャーはビジネスアーキテクトと読み替えても良いでしょう。

（３）適切な技術選定

適切な技術選定も、ソフトウェアファーストの成功に直結します。何にでも万能な「銀の弾丸」はありません。最適な技術は事業状況によっても異なりますし、一度選択した技術を後から変更することもあります。技術の選定においては、その本質を理解することが重要です。

（４）開発プロセスの設計と実践

効率的な開発プロセスの設計と実践も、ソフトウェアファーストの円滑な推進を促します。アジャイル開発手法や、ソフトウェアの継続的な統合やデリバリーなど、モダンな開発に用いられるプロセス手法の背景を理解し、適切な手法を採用します。

(5)人材育成と組織改革

人材育成と組織改革も不可欠です。ソフトウェアの潜在力を最大限活かすには、適切な人材の採用、育成、評価のサイクルを確立する必要があります。まずは求める人材像を明確にし、ソフトウェア開発者に限らず、さまざまなスキルセットを持った人材を採用して登用します。また、的確なフィードバック（評価）を行い、実践的なスキルを継続的に向上させる仕組みを整備します。

加えて、組織全体でソフトウェアの重要性を理解し、共通の目標に向かって協力する文化を醸成することも求められます。

(6)パートナーシップの構築

外部パートナーとの連携も重要な要素です。ソフトウェアファーストの本質は「手の内化」にあります。しかし、これはすべてを自社で完結すべきということではありません。コアな判断や技術がブラックボックス化しないように自社でコントロール（制御権を保持）しつつ、専門性が高い領域やコスト効率の観点から外部リソースを戦略的に活用することで、より革新的なソリューションの導入が可能になります。

（7）リスク管理とセキュリティ対策

リスク管理とセキュリティ対策も重要です。ここで大切なのは、リスクゼロの追求ではなく、リスクを適切にコントロールすることです。過度なリスク回避は、現代社会が求めるスピードを損ない、事業展開を鈍重にしかねません。まずはリスク評価を行い、潜在的なリスクを特定し、管理計画を策定することで、迅速かつ適切な対応が可能となります。

セキュリティ対策としては、データセキュリティおよびプライバシー保護のための最新技術の導入と、定期的なトレーニングで組織全体のセキュリティ意識を高めることが不可欠です。また、サービスレベルアグリーメント（SLA）【編注2】の契約内容を明確にし、どこまでカバーするかを決定することも忘れてはなりません。

さらに、リスク管理の一環として、2章で紹介した狩野モデルを参考に、どの品質を高めるべきか、過剰品質になっていないかを確認することもお勧めします。

編注2　サービス品質保証とも言われ、サービス提供者とユーザーの契約時に交わされるサービスの安定稼働等の品質に関する契約

プロダクトマネジメントの実践方法

前節で述べたように、プロダクトマネジメントはソフトウェアファーストの実現に不可欠なステップです。そこで本節では、プロダクトマネジメントの実践方法を具体的に説明します。

「プロダクト」の定義を確立する

プロダクトマネジメントを実践するには、まず「プロダクト」を広義に捉える必要があります。一般的に、プロダクトや製品という言葉から想起されるのは、家電やソフトウェアなどかもしれませんが、書籍のようなアナログな商品、人的要素が多いサービスなどもプロダクトの範疇です。さらに言えば、顧客や内部のステークホルダーに価値を提供するすべてのモノが「プロダクト」と捉えられるのです。

サービスの提供範囲が社内であっても考え方は同じです。業務システムの改善や新規事業の立ち上げ、業務プロセスの最適化など、多岐にわたる分野でプロダクトマネジメントのフレームワーク（枠組み）

図3-1：プロダクトマネジメントを構成する3要素

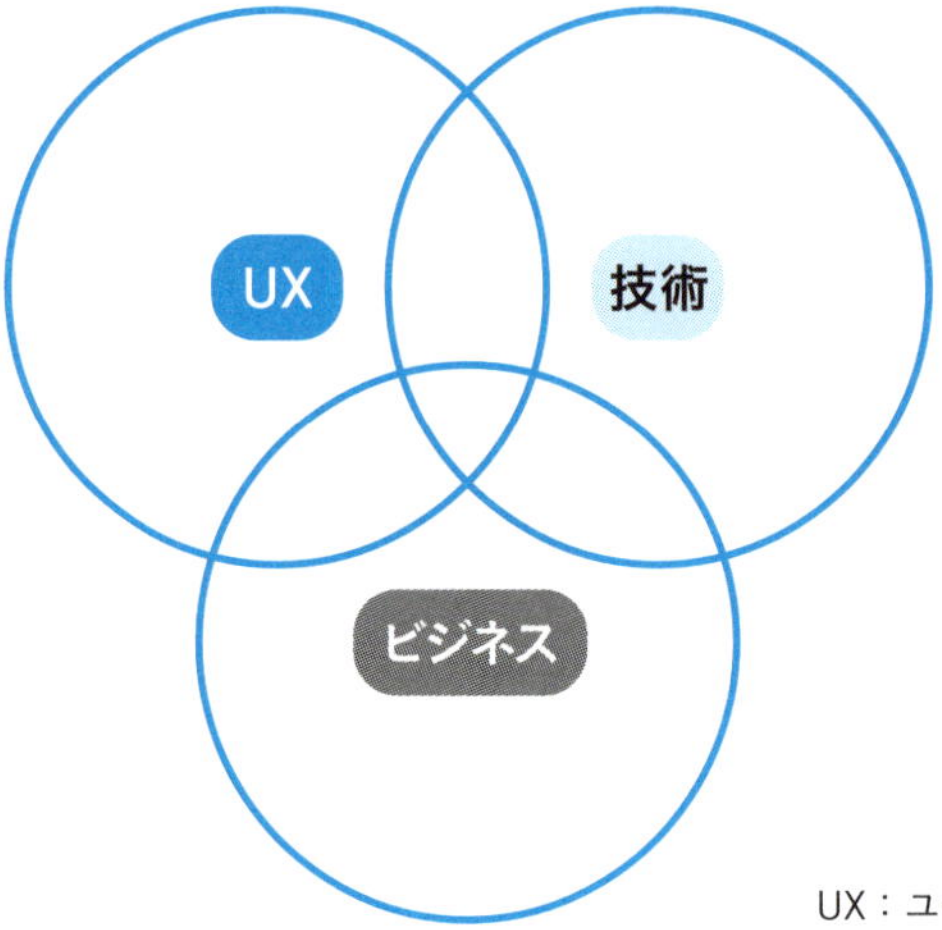

プロダクト（≒事業）全体を考える

プロダクトビジョンの実現と、事業収益と顧客価値の向上に向けて、技術とUXとビジネスの全体に目配りし、交差領域の意思決定を行う

UX：ユーザーエクスペリエンス（ユーザー体験）

が有効です。

プロダクトマネジメントとは、プロダクトを成功に導くことであり、その成功は事業価値と顧客価値の最大化を意味します。顧客価値とは顧客が享受する価値であり、事業価値とは事業収益です。直接収益を上げないものの場合は、企業が得られる価値を指します。

プロダクトを成功に導くには、技術・ユーザー体験（ＵＸ）・ビジネスの３要素が不可欠と言われています。プロダクトマネジメントを推進するプロダクトマネジャーは、これら３つに精通していなければならず、特に要素の交差領域での適切なプロダクト判断が求められます。プロダクトマネジャーの真価は、これら３要素の交差領域における意思決定にあるのです。例えば、「ビジネス的なメリットがあり、技術的には可能でも、ＵＸを損なう実装は避ける」など、３要素を考慮した意思決定が求められます。

定義に基づき方向性を示す「ビジョン」

ここで、プロダクトマネジメントの重要な要素の1つであるプロダクトビジョンについて考えてみましょう。

プロダクトマネジメントの要《かなめ》になるのが、プロダクトビジョンの設定です。これが、ぶれない意思決定を行う基準となり、チームが共通の目標に向かって突き進むための羅針盤として機能します。

ビジョンの例として、マイクロソフトの事例を紹介しましょう。

マイクロソフトが1980年に打ち出したビジョン「すべての机とすべての家庭にコンピューターを（A computer on every desk and in every home）」は、プロダクトビジョンの好例です【編注3】。当時のマイクロソフトは、プログラミング初心者向けの言語であるベーシックインタープリターをライセンス販売する小さなソフトウェア会社でした。翌1981年にIBM PCにOSを提供することが決まり、そこから急成長を遂げていくわけですが、一般家庭やオフィスでコンピューターが使われるなど想像すらされていなかった時代に野心的なビジョンを掲げることで、彼らは未来を見据えた革新的な方向性を示したのです。強調したいのは、彼らがまだソフトウェア会社としても小さく、ハードウェアの製造も販売もしていなかった点です。にもかかわらず、コンピューター社会の到来を自らのビジョンとしたのです。

マイクロソフトが次に掲げたビジョンが、「指先で情報を（Information at your fingertips）」です。1990年頃から積極的に発信され、1994年のコンピューター展示会「コムデックス」でビル・ゲ

編注3　https://money.cnn.com/2015/04/05/technology/bill-gates-email-microsoft-40-anniversary/index.html

イツ氏が行った基調講演では、2005年の未来像が示されました【編注4】。この講演で予見された未来には、タッチスクリーンやスマートフォンでの決済、双方向ビデオ通信、生体認証などが含まれていました。これらは2000年代後半までに実現されましたが、その技術の多くは、マイクロソフトではなく、アップルやグーグルが先導する形で普及しました。ネット社会も、マイクロソフトが想定した独自ネットワークではなく、インターネットとウェブによって実現されました。

2つのビジョンから分かることは、ビジョンは必ずしも自分たちだけで実現できるものでなくても良いということ、そして、達成の見込みが立ったならば、さらなる高みを目指して次のビジョンを設定するということです。そのようなビジョンが、社員、パートナー、そして顧客を鼓舞し、未来を切り開きます。

ニーズや課題を深掘りする「プロダクトディスカバリー」

すでに説明したように、プロダクトの成功は、事業価値と顧客価値の最大化です。顧客価値を最大化するには、顧客を深く理解する必要があります。顧客のニーズや課題を徹底的に分析し、それらを解決する製品やサービスを開発するプロセスを「プロダクトディスカバリー」と言います。

従来の製品開発では、開発チームが考案したコンセプトに基づいて製品を市場に投入する流れが一般的でした。しかし、このアプローチでは、実際の顧客のニーズと合致しない製品が開発されるリスクがありました。この問題を解決するため、顧客のニーズを出発点として製品開発を行うプロダクトディス

編注4　https://archive.org/details/comdexfall90-billgatesinformationatyourfingertips

カバリーが用いられるようになってきました。

プロダクトディスカバリーを採用することで、以下のようなメリットが期待できます。

・顧客ニーズに合致したプロダクトの開発が可能になる。
・開発コストの削減や開発期間の短縮が実現できる。
・製品の市場での成功率を高めることができる。

このプロセスは、プロダクトや組織によって異なりますが、一般的には顧客インタビュー、アンケート調査、データ分析、市場分析、競合分析、モックアップやプロトタイプの作成、顧客テスト、概念実証（PoC）、ユーザビリティテストなどを含みます。重要なのは、これらの工程を一方向に進めるのではなく、反復的な仮説検証を通じて進めることです。

「本来の目的」を見据えて、PoCの落とし穴を回避

プロダクトディスカバリーのプロセスに含まれるPoCは、プロダクトアイデアが技術的に実現可能で、かつ市場での需要があるかを確認するための小規模な実験です。PoCを実施することにより技術的な課題や市場の反応を事前に把握し、本格的な開発に進む前にリスクを低減します。

PoCを進めるに際して、注意してほしいことがあります。

俗に「ＰｏＣ地獄」や「ＰｏＣ貧乏」と呼ばれる現象が、至るところで発生しています。ＰｏＣは行ったものの、そこから先に進まないこの現象は、最新技術を使ったＰｏＣにありがちです。派手なプレスリリースは打ったものの、実際には事業化されず、ＤＸ担当者が「何かやってる」感を社外に見せたかっただけだったり、石橋を叩き過ぎて渡らないなどの保守的な組織文化も原因だったりします。これは実証実験にも当てはまります。いずれも何を実証しようとしているか不明だったり、実証した後のステップが決められていなかったりするために起こります。

このような落とし穴を避けるには、実証すべき内容を事前に明確化することが重要です。ＰｏＣは概念実証ですが、この概念はアイデアと置き換えても良いでしょう。実証すべき項目は、プロダクトディスカバリーでいう「顧客が課題を持っているか」「その課題の解決策として適切な技術か」「十分なマーケットがあるか」などが挙げられます。日本企業のＰｏＣでは、この点が曖昧になるケースが多く見られます。特に、最新技術を用いる場合、その技術を使ってみることがゴールになりがちです。ＰｏＣの本質は、技術検証だけではありません。「ビジネスとして成立するか」、この検証こそ行うようにしましょう。そして、あらかじめＰｏＣの次を考え、ＰｏＣはあくまでも本来の目的のための手段やステップであることを常に意識しておきましょう。

モノづくりの目的化を避け、ビルドトラップに陥らない

従来のシステム開発で、プロダクトやシステムを作ること自体が目的化してしまう現象を「ビルドト

ラップ」と呼びます。本来の目的である顧客やユーザーのニーズを満たすことが二の次になってしまう状態です。このビルドトラップを避けるためにも、プロダクトディスカバリーが重要です。

ビルドトラップは、言い換えれば「モノづくり」への過度なこだわりと言えます。日本企業の多くはモノづくりで大きな成功を収めてきましたが、その成功の延長で、モノづくり自体が目的化してしまうリスクも抱えています。ビルドトラップに陥らないために、重要なのは「モノ」そのものではなく、それが生み出す「価値」、特に顧客への価値であることを肝に銘じておきましょう。

MVPとリーン・スタートアップ

価値の提案は、モノを作る前でも可能です。現代では、プロダクトが完成する前にその価値を示し、検証することができます。

2013年にシリコンバレーで誕生した、フードデリバリーサービスを提供するドアダッシュの例が参考になるでしょう。ドアダッシュの創業者たちはスタンフォード大学の学生で、ビジネスの初期段階では、シンプルなウェブページと近隣のレストランのPDFメニュー、注文受付のための電話番号だけを用意しました。この最小限のセットアップを通じて、市場の需要を検証し、その後、サービスを拡大するためのアプリ開発に着手しました。

ドアダッシュの例からも分かるように、価値の提案と検証を先行させ、その後にプロダクトの開発を進めるアプローチが有効に機能する場合があります。このアプローチは、実用最小限の製品（MVP）

としても知られます。MVPとは、最小限の機能を持つ製品を早期に市場に投入し、実際の顧客からのフィードバックを得て改良を重ねていく手法です。ハリボテ（あるいはモックアップやプロトタイプ）でも構いません。重要なのは、顧客に価値を提案できる製品であるかということです。

MVPは、エリック・リース氏によって体系化された「リーン・スタートアップ」で提唱された概念です。リーン・スタートアップとは、スタートアップが資金やリソースが尽きる前に市場での成功の兆しを見つけ出すための手法です。スタートアップの多くは、投資家などから得た資金を元に事業を作り、育てます。しかし、初期の資金はいずれ枯渇します。資金が枯渇する前に、次の資金調達をして、事業を成長させていくのがスタートアップの経営手法です。初期のアイデアが市場に受け入れられない場合、迅速な修正や方向転換（ピボット）が求められます。この柔軟な対応が、最終的にユーザー基盤の拡大と事業の成功につながります。リーン・スタートアップは、市場に求められている製品を見つけ出すための考え方なのです。

このリーン・スタートアップの基本は、ビルド（構築）→メジャー（計測）→ラーン（学習）の仮説検証サイクルを繰り返しながら、市場のニーズに合致した製品を効率的に開発することです。最初にMVPを市場に投入します。次に、ユーザーからのフィードバックを収集・分析（計測）します。そして、そのフィードバックを基に、製品の改善点を見いだしたり、方向性を変更したりします（学習）。その上で、製品を改善または方向転換します。このプロセスを繰り返すことで、リソースの消費を最小限に抑えつつ、市場に合った製品を迅速に開発することができます。

リーン・スタートアップの手法は、シリコンバレーだけでなく世界的に普及し、日本でもスタート

図3-2：リーン・スタートアップの「構築→計測→学習」プロセス

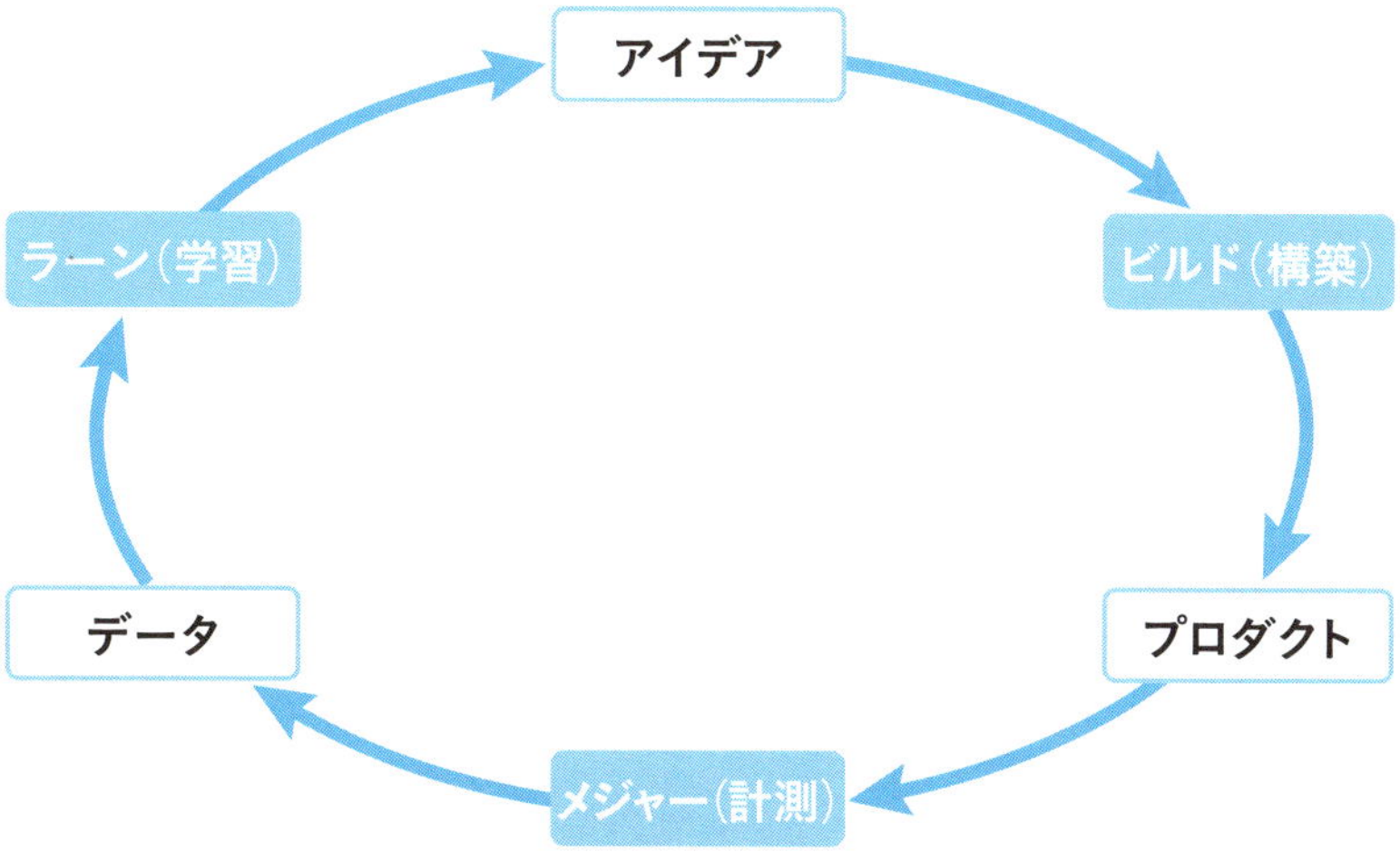

『リーン・スタートアップ』を参照して作成

アップのみならず、大企業が新規事業を始める際にもよく使われるようになりました。しかし、この動きに対して「アンチ・リーン・スタートアップ」とも言うべき反論もあるので紹介しておきます。

ペイパル・マフィアのドンとしても有名なピーター・ティール氏は、自著『ゼロ・トゥ・ワン』（NHK出版）で、次のように主張しています。

1. 小さな違いを追いかけるより大胆に賭けた方がいい。
2. 出来の悪い計画でも、ないよりはいい。
3. 競争の激しい市場では収益が消失する。
4. 販売はプロダクトと同じくらい大切だ。

彼は、「リーン・スタートアップのアプローチでは小さく段階的な成長しか求められず、大胆な打ち手は取れない」としています。また、大きな計画より、小さな実験による試行錯誤を推奨し過ぎていることも批判しています。顧客セグメントについても、既存ユーザーより新規ユーザーのいる市場を狙うようにと勧め、営業やマーケティングといったプロダクト以外の重要性も訴えています。

シリコンバレーで成功しているすべての企業がリーン・スタートアップの考え方を踏襲しているわけではありません。どんな手法であっても、魔法の杖や銀の弾丸にはなり得ず、本質は何を作るかにあります。この点を強く意識してプロダクトの企画を進めましょう。ソフトウェアファーストの実践には、フレームワークにとらわれ過ぎずに考え抜くことが必要なのです。

プロダクトアウトとマーケットイン

革新的かつディスラプティブ（破壊的）なプロダクトを生み出すには、プロダクトアウトとマーケットインのハイブリッドで物事を考えるのが1つのやり方です。プロダクトアウトと聞くと悪手な印象を持つ方もいらっしゃるかもしれません。しかし、今日では必ずしもそれは正しくありません。

プロダクトアウトは、企業が持つ技術やアイデアから製品を開発し、それを市場に提供するアプローチを指します。これは簡単に言うと、「作りたいものを作る」という考え方です。一方のマーケットインは、「市場やユーザーのニーズに応えるものを作る」という考え方で、顧客の要望や市場の動向を深く理解し、それに基づいて製品を開発します。従来、このマーケットインのアプローチが、市場のニーズを満たすことができるとして推奨されてきました。特に成熟産業や市場規模の大きなサービス領域では、特に重視されてきました。

しかし、新しい市場を切り開く、または全く新しい価値を提供する場合、「作りたいものを作る」プロダクトアウトのアプローチが必要になりつつあります。プロダクトアウトは、新たな市場ニーズを創造する可能性を秘めており、究極の仮説検証とも言えます。もちろん、完全に独りよがりで進めてしまっては良くありません。自分たち独自の視点で考えた仮説を市場に投入し（プロダクトアウト）、実際の市場反応を通じてその仮説を検証する（マーケットイン）という流れで進めるといいでしょう。

自分や自分の周りをアーリーアダプター【編注5】と仮定してプロトタイプを作り、仲間内で実証してから外部公開する、そして外部公開後にはその評価を検証しながら、実際のユーザーが欲しいものに育てていく――。これが、プロダクトアウトとマーケットインを組み合わせたプロダクト開発方法です。

また、プロダクトディスカバリーの顧客インタビューとも関係しますが、これまで産業構造を破壊してきたようなディスラプティブな事業やプロダクトは、市場やユーザーニーズという概念を超えたところから生まれています。ディスラプティブな事業の特徴は、最初から明確な市場やユーザーが存在しているわけではないということです。ユーザーが全く存在しないという意味ではありません。むしろ、ユーザーさえも気付いていない潜在的な課題やニーズが存在し、それらがまだ顕在化していないという意味です。これは一般的な調査では発掘できません。顧客インタビューが通用しない理由です。

もちろん、入念な市場調査がすべての状況において無意味というわけではありません。既存の市場に新規参入する場合は、市場調査が不可欠でしょう。ですが、その調査結果をどう見るか、そこからどのような課題を導き出すかは、たとえ調査を外部に委託したとしても、自ら考えなければなりません。考

編注5　社会学者エベレット・M・ロジャース氏のイノベーション理論で、新製品やサービス普及の初期段階で興味を示す層のこと

えること、考え抜くことが不可欠です。これがソフトウェアファーストで最も大事です。

プロダクトマネジメントを支える考え方

プロダクトマネジメントをいざ実践しようとすると、適切な判断を求められるさまざまな局面に遭遇します。判断を下す際の支え、言い換えれば判断基準になり得る考え方を紹介します。

競合他社は、自社プロダクトを強くしてくれる存在

筆者は以前、ある家電メーカーに競合対策を聞いたことがあります。

「もしも競合企業が、ある新機能を搭載した最新機種を販売したらどうしますか？」

その答えは、「知的財産権の問題がないならば、同じ機能を開発して次期モデルに搭載します」というものでした。このメーカーに限らず、日本メーカーの発想は似たようなものでしょう。結果、日本メー

カーのプロダクトはどれも似たりよったりで、わずかな機能の違いと価格だけが差別化要因となっています。消費者がカタログスペックを比較して購買するのが一般的だった時代なら、それで良かったかもしれません。しかし、それも今や変わりつつあります。

社内で前例のないプロダクトを企画する場合はなおさら、現時点の競合他社を意識し過ぎず、ユーザーが真に求めるものを考えてみましょう。すると、本当の競合は、予想外のところにいると気付くはずです。例えば、航空業界は１９８０年代に予約システムの相互乗り入れを開始しました。本来ならば、ユーザーを奪い合う間柄である航空会社同士が手を組んだのにはいろいろな理由がありますが、その１つに、航空業界全体が「新たな競合」である通信事業者にユーザーを奪われていたという背景がありました。航空便で遠隔地に移動するユーザーのかなりの割合を占めるビジネス客が、電話会議の普及によって移動しなくても打ち合わせができるようになり、ビジネス客が減少したのです。現代ではビデオ会議が普及し、さらにこの状況が加速しています。これなどは、ドメイン（業界）を超えたところに真の競合がいた例です。

もしも競合が新しい機能を追加してきたら、という先ほどの質問に戻りましょう。実際、筆者も過去に似たような問いかけをされたことがあります。「競合企業の最新版ソフトウェアに、ある新機能が搭載されている。自分たちも同じ機能を開発することはできるが、どうすべきか」と。筆者の答えは次のようなものでした。

「なぜ、その企業はその機能を提供しているのか、誰のどんな課題を解決しようとしているのか考えよう」

競合といえども、ターゲットとなるユーザーは完全に同じではありません。プロダクトの方向性も違います。まずは、ターゲットユーザーが同じか、プロダクトの目指す方向性が同じかを確認するべきです。そもそもターゲットユーザーが異なるのなら、追従してその機能を開発する必要性は低いと言えます。自社のユーザーが同じ課題を抱えていない場合も、その課題を解決する必要はないのです。

もしユーザー層も課題も同じなら、その課題に対して自社ではどのように解決するかを考えます。競合が採っている解決策が本当に最適だとは限りません。自分たちのほうがもっと良い方法にたどり着けるかもしれません。コアコンピタンス（中核となる能力や競争力）が異なるのに、解決策を真似る必要はありません。競合分析は、その機能を真似るためではなく、自社が気付いていないユーザー課題を抽出するために行うべきなのです。また、業界における事業領域の見方によっては、競合もむしろ同志となります。

つまり、競合とは、必ずしも同業他社や同じような解決策を提供している企業を指すわけではないということです。実際には、顧客が現在利用している手段も競合として考慮すべきです。多くの場合、顧客はすでに何らかの手段で課題を解決しています。たとえそれが非常にアナログな手段であっても、顧客が十分満足しているのであれば、いくら最新技術を用いた解決策を提示したとしても、興味を示さない可能性が高いのです。

このように、競合分析においては、直接的な競合企業だけでなく、顧客が現在利用しているすべての解決手段を考慮し、それらの弱点をターゲットとすることが成功の鍵となります。

ゴールを見失わないために現在地を知る

ソフトウェアファーストな変革は、仮説検証の繰り返しになりますが、検証結果に一喜一憂するあまり、行き先を見失うようなことがあってはいけません。ゴールに近づいているか否かを知るにはどうしたら良いでしょうか？　それには現在地を知ることです。

このために必要となるのが「指標」です。指標を作る目的は、目標を明確化し、その目標に近づいていくには、ある期間内にその指標のどこまでを達成すればいいのか、チームで共通認識を持つことにあります。

指標を活用するには、次のステップを踏みます。

1. **成功の定義**：成功を定めるためには、まず明確な目標が必要です。これにより、チーム全体で成功に対する共有認識を持つことができ、一貫した目標に向かって努力することが可能になります。
2. **成功の分解**：成功を具体的な要素に分解することで、どのような改善が成功に寄与するかを特定します。これにより、目標達成に必要な戦略を立て、具体的なアクションプランを策定できます。
3. **各要素の達成度の評価**：目標に対する達成度を定量的に評価することで、現在の進捗状況を把握し、必要な改善点を特定します。この評価により、次のステップで取り組むべき具体的な改善策を検討することが可能になります。

この3つのステップを登山に例えると次のようになります。まず、登る山を決めます（成功の定義）。次に、どの経路で登るか、いつどの地点に到達するか、携帯する水分や食料をいつ摂取するかを決めます（成功の分解）。そして、登っている途中で現在どの地点に到達しているか、自分たちの体調や天候、携帯している食料の減り具合などを確認し、登山計画通りに進めて良いかを判断します（各要素の達成度の評価）。

3番目の「各要素の達成度の評価」では、以下の3つを行います。

- **定点観測**：ダッシュボードを用いて関係者がいつでもアクセスできる状態を確保します。オフィスには、この目的のために大型ディスプレイを設置することもありますし、メールやビジネスチャットなどを通じて、主要な指標を毎朝自動で通知するシステムを導入する企業も増えています。
- **緊急時の対処**：重要な指標が設定した閾値《しきいち》を超えて悪化した場合には、即座に対応策を講じます。この時、他の作業を行っていた場合でも、それらを一時停止し、状況の改善に全力を尽くします。
- **定期的なレビュー**：マネジメントチームが行う定期的な評価会議。この会議では、現状の状況を共有するだけでなく、成長を加速させるため、または問題を解決するための具体的な議論が行われます。これにより、プロダクトや事業の縮小・撤退を決定することもあれば、さらなる投資を決定することもあります。

「使われていること」の定義は時代とともに変わる

ビジネスモデルの過渡期にある今、事業の成長には継続的に利用されるプロダクトの開発が欠かせません。売り切り型のパッケージソフトが主流だった時代とは違い、今日では、ユーザーが利用を開始した後も継続的にモニタリングし、改善していく必要があります。

利用状況の把握は、ユーザーの利用頻度、利用パターン、利用中の動きなどのデータを取得し、分析するのが主となりますが、それとは別に、直接ユーザーの意見を聞く方法の1つとして、NPS（ネット・プロモーター・スコア）が知られています。これは、特定のプロダクトや企業に対して、ユーザーがどの程度ロイヤリティ（愛着、信頼）を持っているかを数値化するための指標です。売上予測などのように直接的な収益性の検討につながる数値ではなく、また算出される数値も絶対指標ではありません。あくまでも、「類似プロダクトや同業界の競合企業との比較」です。

NPSは、図3－3にあるような単純な1つの選択式質問（とオプションでもう1つの自由記述質問）だけで得られる重要な指標となり得ます。

NPSの結果を改善していくと、ある特定のユーザーだけが極端に悪いスコアを付けていることに気付く場合があります。率直な意見として真摯に受け止めなければならない反面、「当該ユーザーにはプロダクトを使っていただかなくていい」と考えたほうが良い場合もあり得ます。傲慢な感じに聞こえるかもしれませんが、そのプロダクトのターゲットユーザーではないということです。

ターゲットではないユーザーに合わせてプロダクトを改善したり、方向性を変えていくことは、本来の

図3-3：NPS（ネット・プロモーター・スコア）の算出法

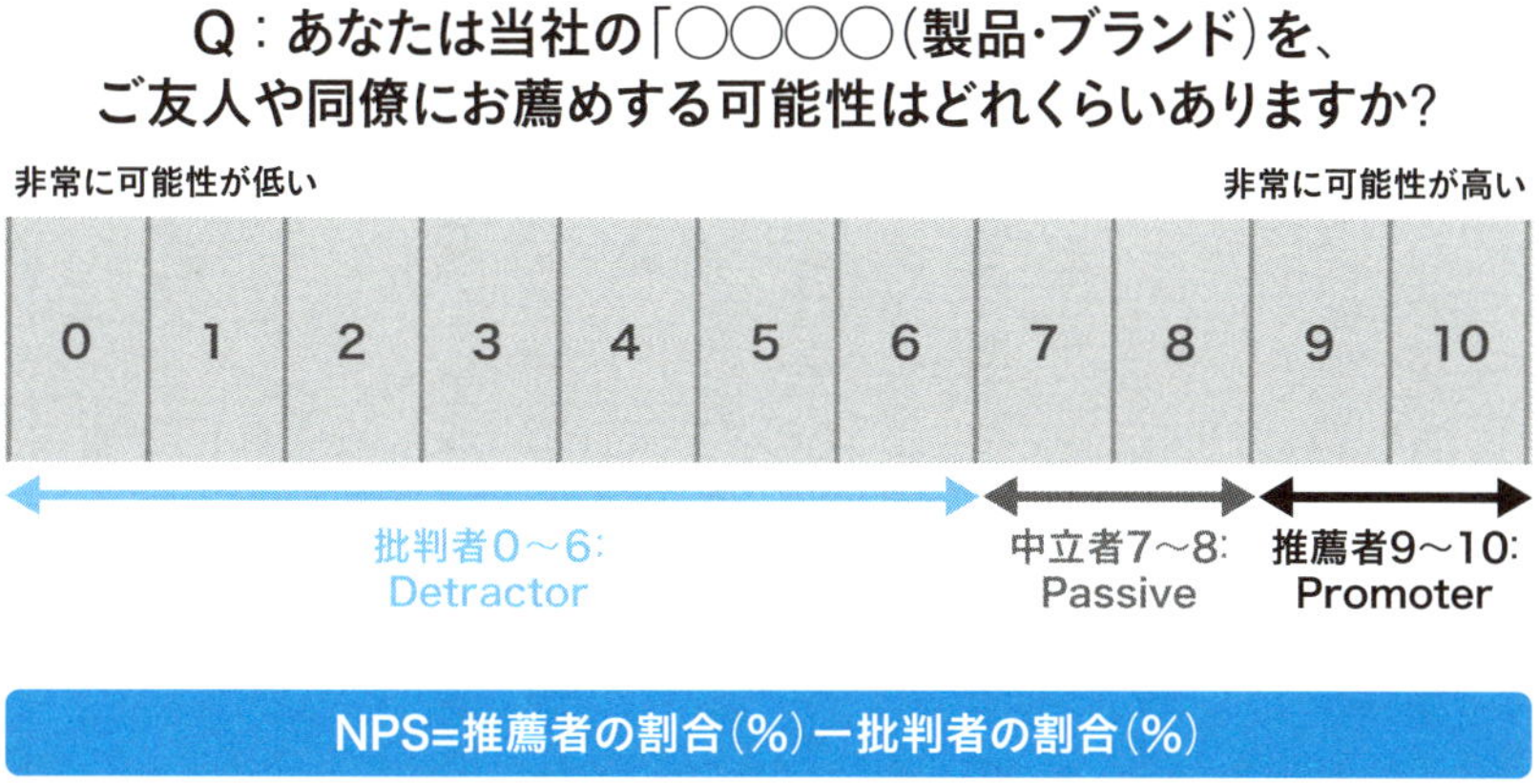

ユーザーに上記のような質問をして0～10で推薦意向を確認。9～10と答えた推薦者の割合から0～6と答えた批判者の割合を引いてスコア化する

ターゲットユーザーにとっては好ましくないことも多くあります。例えば、英語学習者のための情報共有コミュニティで、本来は対象としていない中国語学習の情報が少ないことを不満に持つユーザーがいたとします。このようなユーザーの意見を過度に取り入れ、さまざまな言語の汎用的なコミュニティにしてしまったら、英語に特化した学習情報を求める当初のコアユーザーからは不満が出ることでしょう。

難しいのが、このような一部の極端なユーザーに限って、「声が大きい」ことです。満足しているユーザーは、わざわざ声を上げて満足していることを表明しません。サポート窓口に連絡してくる人や、ソーシャルメディアで感想を言う人の多くは、不満を持つ人です。このようなユーザーを「ボーカルマイノリティ」と呼びます。この状況だけ見ていると、つい批判的な意見が大多数なのだと勘違いしてしまうものですが、その声に惑わされないように意識して、ターゲットとなるユーザーの声に耳を傾ける必要があります。

プロダクトの何を、なぜ、誰のために、を定義する

これまでも述べたように、プロダクトマネジメントを用いたソフトウェアファーストの推進で重要なのは、プロダクト開発の方向性を明確にし、チーム全員が共通の目標に向かって効率的に作業できるようにすることです。

このために必要なのが「骨太の方針」です。骨太の方針とは、5W1Hにおける、何を（What）、なぜ（Why）、誰のために（For Whom）を定義したものです。これらを開発の初期フェーズに決め、開発中やリリース後の運営時に誰もが立ち戻ることのできる基本方針とします。

ここでは、「骨太の方針」を検討する時に使えるフレームワークと、チームへの共有方法をいくつか紹介しましょう。

PRD

まず、製品要求仕様書（PRD）です。PRDは、プロダクトのライフサイクル全体を通じて一貫した方針を示す、いわばプロダクト憲章のような存在です。図3－4に示すように、開発するプロダクトの概要からマーケティング計画までを詳細に記述し、開発チーム、デザイナー、マーケティングチーム

図3-4：製品要求仕様書（PRD）の主な内容

- プロダクトの概要
- 開発の背景
- プロダクト原則
- スコープ
- 対象ユーザー
- ユースケース
- 市場分析
- 競合分析
- 機能要求
- その他の技術的要求
  - システム要求
  - セキュリティ要件
  - プライバシー要件
  - パフォーマンス要件
- リリーススケジュールおよびマイルストーン
- マーケティング計画

といったステークホルダー間で共有されることで、プロダクトの方向性を統一する重要な役割を果たします。

ＰＲＤでは、何を、なぜ、誰のために、を定義することに加えて、品質基準や成功を測るための指標も設定されます。しかし、これらを具体的に書き出そうとしても、何を書けばいいのか分からないかもしれません。たとえプロダクトの起案者だったとしても、実際に書き出してみると、決めていなかったことがたくさん見えてくるでしょう。企画担当者が別ならなおさら、与えられた情報だけでは見えない部分が多く存在するはずです。当たり前だと思うことも含めて文章にしてみる――これにより新たな気付きが生まれます。それこそが、ＰＲＤを作成する意義です。

ＰＲＤは、開発プロセスの早い段階で作成され、開発が進行するにつれて、新たな洞察やフィードバック、組織の変化や社会および顧客状況の変化などを反映しながら随時更新していきます。そのため、ＰＲＤには、最初からすべてを記載せずに、最低限の箇所（プロダクトの概要～機能要求）から書き始め、開発とともに育てていきます。このような文書を「リビングドキュメント（生きている文書）」と呼びますが、この場合も、ぶれてはいけない部分と徐々に肉付けしていく部分の明確化は必要です。徐々に肉付けしていく部分に関しては、他文書を参照する形にすることも可能です。

開発中は、誰に何を届けたいのかが、ぶれてしまうことも多々あります。だからこそ、骨太の方針が必要です。迷った時はこのＰＲＤに立ち返ることで、正しい判断が可能となります。

よくある話として、市場への投入時期が迫る中、ある重要な機能の開発が遅れ、間に合いそうにない状況に陥ることがあります。リリースを遅らせるべきなのか、それともこの機能を落としてでも予定通りリリースすべきなのかを判断しなければなりません。

法人向けプロダクトの場合、導入予定の見込み顧客がリリース直前に機能の追加を要求してくることもあり得ます。この「機能の足し引き」というよくある意思決定の際にも、ＰＲＤに立ち返ることで、プロダクトの本質的な目的や対象ユーザーを再確認し、ぶれのない判断を下す助けになります。ユーザーの要求に応えて機能を際限なく追加した結果、プロダクトの焦点が曖昧になり、誰のための何の製品か分からなくなるという失敗例は枚挙に暇《いとま》がありません。みんなの役に立ちたいと開発したはずが、誰の役にも立たないプロダクトになってしまうのを避けるためにも、ＰＲＤを有効活用しましょう。

ワンページャー

ＰＲＤは、重厚長大な文書になりがちです。ちょっとした機能追加などで書くには重過ぎます。また、文書よりもコードを重視するアジャイル開発とも若干相性が良くありません。そこで、いわば「軽量版の方針文書」として使われるのが、ワンページャーと呼ばれる文書です。簡単な開発仕様書として使われることもあれば、ＰＲＤが作られる前段階で使われることもあります。

ワンページャーは、特定の文書フォーマットを示す言葉ではありません。その名の通り、要旨を1ページほどの文書にまとめ、時間が取れない関係者や意思決定者に読んでもらうことを目的としたものです。フォーマットはさまざまですが、筆者が過去に経験したプロジェクトでは、プロジェクト管理システム上にテンプレートを用意し、開発するプロダクトの、何（What）、目標（Goals）、非目標（Non-Goals）、なぜ（Why）、参照（Reference）、やること（ToDo）などを記述するようにしていました。

このワンページャーの例として有名なのが、アマゾンのプレスリリース駆動開発です。アマゾンでは、新規プロダクトの開発やサービスの提案をする際、最初にプレスリリースを書くことが求められます。通常、プレスリリースはプロダクト完成後にマーケティングや広報などとともに用意するものですが、アマゾンではこれを開発前に準備するのです。このプレスリリースの内容が承認されると、実際の開発がスタートするそうです。

筆者が過去に取材して聞いた話【編注6】では、社内承認プロセスではプレスリリースの内容に加え、よくある質問（ＦＡＱ）的な補助資料も準備するそうです。とはいえ、基本的にはどんなプロダクトも「自分の親が読んでも分かるような簡潔さ」でプレスリリースを書くことが求められます。

プレスリリースは、伝えたいことが端的にまとまっていて、ページ数が少なければ少ないほどいいとさ

編注6　エンジニアtype「すべてプレスリリースから考えよ」アマゾンジャパンのPMに学ぶ仕事の流儀とキャリア展望【及川卓也のプロダクトマネジャー探訪】（2017年2月2日）

図3-5：エレベーターピッチで説明する内容

- 潜在的なニーズを満たしたり、潜在的な課題を解決したり したい
- 対象顧客 向けの、
- プロダクト名 というプロダクトは、
- プロダクトのカテゴリー です。
- これは 重要な利点、対価に見合う説得力のある理由 ができ、
- 代替手段の最右翼 とは違って、
- 差別化の決定的な特徴 が備わっている。

『アジャイルサムライ －達人開発者への道』を参照して作成。青地の部分を埋めていく

れます。この制約が、不要な部分を削ぎ落とす効果を生み、まさに骨太の方針ができ上がるわけです。ユーザー目線で「使いたい！」と思うようなプレスリリースができなければ、その企画は始まる前から失敗しているようなもの、ということなのでしょう。

インセプションデッキ

ワンページャー以外にも、10枚のスライドを埋めることで基本方針を整理できるのが、インセプションデッキです。これは『アジャイルサムライ』（オーム社）という書籍で紹介されているツールです。10枚のスライドに、重要なものの若干取り上げるのを躊躇するような質問（書籍の中では「手ごわい質問」と説明されています）がまとめられています。

10枚のスライドの内容は次の通りです。

1. 我々はなぜここにいるのか？
2. エレベーターピッチ
3. パッケージデザイン
4. やらないことリスト
5. 「ご近所さん」を探せ
6. 解決案を描く
7. 夜も眠れない問題
8. 期間を見極める
9. 何を諦めるのか
10. 何がどれだけ必要か

１枚目の「我々はなぜここにいるのか？」では、自分たちのミッションを再確認します。ＰＲＤのプロダクト原則にあたる部分で、骨太の方針の中で最も重要な項目となります。

２枚目の「エレベーターピッチ」では、その語源である「エレベーターで上階に上がるまでの間だけたまたま一緒になった社長にピッチ（プレゼンテーション）する」という体裁で、開発するプロダクトの概要を１ページで整理します。フォーマットは図３－５のようになります。実際に埋めてみると分かりますが、簡単なようで簡単ではありません。

３枚目の「パッケージデザイン」は、プロダクトが箱入りで売られるとして、その箱のデザインを考

図3-6：トレードオフスライダーの例

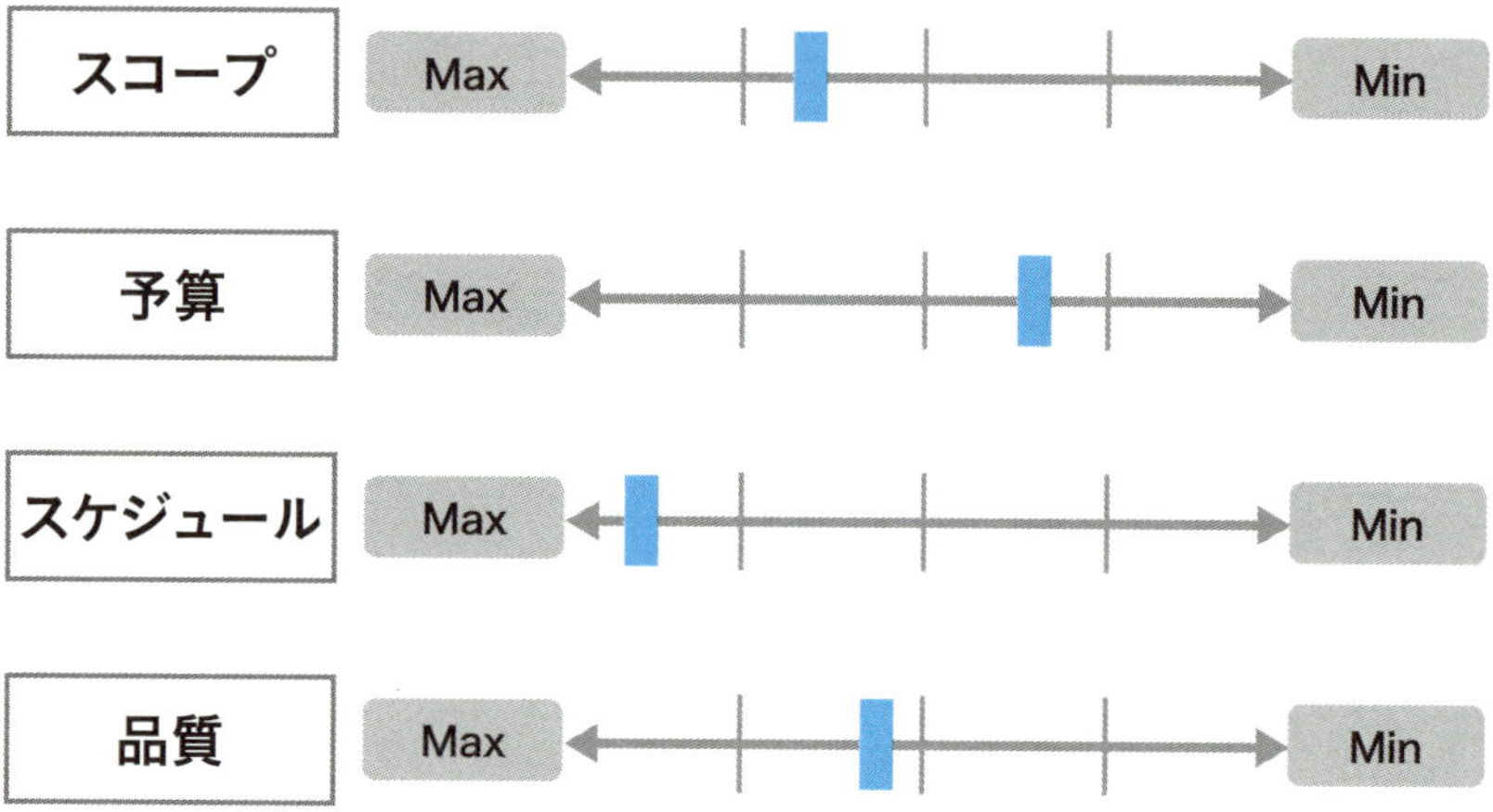

『アジャイルサムライ －達人開発者への道』を参照して作成。青地のスライダーを動かして各項目の重要度を示す

える作業です。今日では、ＩＴ関連のプロダクトが箱売りされることは少ないですが、商品棚に並んだならと空想してみましょう。難しい場合は、広告やチラシ、ウェブで宣伝するためのページをイメージするといいでしょう。いずれにせよ、簡潔さを忘れないようにします。ユーザーにどうアピールするかを考えるのは、アマゾンのプレスリリース駆動開発と同じです。

４枚目の「やらないことリスト」では、やること、やらないこと、後から決めることを箇条書きにして記述します。ＰＲＤの項目にも含まれていますが、スコープを決めることは重要で、中でも特にやらないこと（＝スコープ外）を決めておくことをお勧めします。

５枚目の「ご近所さんを探せ」では、関係者（ステークホルダー）を列挙します。プロジェクトが佳境に入ると、どこからともなく関係者だと主張する人物が現れ、ちゃぶ台返しをすることがあるものです。そのようなことを避けるためにも、意思決定に絡む関係者をあらかじめ把握しておきます。

6枚目の「解決案を描く」には、具体的な機能やシステム要件を書きます。

7枚目の「夜も眠れない問題」には、記載時点で心配なことを書き出し、関係者で共有します。このような問題が発生しないようにするために、被害を最小限に留めるための方法を検討するきっかけとします。

8枚目の「期間を見極める」では、スケジュールやマイルストーンを書きます。

9枚目の「何を諦めるのか」では、図3－6のようなトレードオフスライダーという図を用いて、譲れるものと譲れないものを決めておきます。トレードオフスライダーを作る際に注意したいのは、すべての項目をＭａｘ（最大値）にしないようにすることです。精神論が好きな日本人は、すべての項目で全力を尽くすのを善しとしがちですが、それでは意味がありません。同じ目盛りに設定できる数を限定するなど、ルールを決めておきましょう。また、Ｍｉｎ（最小値）にしたとしても、その項目を軽視していいわけではないということを関係者間で徹底しておく必要があります。スコープを柔軟な調整弁とすることが大切です。

10枚目の「何がどれだけ必要か」では、人員を中心とした必要なリソースを記述します。

以上の内容を、プロジェクトの開始当初に関係者全員を集めて作成します。これにより、骨太の方針が決まると同時に、関係者が合意したものとなります。また、作って終わりではなく、オフィスの壁など常に目につくところに掲示するようにします。

プロダクト戦略の理解を助ける「価値曲線」

プロダクトマネジメントのゴールを考える上で理解しておくべき項目にプロダクト戦略があります。プロダクトの成功という大きな目標を明確に見据えた上で（戦略）、どう具現化していくのか（マネジメント）、つまり、特定の機能、デザイン、価格帯、サービスの質など、顧客にとっての価値を最大化する要素を選び、それをどう実現するのか。ここで重要となるプロダクト戦略について考えてみましょう。

プロダクト戦略の核心は、限られたリソースの効果的な配分にあります。時間、資金、人材といった有限なリソースをどのプロジェクトや機能に投資するかの判断が、プロダクトの成否を決すると言っても過言ではありません。すべてを均等に強化するのは難しく、仮にそうしたとしても結果的に特徴のない製品になってしまうため、選択と集中が必要です。戦略とは、何をしないかを決めること。それゆえ、トレードオフ判断を伴わない戦略は、戦略ではないと言われることもあります。また、リソース配分の決定には、リスク管理も重要です。リスクを最小限に抑えながら最大の成果を上げる戦略を策定する必要があります。

トレードオフ判断を含む戦略を考える際に有効なツールの1つに、価値曲線があります。価値曲線は、W・チャン・キム氏とレネ・モボルニュ氏による著書『ブルーオーシャン戦略』（ダイヤモンド社）で紹介されています。価値曲線とは、競争要素を視覚的に表現し、各要素における自社と競合の強みや弱みを明確にする方法です。これにより、どの要素に注力し、どの要素を捨てるかを決定する、トレードオフ判断がしやすくなります。

図3-7：スイッチ、プレイステーション、XBoxの価値曲線

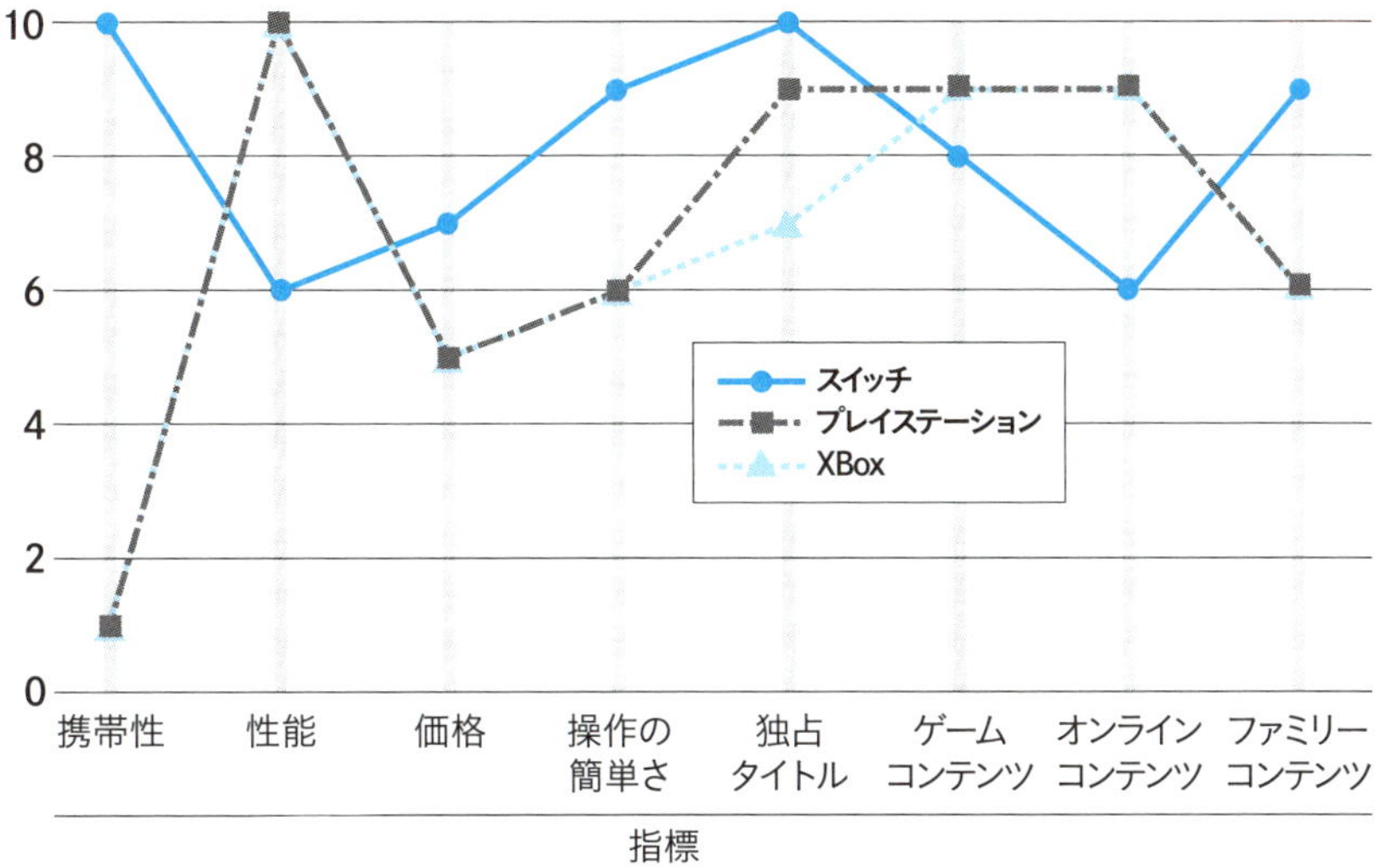

この価値曲線を用いて、家庭用ゲーム機を分析してみましょう。

あなたが小学生のお子さんの保護者だとしましょう。お子さんに「任天堂のスイッチを買ってほしい」と言われていたにもかかわらず、ソニーのプレイステーションもしくはマイクロソフトのＸＢｏｘを買って帰ったら、お子さんはなんと言うでしょう？ おそらく、「これじゃないのに」とがっかりするでしょう。それは、スイッチが他の２つとは全く異なるゲーム機だからです。

では、この3機の価値曲線を作ることでスイッチの独自性を見てみましょう。

図３－７に示すように、家庭用ゲーム機の価値曲線の要素は８つあります。まず、「携帯性」です。これは、どこにでも持ち運んでプレイできるかどうかを評価します。次に、家庭用ゲーム機としての「性能」です。高画質なグラフィッ

クスや高速な処理能力など、ゲーム機としての性能を指します。ゲーム機本体の「価格」も大事な要素です。そして「操作の簡単さ」はゲームコントローラーの使いやすさやインターフェイスの直感性を評価します。このほか「独占タイトル」「ゲームコンテンツ」「オンラインコンテンツ」「ファミリーコンテンツ」といった要素があります。

図から見てとれるように、任天堂スイッチ、ソニーのプレイステーション、そしてマイクロソフトのＸＢｏｘは、それぞれ異なる特徴を持っています。

任天堂スイッチは、何と言っても「携帯性」が抜群です。自宅のリビングでも、外出先でもプレイできるという独自の強みを持っています。家庭用ゲーム機としての性能はプレイステーションやＸＢｏｘに劣るものの、その分「価格」が手頃です。そのため、家庭で複数購入することも可能で、対戦ゲームがしやすいというメリットもあります。さらに、任天堂の「独占タイトル」である『マリオ』や『ゼルダ』は他のプラットフォームでは楽しめません。

一方、ソニーのプレイステーションは、家庭用ゲーム機としての「性能」が非常に高く、高画質なグラフィックスと高速な処理能力を誇ります。「価格」は高めですが、その分、高性能なゲーム体験を提供します。「操作の簡単さ」はスイッチに劣りますが、「独占タイトル」の豊富さではほとんど負けていません。『ゴッド・オブ・ウォー』や『アンチャーテッド』など、プレイステーションでしか楽しめないゲームが多くあります。

マイクロソフトのＸＢｏｘもまた、高い家庭用ゲーム機としての「性能」を持ち、「価格」もプレイステーションと同様に高めです。「操作の簡単さ」はプレイステーションに近いですが、ＸＢｏｘは特にマルチプレイの機能が充実しており、「オンライン」で多人数プレイを楽しむユーザーには最適です。

これを価値曲線にしてみると次のようになります。

スイッチ、プレイステーション、ＸＢｏｘはそれぞれ異なる価値を提供しており、ユーザーのニーズや好みに応じて選ばれます。しかし、中でもスイッチの独自性が際立っていることがお分かりでしょう。「スイッチを買ってきて」と言われて、他の2機のどちらかを買ってきてしまって怒られる理由は、まさにここにあるのです。スイッチは、同じ土俵で勝負しないことの重要性を教えてくれています。

撤退判断に真正面から向き合う

日本企業はよく、事業撤退が苦手だと言われます。筆者が支援している企業にも、不採算もしくは期待ほど収益を上げていないにもかかわらず、継続している事業を多く抱えているところがあります。筆者はそれを「死ぬに死ねないゾンビプロダクト」と呼んでいます。

このような事業の担当者に話を聞くと、「少数ながらも使ってくれている顧客がいて、その顧客のために事業を継続している」と言います。一見、非常に尊い姿勢で、さすが日本企業らしいとも思えるかもしれません。しかし、本当にそうなのでしょうか。

前述の通り、プロダクト戦略において、限られたリソースの配分は常に難しい判断を伴います。特に複数のプロダクトを抱える企業では、この問題が顕著になります。例えば、1社しか使っていないプロダクトを無理に継続しようとすることで、成長が見込まれるプロダクトに十分なリソースを割り当てることができなくなってしまうのです。撤退したくてもできないプロダクトを担当している社員の気持ちはどうでしょう。そのようなプロダクトにやりがいを感じることは難しく、モチベーションの低下や離職のリスクが高まります。

そもそも、顧客も本当にそれを望んでいるのでしょうか。潔く撤退し、顧客には競合プロダクトや他の代替手段に移行したほうが、顧客にとっても良いのではないでしょうか。

成長が望めないプロダクトに貴重なリソースを割り当て続けることは、他のプロダクトの顧客に対する裏切り行為でもあります。撤退すれば、そのリソースを成長が見込めるプロダクトに割り当て、多くの顧客の価値向上につなげることができます。どちらが良いかは誰の目にも明らかです。合理的な判断を下せるならば、撤退すべきものは、潔く撤退するのが正しいと言えます。

プロダクトが伸び悩んでいる時に取り得る選択肢は次の5つです（書籍『プロダクトマネジメントのすべて』（翔泳社）より）。

- **撤退**：シャットダウンも事業貢献と考え、ＯＫＲ（目標と主要な結果、詳しくは6章を参照）やマイルストーン（節目）を設定し、迅速かつ計画的に実行する。
- **再利用**：再利用可能な機能を別プロダクトに吸収する。
- **変容**：価値を再定義し、別の製品として生まれ変わらせる。
- **売却**：事業価値を認める買収者に売却する。
- **継続**：収益がある限り、運用コストを極限まで削減して継続する。

繰り返しになりますが、安易に継続を選んではなりません。

適切な撤退判断を行うには、明確な指標を持ち、その指標が危険水域に達した場合に撤退議論に入ることが重要です。指標を見る際には、ある一時点だけでなく、過去のデータや将来の予測を含む時系列でのトレンドを追うことが必要です。一時的な落ち込みと衰退を区別し、より正確な判断を下すことが可能となります。

撤退判断は、基準を設け、冷静かつ厳格に行うべきです。この判断は、組織として決定し、当事者はその決定に従う形を採るべきです。当事者の個人的な思い入れや感情は、事業判断には関係ありません。例えば、営業は自分の顧客がそのプロダクトを使っていると撤退に反対するのが常ですが、それに対しても組織としての判断に従うことを徹底することで解決を図ります。

究極的には、伸び悩むプロダクトは、テコ入れのための追加投資か撤退かのいずれかしか選択肢がありません。投資を受けられずに収益向上を求められるのは、武器を取り上げられ、支援や投資を受けられないまま戦争の最前線に取り残されているに等しい状態です。

企業がプロダクトに対して追加投資を行わない場合、そのプロダクトは競争力を失い、最終的には市場での存在感を失うことになります。逆に、適切な投資を行えば、プロダクトの成長を促進し、競争力を取り戻すことができます。このように、企業がプロダクトに対してどのような判断を下すかが、そのプロダクトの将来を大きく左右します。

★　★　★

本章では、ゴールを見据えて正しくＤＸ推進に取り組むための手法と考え方を説明しました。次章では、実践する際に欠かせない開発技法を見ていきましょう。エンジニアではなくても、その概要はしっかり押さえておきましょう。判断を求められた時に「分からない」や「任せた」では済まされないからです。

SOFTWARE
FIRST

4章

「手の内化」に必要な今どきの開発技法

ソフトウェアファーストの実践には、適切な技術を選定したり、効果的なデータを活用することが求められます。あらゆるソフトウェア技術に精通するのは困難ですが、自社のDXに役立ちそうな技術に対する見識、そして技術選定やデータ活用の勘所は理解しておきましょう。さらに、今どきの開発プロセスについても最低限必要な知識を押さえておきましょう。

ソフトウェア技術の方向性を理解する

本章では、ソフトウェアファーストでDXを成功させるために欠かせない技術選定やデータ活用を扱います。

DXの実践では多くの局面で2つの課題、「技術選定」と「データ活用」に向き合うことになります。その時の判断で欠かせないのが、ソフトウェア技術に対する理解です。あらゆるソフトウェア技術に精通するのは困難ですが、せめて基礎知識と方向性を理解しておかないと、判断を見誤ったり、過剰あるいは不適切な外部依存に陥る危険が高まります。

まず、ソフトウェア技術に対する知識を網羅的に、その方向性を示しながら解説します。次に、知識に基づいて技術選定やデータ活用を適切に行うための勘所を説明します。最後は、知っておくべき今どきの開発プロセスを紹介します。

ＩＴ進化の方向を見極める

まず、ＩＴがどのように進化してきたかを振り返りましょう。昔話をしたいわけではありません。過去から現在への流れを知ることで、今後の進化の方向性をつかみやすくするためです。

技術は常に進化し、人々がますます楽に、そして効率的に作業できるほうへと向かっています。それはプログラミング言語の進化を見れば明らかです。最初は、コンピューターに直接命令を与えるための機械語しかありませんでした。これは16進数のコードで構成されており、普通の人には理解しがたいものでした。例えば、１＋１の計算を行う命令は図４－１のようになります。

このコードが何を意味するのか、ほとんどの人には分からないでしょう。しかし、次に登場したアセンブリ言語で、多少分かりやすくなりました。アセンブリ言語では、機械語の16進数という無機質な数字ではなく、英単語が使われているため、多少意味が推測できるようになり、可読性が向上しています。例えば、上記の機械語の命令は、アセンブリ言語では図４－２のようになります。「mov」は「移動」、「add」は「加算」、「ret」は「戻る」を意味するのではないかと連想できます。このように、アセンブリ言語は人間が理解しやすい形に一歩近づ

図4-1：1＋1の計算を行う命令（機械語）の例

```
0000: B8 01 00 00 00
0005: 83 C0 01
0008: 89 EB
000A: C3
```

図4-2：1＋1の計算を行う命令（アセンブリ言語）の例

```
global _start
section .text
_start:
 mov eax, 1
 add eax, 1
 mov ebx, eax
 ret
section .data
```

図4-3：1＋1の計算を行う命令（高水準言語）の例

```
int main() {
 int a = 1;
 int b = 1;
 int c = a + b;
 return 0;
}
```

きましたが、それでもプログラミングは依然として専門的な知識を必要とする作業でした。

さらに進化して登場したのが、高水準言語です。高水準言語では、プログラムを英語の文章に近い形で記述できるようになり、プログラミングが一層簡単になりました。例えば、1＋1の計算は高水準言語の1つであるC（シー）言語では図4－3のようになります。

このように、プログラミングは人間にとって理解しやすいように進化してきました。さらに現在では、ローコードやノーコード【編注1】のツールが普及し、テキストプログラミングが必須ではなくなりました。また、生成ＡＩの発展により、自然言語を使ったプログラミングが可能になってきています。依然として専門知識が求められる部分はありますが、誰もが簡単に使えることを目指して進化しているわけです。

インフラも同様の進化を遂げています。かつ

編注1　ローコードはブロックなどを用いた簡単な作業でプログラムを開発できる開発環境、ノーコードはプログラミング作業そのものが不要な開発環境を指す

ては企業が自社内にマシンルームを持ち、すべてを自前で管理していました。筆者が高校生の頃、ある会社で事務のアルバイトをしていた時のこと。昔は今ほど気温が高くなく、エアコンがすべての部屋に整備されているわけではありませんでした。しかし、一部屋だけ、エアコンが24時間稼働している部屋がありました。それが「コンピュータールーム」、または「電算室」と呼ばれる部屋でした。企業はこの部屋に購入したコンピューターを設置し、電源供給や冷却システムの維持など、多大なコストと労力を費やしていたのです。

しかし、データセンターの登場により、インフラのあり方が大きく変わりました。データセンターは、大規模なサーバー設備を専門に管理・運営し、企業は必要なサーバー用の設備をレンタルすることで、自社内に設備を持たずに済むようになりました。

次に、レンタルサーバーや仮想専用サーバー（ＶＰＳ）の普及が始まりました。企業は物理的なサーバーを所有せずに、仮想化されたサーバー環境を利用できるようになったのです。レンタルサーバーは、複数のユーザーが1台のサーバーを共有する形態です。ＶＰＳは、1台の物理サーバーをソフトウェアにより複数の仮想サーバーに分割し、各ユーザーが独立した仮想サーバー環境を持てる形態です。企業はより柔軟にリソースを管理できるようになり、コストも抑えられるようになりました。

クラウドからマネージド、そしてXaaSへ

今日《こんにち》では、クラウドが主流となり、インフラの進化はさらに加速しています。クラウドサービスは、イ

ンターネットを介して必要な時にオンデマンドでコンピューティングリソースを提供します。オンデマンドとは、必要な時にすぐに利用できるサービスを指します。企業は、必要な時に必要なだけのリソースを、簡単にスケールアップ（増加）したり、スケールダウン（減少）でき、効率的にリソースを活用できます（詳しくは後述）。コンピューティングリソースの具体例としては、サーバー、ストレージ、ネットワーク、データベースがあります。

このクラウドサービスの一部として、マネージドサービスが提供されるようになりました。マネージドサービスとは、クラウドプロバイダーがインフラの運用・管理を代行するサービスです。これにより企業は、インフラの管理負担を大幅に軽減できるようになりました。具体的には、サーバーの設定や監視、バックアップの管理、セキュリティ対策など、運用管理の多くをクラウドプロバイダーが担当します。アマゾンのアマゾンウェブサービス（ＡＷＳ）やマイクロソフトのアジュール、グーグルのグーグルクラウドといった名前を聞かれたことがあると思いますが、これらがクラウドプロバイダーです。このクラウドプロバイダーのマネージドサービスにより、企業は本来のビジネスに集中でき、ＩＴリソースの効率的な活用が可能になります。

さらに、ＸａａＳ（Everything as a Service）という形で、クラウドサービスは多様な領域に広がっています。これには、ＩａａＳ、ＰａａＳ、ＳａａＳなどがあります。これらの違いを簡潔に説明しましょう。

ＩａａＳ（Infrastructure as a Service）は、クラウドプロバイダーがインフラストラクチャ全体（サーバー、ストレージ、ネットワークなど）を提供するサービスです。企業はＩａａＳを利用することで、自社で物理的なハードウェアを管理する必要がなくなり、インフラの運用管理をクラウドプロバイダーに任せることができます。企業は必要な時にリソースをスケールアップまたはスケールダウンし、運用コストを効率的に管理できます。

PaaS（Platform as a Service）は、アプリケーションの開発・運用環境をクラウドプロバイダーが提供するサービスです。開発者は、インフラの設定や管理を気にせず、アプリケーションの開発に専念できます。PaaSは、開発プロセスを大幅に簡素化し、リリースまでの時間を短縮します。

SaaS（Software as a Service）は、クラウド上でソフトウェアを提供するサービスです。ユーザーはインストールやメンテナンスを必要とせず、インターネットを通じてソフトウェアを利用できます。グーグルワークスペースやセールスフォースがSaaSの代表例です。企業はソフトウェアの管理負担を完全に解消し、利用したい機能に集中できます。

このように、IaaSからPaaS、そしてSaaSへと進むにつれて、企業が自分たちで管理する範囲が減少し、本当にやらなければいけないことだけに注力できるようになります。具体例を挙げましょう。以前はサーバーの設置・管理から始めなければならなかったのが、現在ではPaaSを使えば、直ちに開発に集中できます。さらにSaaSを使えば、業務に直接関連するソフトウェアを即座に利用できます。XaaSを活用することで、ITリソースの管理が効率化され、ビジネスのスピードと柔軟性を大幅に高められるのです。

このように技術の進化は常に、人々が、より楽に、より効率的に、作業できるほうへと向かっています。この流れを理解することで、今後の技術選定において、適切な判断がしやすくなるでしょう。

ただし、便利さの裏には、ベンダーロックインのリスクも存在します。特定のベンダーや技術に依存することで、将来的な選択肢が制限される可能性があるのです。しかし、ロックインを必要以上に恐れ、「ロックインを避けたいからＸａａＳは使わない」と拒むのは本末転倒です。筆者の経験からも、進化した最新技術の恩恵を享受するには、ある程度のロックインは許容する必要があります。

過剰なベンダーロックインを避ける一方で、選択する技術の持続可能性と将来性をしっかりと見極めることが重要です。

技術選定に必要な技術的概念を理解する

次に、技術選定の際に理解しておくべきポイントを説明します。まずは、ソフトウェアの利点である柔軟性を支えるものを理解しましょう。

柔軟性とは事業ニーズの変化や新しい市場機会の到来に応じて、迅速に機能を追加したり、既存機能を修正することを指します。そのために必要となるのが拡張性と互換性です。事業が成長するにつれて、システムも拡張が必要となります。また、その際に異なるシステムやアプリケーション間での連携も必要となり、互換性が重要となります。

拡張性（CPU、メモリー、ディスク容量など）

拡張性には、スケールアップとスケールアウトがあります。スケールアップは、既存のシステムやサーバーの性能を向上させる方法です。CPU（中央演算処理装置）を高い性能のものに変えたり、メモリーやディスク容量を増やすことで、システム全体の性能を高めます。これは、特定のアプリケーションやデータベースに対して性能向上が必要な場合に有効です。

一方、スケールアウトとは、システムに新しいサーバーやコンピューターを追加することで負荷を分散する方法です。クラウド環境はスケールアウトが得意です。クラウドサービスプロバイダーは、大規模なデータセンターと仮想化技術を活用し、必要に応じて容易に新しいインスタンス（サーバー上の実行環境）を追加し、システムを水平方向に拡張できます。例えば、ウェブアプリケーションのトラフィックが急増した場合、新しいサーバーを追加することでシステム全体の負荷を均等に分散し、パフォーマンスを維持することが可能です。このように、クラウドは負荷の増加に対して柔軟かつ効率的に対応できるため、多くの企業が採用しているのです。

互換性（OS、データ、ハードウェアなど）

柔軟性を語る上で欠かせないのが「互換性」です。互換性とは、異なるシステムやバージョン間で、機能や性能を損なうことなく連携や動作ができることを指します。この互換性によって、企業は新しい技術を採用するリスクや適応するまでの手間を軽減できます。

具体例として、ウィンドウズの互換性について考えてみましょう。ウィンドウズは、過去のバージョンのウィンドウズとの互換性を重視しています。以前のバージョンのウィンドウズで動作していたアプリケーションやデバイスが新しいバージョンでも動作することが保証されていれば、企業は最新バージョンにアップグレードしやすくなるためです。

筆者がマイクロソフトでウィンドウズの開発を担当していた時にも、互換性は優先度が高いものでした。開発者向けのカンファレンスで開発中のウィンドウズを披露する際、最新の機能紹介とともに、10数年前のMS-DOS【編注2】上のアプリケーションもちゃんと動くという極めて地味なデモも行っていました。この互換性は、後方互換性と呼ばれるもので、確実に最新バージョンにアップグレードしてもらうための必須要件だったのです。

ウィンドウズは多くの企業や個人ユーザーにとって欠かすことのできない存在ですが、一方で典型的なベンダーロックインとも言えます。

確かに、筆者が在籍中のウィンドウズはベンダーロックインそのもので、世界をウィンドウズで埋め尽くそうと考えているようなところがありました。リナックスをはじめとするオープンソースを目の敵にし、プロプライエタリな自社技術を広めることで対抗していました。プロプライエタリとは、特定の企業が所有し、他者が使用する際に制約がある技術やソフトウェアを指します。当時は、多くのビジネスアプリケーションがウィンドウズ専用に開発されていたため、他のプラットフォームに移行する際には多くの課題が発生していました。

しかし、CEOがスティーブ・バルマー氏からサティア・ナデラ氏に変わったことで方針が180度変わり、オープンソースにフルコミットするようになりました。その結果、ウィンドウズもまた自社以外の技術との互換性の重要性を理解し、さまざまな取り組みを行っています。例えば、マイクロソフトはオープンソースソフトウェア（OSS）やリナックスとの互換性を強化しています。ウィンドウズ サ

編注2　ウィンドウズよりも前にマイクロソフトが提供していたパソコン用オペレーティングシステム（OS）。現在のようなグラフィカルな操作画面は備えていなかった

ブシステムフォーリナックス（WSL）を導入することで、ウィンドウズ上でリナックスのコマンドやプログラムを直接実行できるようになりました。開発者はウィンドウズとリナックス両方の利点を享受でき、特定のプラットフォームに依存しない柔軟な開発環境を構築できるようになったのです。

さらに、マイクロソフトは、クラウドサービスのアジュールを通じて互換性をより発展させ、異なるオペレーティングシステムやデータベースのサポートを拡充しています。ここで登場するのが、コンテナ化技術です。コンテナ化とは、アプリケーションとその動作に必要なすべてのファイルや設定を1つのパッケージにまとめる技術です。アプリケーションがどの環境でも一貫して動作するようになります。例えば、開発者が自分のパソコンで動かしていたアプリケーションを、クラウドや他のサーバーに簡単に移行できるようになります。特定のクラウドプロバイダーやインフラにロックインされるリスクを軽減できるわけです。

また、データの互換性も重要な要素です。マイクロソフトはオフィス製品において、標準的なデータフォーマット（XMLやPDFなど）をサポートしています。異なるアプリケーション間でのデータ移行が容易になり、特定のソフトウェアに依存することなく業務を遂行できます。この互換性のことをデータ互換性と呼びます。

APIの標準化も、互換性を高めるための重要な手段です。APIとは、アプリケーション・プログラミング・インターフェイスの略で、異なるソフトウェアやサービスを互いに連携しやすくするための仕組みです。マイクロソフトは、標準化されたAPIを提供することで、他のシステムやサービスとの連携を容易にしています。例えば、クラウド上に存在するあるアプリケーションに指示を行うAPIや、データを取得するAPIなどを国際標準や業界標準に合わせることで、異なるシステム間でのデータ交換や機能の統合がスムーズに行えるようになります。これをAPI互換性と呼びます。

ハードウェア互換性も、互換性を高めるために重要です。マイクロソフトは、ウィンドウズを設計する際に、幅広いハードウェアとの互換性を確保することを重視しています。そのため、さまざまなメーカーのコンピューターや周辺機器でウィンドウズを動かせます。例えば、ウィンドウズは異なるハードウェア、例えばグラフィックスカードやプリンター、スキャナーなど多種多様なデバイスをスムーズに使えるよう設計されています。

さらにウィンドウズは、USBやブルートゥースといった標準化されたインターフェイスもサポートしており、これらの技術を利用するデバイスとの互換性も確保しています。USBはユニバーサル・シリアル・バスの略で、コンピューターと周辺機器を接続するための標準的なインターフェイスです。ブルートゥースは、ワイヤレスでデータをやり取りするための技術であり、マウスやキーボード、イヤホンなどのデバイスとウィンドウズパソコンを無線接続できます。

こうした互換性は、単に異なる技術やプラットフォーム間の連携を容易にするだけでなく、ベンダーロックインのリスクを軽減し、技術の持続可能性を高めるためにも重要です。互換性に留意して技術選定と設計を行うことで、ビジネスの柔軟性を維持し、長期的な成長を支える基盤を築けるのです。さらに、昨今はビジネス上の迅速な対応が求められる場面も増えています。市場の変化や顧客ニーズの急激な変動に即座に対応できる能力は、企業の競争力に直結します。そのため、柔軟性のある技術の選定が不可欠です。

クラウドサービス

この文脈において、クラウドサービスの活用は極めて有効です。必要な変更を迅速かつ効果的に実施できるようになり、柔軟性と効率性を高めることができます。具体例を挙げましょう。Eコマースサイトのセール時や企業の新製品発表時など、システムへのアクセスが突発的に集中することがありますが、クラウドサービスのオートスケーリング機能を利用することで、サーバーを買い足すことなく即座に対処できます。オートスケーリングは、システムにかかる負荷に応じて自動的にコンピューティングリソースを増減させる機能で、急なアクセス増加によるサーバーダウンを防ぎます。

このような対応力は「スケーラビリティ」と呼ばれるもので、システムが負荷や要求に応じて効率的に拡張できる能力を意味します。ビジネスの成長に伴い、システムは増大するトラフィックやデータ量を処理できるよう拡張していく必要があります。需要に応じてリソースを動的に調整でき、ピーク時の負荷にも柔軟に対応できるクラウドは、スケーラビリティの確保に有用なサービスなのです。

データベース管理システム

データベース管理システム（ＤＢＭＳ）もスケーラビリティの一例です。ＤＢＭＳは、大量のデータを効率的に管理し、ユーザーからのデータの問い合わせ（クエリ）に素早く応答するための仕組みです。大きな本棚をイメージしてもらうと分かりやすいでしょう。最初は1つの本棚で十分ですが、蔵書が増えると新しい本棚を追加して、各本棚に分散させる必要があります。同様に、データベースもデータが増えると、新しいサーバーを追加してデータを分散させます。これにより、個々のサーバーへの負荷を適切に分散でき、トラフィックが集中した時でも安定したパフォーマンスが維持できます。

技術選定とデータ活用の勘所をつかむ

ソフトウェアに対する技術面での見識を高める必要があるのは、それが「手の内化」に直結する技術選定やデータ活用で不可欠だからです。では、技術選定やデータ活用ではどこに留意すべきでしょうか。留意点は多々ありますが、本節では勘所に絞って説明します。

技術選定における投資効率に留意する

最初に、技術選定における投資効率の重要性について考えましょう。そもそも日本企業は、ＩＴをコストと捉え、できるだけ削減しようとする傾向にあります。しかし、ＩＴは投資と捉えるべきです。効果的にＩＴを活用することで、長期的なビジネスの成長と効率化が図れるからです。

技術導入においては、初期費用だけでなく、長期的な運用費用も含めた総合的な投資効率を考慮することが重要です。また、導入した技術がどれだけのコストパフォーマンスを発揮しているかも評価する必要があります。

新しい技術の導入では、初期費用が安くても、長期的な運用コストが高ければ、総合的なコスト効率は悪化します。例えば、ＯＳＳは初期費用を低く抑えられる場合が多いですが、すべて自前で導入から開発、運用まで行う場合は高くつくこともあります。無料で手に入るソフトウェアであっても、インストール、設定、メンテナンスにかかる時間や人件費が発生するため、これらを含めた総合的なコスト評価が必要です。その点で、サブスクリプション型のクラウドサービスは、初期投資を抑えつつ、需要に応じてリソースを増減できるため、コスト対効果が高いとされています。

他の例としては、すでに紹介したノーコード／ローコード・ツールが挙げられます。これらを活用することで、貴重なリソースであるエンジニアは本質的な部分のソフトウェア開発に専念できます。ノーコード／ローコード・ツールを選定する際には、以下の点に注意が必要です。まず、データ可搬性（ポータビリティ）があり、少なくともデータを取り出せるかを確認しましょう。また、そのツールが継続的に使えるか、ベンダーの経営上の懸念がないか、も重要な判断基準です。これらを踏まえて、適切なノーコードやローコードのツールを導入することで、ソフトウェア開発の効率化が図れます。

技術選定では、人件費も忘れずにコストに含めましょう。日本企業の場合、人件費を二の次にして精神論で乗り切ろうとする傾向も見られたりしますが、人の採用と育成にもコストはかかります。技術の習得も同様です。「えっ、今さら」と驚くような古い技術が使われていると、若い社員が、習得したところで他に使いどころがない技術を学ばざるを得なくなります。社員のモチベーションを下げ、離職の原因にもなります。現代の労働市場では、最新技術を扱える環境が求められており、最近の技術者は転職に活かせるスキルを積極的に学ぼうとする傾向にあるようです。これをスキルのポータビリティと呼びます。ポータビリティに大きく欠ける技術ばかり使っている組織では、優秀な人材を確保できなくなります。

将来的な技術トレンドを考慮する

技術選定では、現在のニーズだけでなく、将来的な技術トレンドも考慮すべきです。新しい技術が登場することで、従来の技術が陳腐化するリスクを回避しなければなりません。例えば２０２４年現在、生成ＡＩの分野は急速に進展しています。これらの技術を常にキャッチアップし、必要に応じてプロダクトに採り入れることで、競争力を高めることが期待できます。

加えて、業界全体の進化や市場の変化に対応できる技術を選定することも必要です。例えば、５Ｇ技術の導入。通信速度や接続の安定性が飛躍的に向上するため、ＩｏＴ関連のプロダクトなら、５Ｇを見越した開発が求められるでしょう。

このＩｏＴも重要な技術トレンドの1つです。さまざまなデバイスがインターネットを介して相互に通信し、データを共有することで、新しいサービスやビジネスモデルを創出する可能性を秘めています。製造業からヘルスケア、スマートシティなど、多岐にわたる分野での応用が期待されています。

技術の選定は、常にリスクを伴います。特定の技術に投資した直後に、より新しい技術が登場するかもしれません。このリスクを回避する鍵は、柔軟なアーキテクチャを採用することです。マイクロサービスアーキテクチャ【編注3】など、個別のコンポーネントを独立して更新できる設計にすることで、新技術への移行をスムーズに行えます。また、技術選定時に将来の技術トレンドを予測し、アップグレードの計画を立てておくことも有効です。

例えば、三越伊勢丹は、デジタルサービスへの取り組みを加速させる中、「ユアフィット365」や「三越伊勢丹リモートショッピング」などの新サービスをクラウド環境で開発し提供しています。ここで同社は、頻繁な変更要求に応えるため、マイクロサービスアーキテクチャを採用しました。これで一部の機能変更がシステム全体に影響を与えるリスクを軽減し、迅速な変更作業が可能となりました。実際に三越伊勢丹は、1年半でアプリの変更リリースを100回以上実施し、タスク管理チケットにして7000枚を超える対応を行ったそうです。

日本企業には、いったん作ったものは、その後の投資回収モードでしばらく使い続けるという考えが根強く存在する傾向にあります。しかし、こうした伝統的アプローチは競争力の低下を招く可能性があります。この固定観念を打破するには、経営層に技術の迅速な進化とその影響を理解してもらうことが欠かせません。それには、競合他社などの成功事例を用いて、新技術の導入がもたらす具体的なメリットを示すといった活動が有効でしょう。

DX投資とクラウドへの移行を理解する

DX投資の重要性を理解するために、スポーツ用品大手ナイキを見てみましょう。その事例は競争力

編注3　大きなソフトウェアを小さな役割を持つ部分に分解して独立させ、それぞれをブロックのように自由に組み合わせて動作させる考え方

を維持するために技術への継続的な投資が重要であることを示しています。同社の2023年度収支報告によれば【編注4】、デジタル売上高は全体の24・6％を占め、126億ドル（前年比17・8％増）に達しました。D2C（ダイレクト・トゥ・コンシューマー）事業であるナイキダイレクトの売上高は14％増の213億ドルに達し、全体の売上高の41・6％を占めました。同社が消費者に直接販売することに注力していることを示しています。

この成長のために、ナイキはデジタル技術と情報システムに対して大規模な投資を行っており、技術プラットフォームの開発およびアップグレードに対する継続的な投資をするとしています。ナイキのDXへのアプローチには、消費者向けアプリやデジタル資産の非代替性トークン（NFT）【編注5】、バーチャルワールドのような新技術への投資が含まれており、市場で先行するために新技術を積極的に取り入れる姿勢が見られます。ナイキも実際には統合基幹業務システム（ERP）の稼働が予定通りに進んでおらず、投資額が膨らんでいるようです。しかし、それでも継続して投資を続けることを選択しています。

ナイキの事例は、ITをコストではなく投資と見なす必要性を示しています。最先端の技術に継続的に投資し、システムを定期的に更新することで、技術の陳腐化を避け、競争力を維持できます。経営層にこの考え方を受け入れさせるには、長期的な利益と競争優位性を具体的なメリットとして示すことが有効です。

クラウドへの移行には、「リフト&シフト」という考え方があります。リフト&シフトは、既存のシステムをそのままクラウド環境に移行する手法です。オンプレミス環境で稼働していたシステムを、クラ

編注4　SEC FILINGSの2023 ANNUAL FILINGS（https://investors.nike.com/investors/news-events-and-reports/?toggle=reports）から

編注5　デジタルアイテムの唯一の所有権を証明する電子証明書。デジタルアートや音楽、ビデオなど、他のものと交換できないユニークなデジタル資産に付与される

ウド環境へそっくりそのまま「持ち上げる（リフト）」だけで、基本的には手を加えずにそのまま利用します。その後、クラウド環境のメリットを最大限に活かせるように改修していく（シフト）という二段階のプロセスです。引っ越しの際、とりあえず荷物をそのまま新しい家に運び、後から新しい家に合わせて整理整頓するのと似ています。

リフト&シフトの例としては、本書でも2章でも紹介したミスミが挙げられます【編注6】。ミスミは、既存の基幹系システムを刷新するため、二段階にわたる「リフト&シフト」戦略を実施しました。まず、メインフレームからクラウドへと移行し、その後アプリケーションのマイクロサービス化を進めました。これにより、システムのアジリティ（俊敏性）を高め、Eコマース企業としての事業転換を図りました。

ミスミの新基幹系システム「ニュートン」は、社内外のユーザー向けアプリケーション、業務ロジックを実装したマイクロサービス、販売・在庫管理や財務会計の機能を持つエンタープライズ層の3階層に分けられています。ニュートンは、ローコード開発ツールを使い、開発効率と保守性を向上させ、クラウド環境ではAWSとグーグルクラウドを利用しています。そのため、大規模障害が発生しても、影響を最小限に抑えることが可能になりました。

まず、クラウド移行の「リフト」は、従来のCOBOL（コボル）をそのままクラウドに載せ替える「リホスト」で行い、その後、基幹系の全プログラムをJava（ジャバ）で書き換える「リライト」を実施しました。これにより、2020年にはすべての基幹系システムをクラウドに移行し、その後マイクロサービス化を進めました。受発注や入出荷、売掛金・買掛金の管理機能を共通のマイクロサービスとして開発したのです。

編注6　https://xtech.nikkei.com/atcl/nxt/mag/nc/18/020600004/082300138/

このプロジェクトにより、ミスミは新たな業務プロセスを確立し、受注をシステムだけで完結できるようになりました。最初の導入先である台湾では、一部パフォーマンスの問題があったものの、調整を加えて完全に業務が回るようになり、社員の業務負荷を約15%軽減することに成功しました。

技術の選定においては、さまざまな要素を総合的に考慮し、現在のニーズと将来的なトレンドをバランス良く取り入れることが求められます。柔軟なアーキテクチャの採用や定期的な技術の見直しを計画することで、企業は技術進化の波に乗り、持続的な成長を遂げることができるのです。

技術の耐久性と安定性、環境にも配慮する

技術の耐久性と安定性は、企業の長期的な競争力を左右する重要な要素です。高い耐久性を持つ技術は、システムや製品の寿命を延ばし、メンテナンスや更新の頻度を減らすことで、コスト削減と運用効率の向上をもたらします。技術の安定性は、システムの信頼性を確保し、予期せぬ障害やダウンタイムを防ぐ上で不可欠です。

提供元の技術力や経営の安定性も慎重に評価すべきです。提供元の企業が信頼性の高い技術力を持ち、経営が安定している場合、その技術が長期間にわたって安定して提供される可能性が高まります。OSSの場合は、そのプロジェクトのコミュニティが活発で、主要なエンジニアが積極的に関与している場合は、継続的な改善とサポートが期待できます。一方、コミュニティが衰退していたり、主要なエンジニアがプロジェクトを離れてしまっている場合には、そのOSSの将来性を不安視せざるを得ません。

企業は、これらの項目を総合的に評価し、長期的に安定して使用できる技術を選定することで、システムの信頼性を高め、コストの削減と運用効率の向上を図ることができます。

また近年では、ＳＤＧｓ（持続可能な開発目標）やＥＳＧ（環境・社会・企業統治）の観点から、環境負荷を最小限に抑えつつ効率的に運用できる「持続可能な技術」の採用が注目されています。

例えば、エネルギー効率を高める技術や再生可能エネルギーを利用した技術がこれにあたります。また、リサイクル可能な素材を使用した製品設計や、長期間使用できる設計を採用することも、持続可能な技術の一環です。

こうした環境に配慮した取り組みを、「グリーンＩＴ」と呼びます。グリーンＩＴは、ＩＴインフラやシステムのエネルギー効率を向上させ、環境負荷を軽減する取り組みです。これには、データセンターの効率化やクラウドサービスの利用などが含まれます。また、ソフトウェア開発の設計や実装にも気を配る必要があり、これを「グリーンコーディング」と呼びます。グリーンコーディングは、エネルギー効率を考慮してメモリーやプロセッサの使用を最適化することで、システムの持続可能性を高めることを目指します。

グリーンＩＴを進めるには、大きな発想の転換が求められます。従来のＩＴは汎用性を高める方向で進化してきました。例えば、ＣＰＵはあらゆる演算を可能にするために進化し、ソフトウェア開発で多用される共通の機能をまとめたライブラリは、多くの用途を満たすよう設計されています。ユーザーの利便性を優先するために、コンピューターに無駄な動作をさせることもあります。その一例が「投機的実行」です。これは、ＣＰＵが将来実行する可能性のある命令を先回りして実行する技術です。処理の待ち時間を減らして高速化を図れる反面、実際に実行されない可能性のある命令も並行して処理されるため、リソースの無駄遣いにもつながります。エネルギー効率を考慮すると、必要とされる処理以外はエネルギーの無駄遣いとなるので、特定用途向けの選択が求められる場合が増えているわけです。

企業は、エネルギー効率を最優先に考えた設計や実装を積極的に行うことで、環境負荷を低減し、社会的責任を果たすことが求められているのです。

データ活用で新たな価値創造と高度な意思決定が可能に

ここまで適切な技術選定を行うことの重要性を説明してきましたが、今後必須となる技術に、データ活用とＡＩがあります。

データは、「21世紀の石油」と称されるほど、その価値が高まっています。石油が産業革命を支えたように、データは新たな価値創造の時代を切り開く要素です。今日のデータ活用は、主に以下の３つを目的としています。

まず、「顧客理解の深化と顧客体験の向上」です。顧客の購入履歴、ウェブサイトの閲覧履歴、ソーシャルメディアにおける活動内容などを分析することで、顧客のニーズや嗜好を深く理解することができます。このインサイト（洞察）に基づいて、個々の顧客に最適化された商品やサービスを提供することで、顧客体験を向上させることができます。

次に、「業務効率化とコスト削減」が挙げられます。データ分析を活用することで、業務の無駄や非効率な部分を発見し、改善できます。

最後が、「新規事業の創出」です。過去の販売データや顧客データなどを分析することで、新たな市場ニーズやビジネスチャンスを発見できます。

昨今のデータ領域の技術革新は目覚ましいものがあり、データ活用の可能性は飛躍的に広がっています。従来のデータ分析は、データの質や鮮度に限界がありましたが、現在では正確性、完全性、一貫性を高める技術が発展し、より信頼性の高い分析結果が得られるようになりました。それにより企業は、データを基にした意思決定を迅速に行い、変化に柔軟に対応できるようになりつつあります。まるでタイムマシンに乗ったかのように、リアルタイムのデータを活用して未来を予測し、迅速な意思決定が可能になっているのです。

また、異なるデータソースを組み合わせることで、より深いインサイトを得られるようになりました。例えば、顧客の購入履歴とウェブサイトの閲覧履歴を統合することで、顧客の真のニーズを鮮明に把握できます。企業は、顧客の個別ニーズに応じたサービスや商品を提供し、顧客満足度を向上できるわけです。

これまで取得できなかったデータの活用も可能になりました。例えば、ＩｏＴデバイスで取得できるリアルタイムデータや、ソーシャルメディアからの感情分析データなど、従来にはなかったデータを活用できるようになっています。

データ分析も自動かつ高度に行われるようになりつつあります。データ収集、前処理、分析などのタスクを自動化し、人為的なミスを減らしつつ効率化を図れます。さらに、高度な分析アルゴリズムを用いることで、複雑なデータから新たなインサイトが得られます。
このようにして企業は、従来見落としていた貴重なインサイトを発見し、新たな価値創造と高度な意思決定が実現できるようになりました。

AIがデータ活用を加速させる

データ活用を加速させる技術として特に注目されているのがＡＩです。２０２２年11月にチャットＧＰＴが公開されてからは、生成ＡＩ活用の可能性に大きな注目が集まり、ブームとも言える状況になっています。

生成ＡＩに代表されるようにＡＩ技術は日進月歩で進化していますので、現時点での機能性能を詳述しても、すぐに陳腐化してしまう可能性があります。ここでは大きな技術の流れとしてＡＩを捉え、それをどうＤＸに活かすのかを考えていきましょう。

すでに説明したように、ＡＩは、「人間が知能を使って行うことを機械に行わせる技術」です。人間の知能を模倣して問題解決や意思決定をサポートする広範な技術を指します。初期のＡＩは、事前に定められたルールに従って動作します。「もし、○○ならば、△△をする」というルールの塊が用意されているものです。ここで「初期の」と書きましたが、ルールベースのＡＩは今日でも使われており、特定の条件下で非常に有用です。この点がＡＩの活用を考える上でも重要なポイントになります。つまり、常に最新技術を使うべきとは限らないのです。高い精度の（最新技術の）ＡＩは、高性能のコンピューティングリソースを必要とし、莫大なコストがかかります。また、そのようなコンピューターはクラウド上に用意されることが多いので、常にネットワークに接続している必要があります。限られた予算や工場などのように閉じられた環境でＡＩを使う場合は、あえてルールベースに代表される「枯れた」技術を使うことが望ましい場合もあるのです。

ＡＩで現在主流なのが、機械学習（マシンラーニング）と呼ばれる技術です。文字通り機械がデータからパターンを学び、予測や分類を自動で行います。例えば、過去の売上データを分析して未来の売上を予測したり、画像の中から猫や犬を識別したりできるようになります。

機械学習とはつまり、機械が自らルールを見つけ出し、そのルールを使って新しいデータに対応する能力のことです。この機械学習は、さらに2つに分類されます。教師あり学習と教師なし学習です。教師あり学習は、ラベル付きデータを用いてモデルを訓練し、例えばメールのスパム判定や商品の需要予測などに活用されます。ここでいうラベル付きデータとは、メールが「スパム」か「スパムでないか」といった正解のラベルが事前に付けられたデータのことです。このラベル付きデータを使えば、モデルは正解を学び、メールがスパムか否かを予測できるようになります。一方、教師なし学習は、ラベルなしデータを用いて、データ内のパターンや関係を見つけ出します。

さらに進化した技術が、深層学習（ディープラーニング）です。これは、脳の神経回路を模倣したニューラルネットワークを用います。人間の脳は、ニューロンと呼ばれる神経細胞と、それをつなぐシナプスから成り立っています。これらのニューロンは、シナプスを通じて信号をやり取りし、情報を処理します。ニューラルネットワークは、この仕組みを模倣し、多層のノード（ニューロン）で構成されています。層とは、データを処理するための段階を指し、それぞれの層が前の層からの出力を入力として受け取り、処理を行います。初期のニューラルネットワークは、層の数が2~3層ほどと少なく、単純なパターン認識に使われていました。

深層学習では、この層の数が飛躍的に増加し、10層以上、多い場合には数百層に達することもあります。多層化により、非常に複雑なデータからもパターンを学習でき、画像認識や音声認識などの分野で精度が大幅に向上しました。今日の機械学習ではこの深層学習が使われることがほとんどです。

そして、近年急速に注目を集めるのが生成AIです。生成AIは、テキスト、画像、音声などの新しいコンテンツを生成する技術です。生成AIの中核をなすのが大規模言語モデル（LLM）で、膨大なテキストデータを使って訓練され、自然言語の生成や理解を行います。オープンAIのチャットGPTがその代表例で、テキスト生成、自動翻訳、会話応答などで使われています。グーグルもジェミニという生成AIを公開し、検索などに統合しています。

また、LLMを発展させた基盤モデル（FM）は、非常に大規模なデータセットで訓練され、さまざまなタスクに汎用的に適用できるモデルです。プログラミングのコードや画像、音声などを生成することができます。チャットGPTもジェミニもLLMとFMを融合したものと言えます。

プロダクトでAIを活用する方法を知る

ここでプロダクトでのAI活用について考えてみましょう。大きく次の3つに分類できます。

（1）ＡＩが組み込まれた製品を利用する
（2）自社プロダクトなどに外部ＡＩを組み込む
（3）独自のＡＩモデルを開発する

（1）は、マイクロソフトやグーグルなどが提供する、ＡＩが組み込まれたオフィス製品や開発ツールを利用することです。Copilot for Microsoft 365を導入して、ワードやエクセルでＡＩを活用するといった使い方です。

（2）は、自社のプロダクトあるいはシステムに外部のＡＩを組み込むことです。この場合、ＡＩを自社のニーズに合わせてカスタマイズすることが重要です。これは、既存のＡＩモデルを転移学習やファインチューニングという技術を使って特定の業務に最適化することにより実現できます。例えば、カスタマーサポート用のチャットボットを構築する際、自社データを用いて既存ＡＩをチューニングすることで、より効果的な応答を生成できます。また、生成ＡＩに情報検索機能を組み合わせることで、特定のデータベースや知識ベースを参照しながら応答を生成する方法（ＲＡＧ【編注7】）もあります。こうしたカスタマイズを施すことで、より正確でコンテキスト（文脈）に沿った情報提供が可能となります。カスタマーサポートの例で言えば、過去のサポートログを生成ＡＩが参照することで、自社サービスに合った適切な応答文章を生成できるようになるのです。

（3）は、自社でイチからＡＩを作成することです。それには、高度な専門知識とリソースが必要ですが、自社向けにフルにカスタマイズしたソリューションを構築でき、他社との差別化が図れます。

編注7　RAGはRetrieval-Augmented Generationの略で、検索拡張生成と呼ばれる

いずれにしても、ＡＩ活用を検討する上で大事なのは、どの自社データを、どのように活用するか、の見極めです。それにより、活用するデータの範囲や精度が決まり、ＡＩに求められる処理内容と要求速度が見えてきます。つまり、データ活用のあり方とＡＩ導入運用の負荷（コスト）をともに見据えながら、技術動向を把握して最適な手法を選定する必要があります。

直感型からデータ駆動に移行して成果を得る

ブラッド・ピット主演の映画「マネーボール」をご存知でしょうか。米大リーグのオークランド・アスレチックスでゼネラルマネジャーを務めるビリー・ビーン氏が、限られた予算で競争力のあるチームを作り上げるために統計分析を活用するという内容の映画で、アカデミー賞にノミネートされるなど高く評価されています。筆者が好きな映画の１つです。この映画は、人気作家マイケル・ルイス氏が著した同名の書籍が原作で、実話に基づいています。１章でＭＬＢの事例を紹介しましたが、この「マネーボール」の話も、一般企業がデータを駆使した事業を行う上での多くのヒントを提供しています。

まずは、「データ駆動の意思決定の重要性」です。ビリー・ビーン氏は、従来の直感や経験に頼る選手評価方法から、データに基づいた評価方法に切り替えました。これは、もちろん企業にも当てはまります。また、リソースの最適利用も学べます。ビーン氏は限られた予算の中で最大の効果を得るために、効率的なリソース配分に取り組みました。

「新しいアプローチの導入」も大切です。ビーン氏は従来の選手評価方法にとらわれず、新しいアプローチを取り入れました。例えば、得点圏打率が高い選手を評価する従来の方法を捨て、出塁率や長打率といった統計データを重視しました。選手の実際の貢献度をより正確に評価してチームを強化できるようになったのです。このように、新しいアプローチや技術を導入することで競争優位性を高めることができます。

また、「適材適所の配置」も重要です。ビーン氏はデータに基づいて最適な選手を選び、適切なポジションに配置しました。

「継続的な改善の重要性」も強調されています。選手のパフォーマンスを絶え間なく監視し、必要に応じて調整を行いました。具体例では、シーズン中に選手の出塁率や投手の防御率などの統計データを定期的に分析。パフォーマンスが低下した選手にはトレーニング方法の変更やポジションの調整を行いました。

日本企業の例も挙げておきましょう。伊勢市の老舗飲食店ゑびやの事例が有名です。1830年創業のゑびやは、データ分析によって顧客体験を向上し、経営効率も改善できました。当初は知識も経験もほとんどないところからのスタートだったそうです。

ゑびやはまず、顧客の購買履歴やウェブサイト閲覧履歴などを分析し、「顧客一人ひとりのニーズ」を深く理解しました。例えば、購入頻度の高い商品や季節性のある商品を特定し、販売促進施策を展開する、などです。また、ウェブサイトの閲覧履歴を分析して顧客が興味を持ちそうな商品や情報を提供し、顧客満足度を向上させました。

さらに、生産工程や業務プロセスのデータを分析して非効率な作業や無駄なコストを浮き彫りにし、業務プロセスを見直して重複作業を減らすなどの「業務改善」も行いました。

自店舗での実績を積み上げ、知見が溜まった後は、ＩＴ会社ＥＢＩＬＡＢ（エビラボ）を設立、飲食店向けのクラウドサービスを外部展開するまでに至っています。

押さえておくべき開発プロセス

本節ではプロダクト開発時に、技術選定とともに判断を求められる開発プロセスについて説明します。開発プロセスは、ソフトウェアの品質と迅速な市場投入を実現するための重要な要素です。中身を詳しく知る必要は少ないものの、今どきの主要な開発プロセスの概要を押さえておくことは「手の内化」を実現する上で大切です。

従来の開発プロセスは、完成までに時間がかかり、変化に迅速に対応できないという問題を抱えていました。不確実で変動の激しい現代のビジネス環境では、顧客の要求や市場の動向が急速に変化するため、素早い対応が求められます。顧客自身も何を必要としているか明確に分からないことが多く、従来の開発モデルではその期待に応えるのが難しくなっています。

この問題を克服するために進化してきたのが、モダンな開発プロセスです。単に機能があれば良い時代から、ユーザー体験が重視される時代へと移行している今日、製品が使えるだけでなく、使いやすさや満足度が重要視されています。そのため、開発プロセスもこれに応じて進化する必要がありました。モダンな開発プロセスは、迅速な仮説検証と継続的な改善を重視します。小さな変更を頻繁に行い、その都度フィードバックを得て改善を重ねることで、顧客の期待に迅速に応えるのです。

アジャイル開発で機敏性を高める

まず、アジャイル開発から見ていきましょう。

現在、多くの開発現場でモダンな開発手法と考えられているのが、アジャイルと呼ばれる開発手法です。このアジャイル開発は特定の1つの手法を指すのではなく、ユーザーに使われるプロダクトを迅速に開発することを目的としたさまざまな手法の総称です。アジャイルは英語では「機敏な」「素早い」という意味を持ちますが、まさに素早く開発していくための組織を目指す手法で、いわゆるインターネット系と呼ばれる欧米企業やスタートアップを中心に、多くの企業で採用されています。

では、何を素早く行うのでしょうか。開発プロジェクトは往々にして長期化します。製造業が長年やってきたように、工夫次第では期間を短縮できる可能性はあるでしょう。しかし、アジャイル開発の本質は、単なる工程の短縮ではありません。その真髄は、変化への対応力にあります。ユーザーへの提供物を改善し続け、その過程で気付いた新しい課題もつぶさに拾い上げながら開発に活かす。これを高速かつ継続して行うための手法が、アジャイル開発です。

アジャイル開発として分類される手法に共通するのは、ユーザー重視の姿勢です。発注者と受注者という契約ベースの関係ではなく、共通のゴールに向かう同志としてつながりを深めていきます。

変化への対応も重要です。アジャイル開発の背景には、後述する伝統的なウォーターフォールモデルの限界がありました。このモデルでは、計画からリリースまでが一連のステップで進行し、途中の変更が難しく、ユーザーのニーズに迅速に応えることができませんでした。1章で述べたようにVUCA（変動性、不確実性、複雑性、曖昧性）の時代と言われる今、何が正解か分からない現状で「正解」、言い換えれば「ユーザーが求めるもの」を探らなければなりません。一度正解を見つけたと思っても、その正解はすぐに変わります。正解を追い求め、仮説検証を繰り返していくしかありません。

アジャイル開発手法の本質は、短い期間で行う反復（イテレーション）にあります。仮説検証サイクル（3章を参照）の1つと言ってもよいでしょう。

アジャイルを用いてプロダクト開発する手順は次の通りです。（1）まず優先順位の高い機能を絞り込み、（2）その機能をとりあえず動くようにしてユーザーに触ってもらいます。その上で、（3）フィードバックを受けながら機能を充実させ、完成度を高めていきます。これを反復するのがアジャイル開発手法なのです。常に動くものを用意し、ユーザーに提供する価値を確認しながら進めるところが大きな特徴です。

アジャイル開発の誕生には、「アジャイルソフトウェア開発宣言」【編注8】が大きな影響を与えました。2001年にソフトウェア開発者たちが集まり、以下の4つの価値と12の原則をまとめました。

1. 個人と対話をプロセスやツールよりも重視する。
2. 動くソフトウェアを包括的なドキュメントよりも重視する。

編注8　https://agilemanifesto.org/iso/ja/manifesto.html

3. 顧客との協力を契約交渉よりも重視する。
4. 計画に従うことよりも変化への対応を重視する。

こうした価値観と原則に加えて、「ドゥアジャイル」だけでなく「ビーアジャイル」が重要（Don't just do agile. Be agile.）とされています。「ドゥアジャイル」は手法やプロセスの実践に焦点を当てますが、「ビーアジャイル」は組織全体がアジャイルな考え方を持ち、変化に迅速に対応する姿勢を持つことを強調しています。つまり、形式的にアジャイルを実行するだけでなく、柔軟で適応力に長けたアジャイルな価値観を根底に据えた組織へと変革することが重要なのです。

ウォーターフォールモデルが抱える課題

モダンな開発プロセスについての理解を深めるために、ウォーターフォールモデルからスクラムに至る流れを簡単に紹介します。

ウォーターフォールモデルは、長い間、特に大規模なシステム開発で広く使われてきました。このモデルは、要求定義、設計（基本設計と詳細設計に分かれることが多い）、実装（プログラミングやコーディング）、テスト（単体テストという個別モジュールのテストとそれらを結合したあとのテストである結合テスト、さらにはシステム全体のテストであるシステムテストなどが含まれる）といった開発工程を順番に進めるもので、それぞれの工程が完了してから次の工程に進む形を採ります。

図4-4：ウォーターフォールの概念

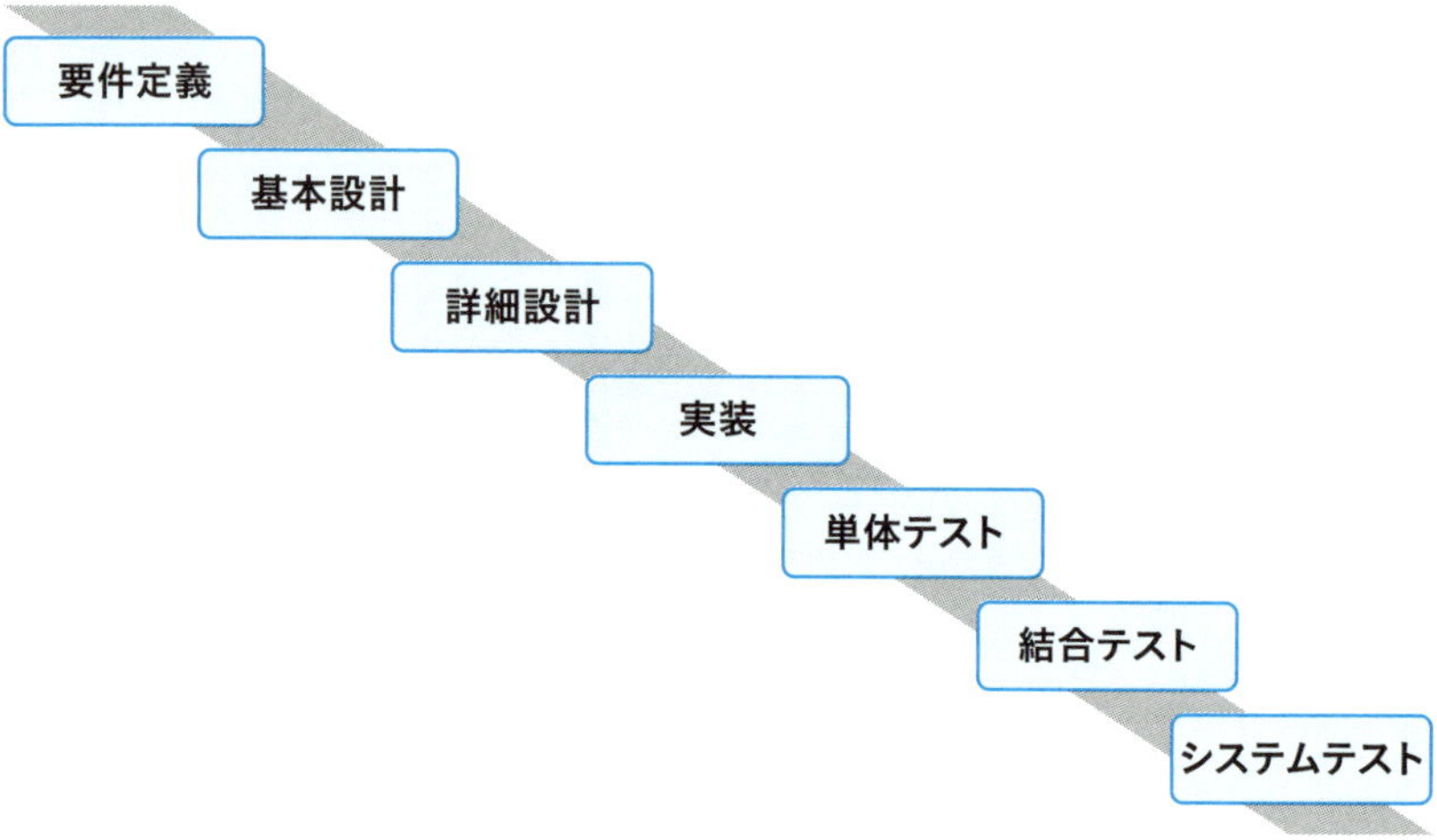

ウォーターフォールは英語で「滝」という意味で、各工程が順番に進み、逆戻りしないことを示しています。現在でも前半の工程を「上流工程」と呼ぶのは、このモデルに由来します。このウォーターフォールモデルでは、ガントチャートなどを用いて工程管理を行い、品質、コスト、納期（QCD）を重視します。このモデルは「前の工程で間違いがないこと」を前提としているため、後工程での手戻りが発生するとプロジェクト全体に大きな影響を及ぼすリスクがあります。このため、ウォーターフォールモデルは変化に対応しづらく、特に迅速な市場変化や顧客要求に対して柔軟に対応することが難しいという課題がありました。ウォーターフォールの下流工程は、上流工程の成果を確認する形になるため、工程全体をV字型で表すこともあります。

ウォーターフォールモデルを用いた開発（ウォーターフォール型開発）は、成果物の利用

図4-5：ウォーターフォールの実際の流れ（V字型）

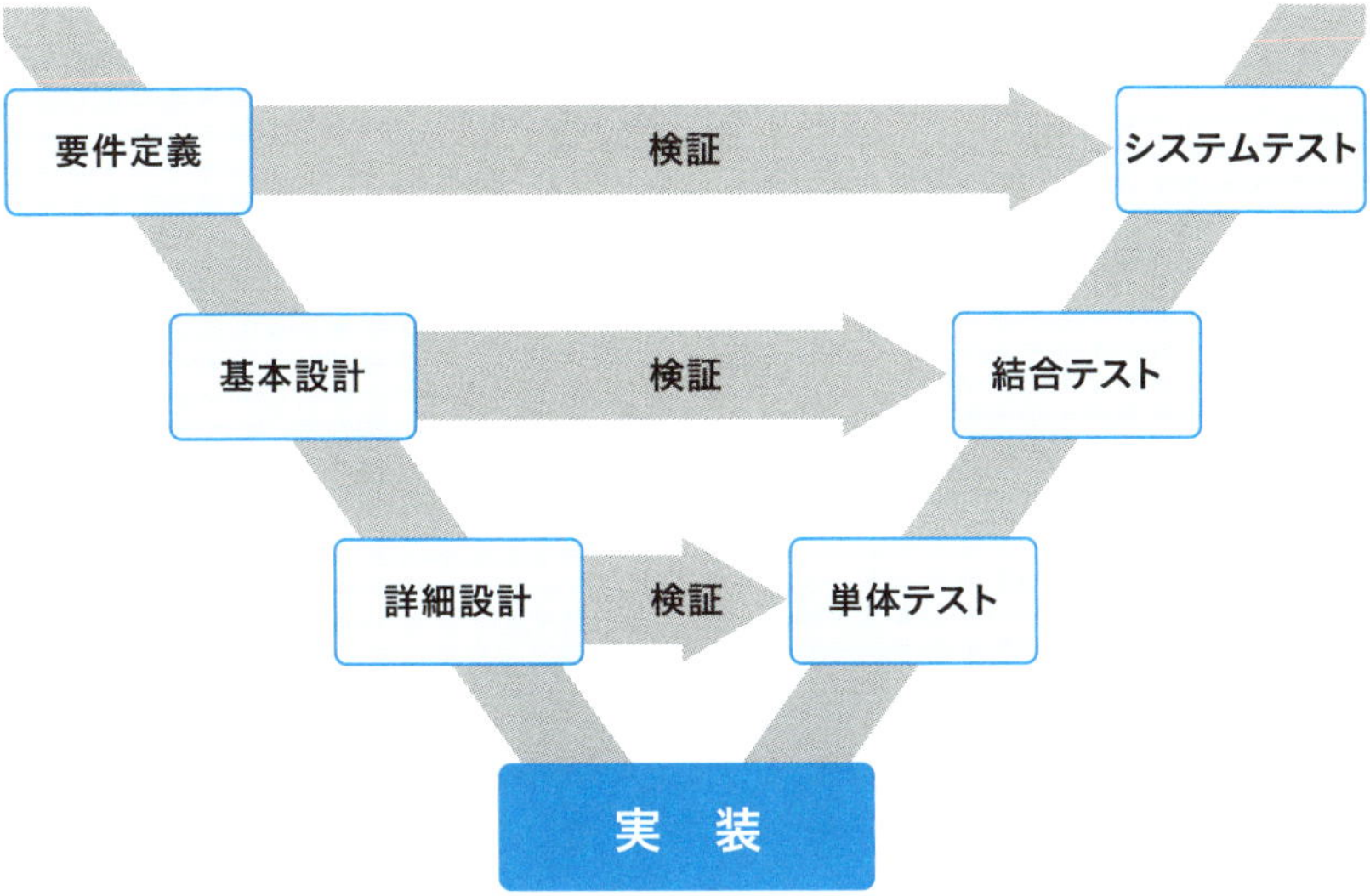

者が開発を発注し、発注者が要求をまとめ、それを受注者が要件にして設計、実装していく流れになります。しかし、この流れにはいくつかの大きな課題があります。まず、発注者の多くが自分の必要とするものを必ずしも理解していないこと。発注者自身の課題発見能力や企画力が足りない場合もありますが、人間は実際に動くものを見て初めて、自分が欲しいものに気付くという側面もあります。

また、設計と実装を完全に別工程にすることにも無理があります。高度なプログラミングが必要とされる領域では、実際に実装してみて初めて設計の良し悪しを判断できることが多くあります。そのため、設計の段階でいくつかの実装を試し、その上で設計方針を決めることもあります。しかし、設計と実装が完全に分離されているような開発では、一部実装しながら設計を行うやり方があまり普及していません。設計に沿った実装をしたにもかかわらず、必ずしも正しいアプローチが取られないということが起こり得ます。

このように、ウォーターフォール型開発には、本質的な課題が内在しています。企画から設計、設計から実装へと進む各工程において、前段階が完璧に近いことを前提としているため、現実との乖離が生じやすいのです。そのため開発現場では、ウォーターフォールの原則を無視して後工程で前工程の作業をやり直すことが頻発しています。その結果、プロジェクト管理が破綻し、いわゆるデスマーチに陥ることが多いのです。

実際、1960年代から1970年代にかけて、米国でも、国防省や米航空宇宙局（NASA）などの大規模プロジェクトでウォーターフォール型の開発スタイルが採られていましたが、多くのプロジェクトが遅延し、予算超過、品質劣化などの問題を抱えました。これらの失敗が、ウォーターフォール型開発の見直しとアジャイル開発の誕生に大きな影響を与えました。

スクラムで成果物を短期に作る

先に、アジャイル開発とは、顧客のニーズに迅速に対応するために、短いサイクルで反復的に開発を行う手法だと説明しました。その中でも特に広く採用されているのがスクラムです。スクラムは、ラグビーのスクラムに由来し、チーム全員が一体となって短期間で成果物を作り上げることを目指します。プロジェクトを短いスプリントと呼ばれる期間に分け、その中で計画、実行、評価、改善を行います。スプリントごとにインクリメントと呼ばれる動作するソフトウェアをリリースし、フィードバックを受けながら次のスプリントに反映します。変化に柔軟に対応し、継続的に価値を提供できるわけです。

ウォーターフォール型開発の場合、上流工程、特に要件定義や基本設計までは事業サイド（すなわち成果物の利用者に近い側の人間）が中心となりますが、詳細設計や実装の工程になると技術者に委ねることがほとんどです。これが、成果物ができ上がった時に変更が加わってしまう一因です。こうした課題を解消するための手法がスクラムです。

中でもすべての工程を関係者が協力して進めていくのが大きな特徴です。3-5-3と呼ばれる「3つの役割」「5つのイベント」「3つの成果物」が決められていることなど、厳密なプロセスが規定されますが、大事な精神はチームで仕事をするという点です。

3つの役割が示すのは「開発チーム」「プロダクトオーナー」「スクラムマスター」です。開発チームは最大でも10人程度が推奨されています。それぞれ得意分野はありますが、明確に分担を決めることはありません。プロダクトオーナーは開発の最終意思決定を行う人です。後述するバックログに対して責任を持つことを通じて、開発している成果物の方向付けを行います。そしてスクラムマスターは、スクラムのプロセスを正常に回し、チームが機能した状態であることに責任を持つ、言わばチームのファシリテーター的な存在です。

5つのイベントは、

（1）スプリント

（2）スプリント計画

図4-6：スクラムの構成要素と回し方

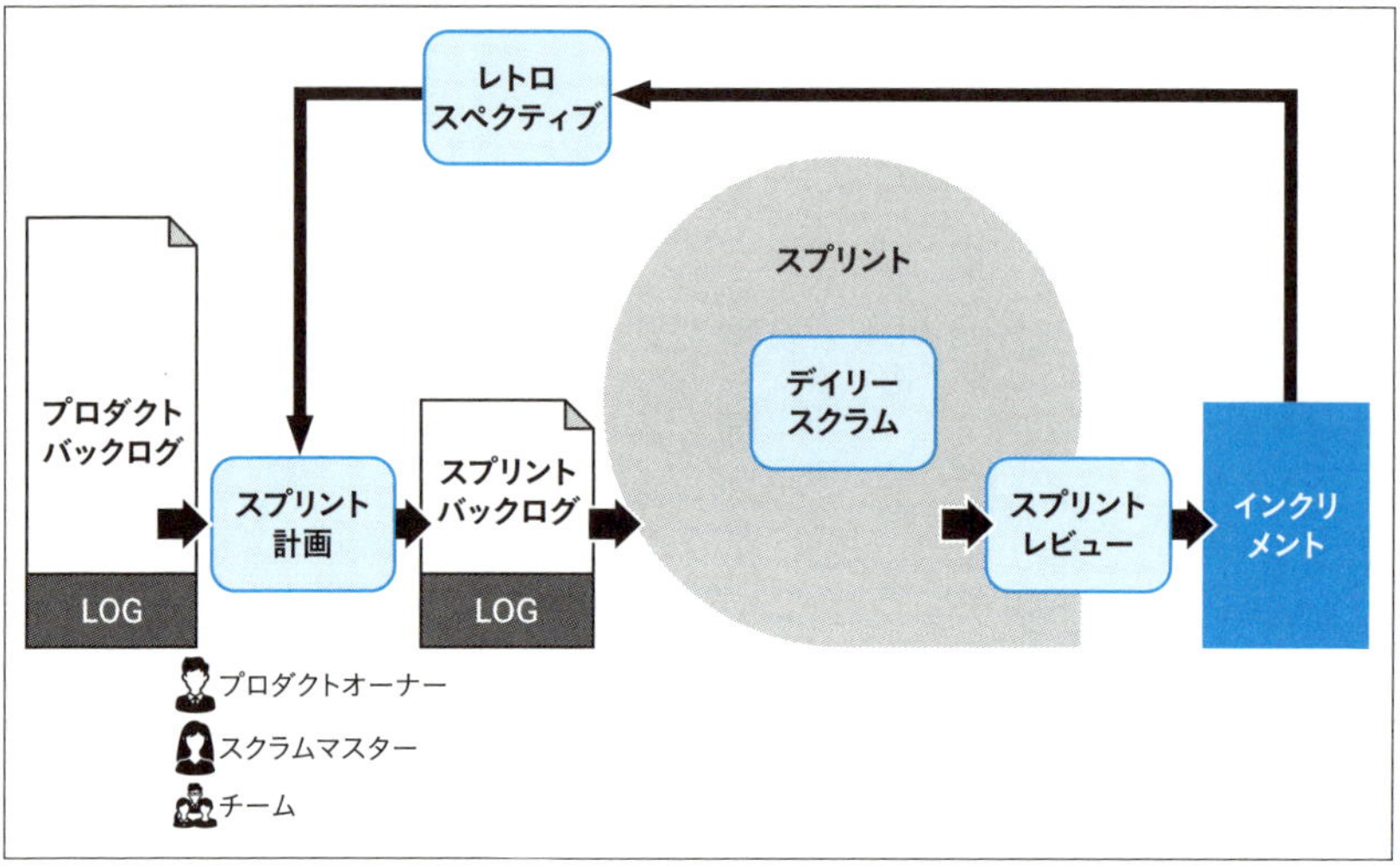

（3）デイリースクラム
（4）スプリントレビュー
（5）レトロスペクティブ

です。ここで言うスプリントとは反復の単位で、すべてのイベントを通じた成果物が

（1）インクリメント
（2）プロダクトバックログ
（3）スプリントバックログ

になります。

進め方はこうです。まず、スクラムで開発される「プロダクトとして提供すべき機能」をリスト化したものがプロダクトバックログとなり、このプロダクトバックログがマスタープランのような形で存在し、期間を区切って開発していくことになります。

この「区切った期間」がスプリントになり、通常は1週間か2週間程度になります。そしてスプリントごとの完成物がインクリメントとなり、ユーザーが試せるものとなります。1回ごとのスプリントで行う開発の内容を決めるのがスプリント計画であり、結果はスプリントバックログとなります。

デイリースクラムは、スクラムの期間中に毎日行われるミーティングです。スプリントレビューは、各スプリント終了時に完成したインクリメントのレビューを目的に行われ、レトロスペクティブはスプリントの振り返りを行い、次回のスプリントへの改善点を探ります。

これが簡単なスクラムのプロセスの紹介です。プロダクトオーナーは、プロダクトバックログを整備し、スプリントごとにプロダクトバックログの中から機能を選んでスプリントバックログに移していきます。スクラムマスターは、チームの健康状態を維持し、開発をスムーズに進めます。しかし、この2人だけではなく、チーム全体がユーザーの利益を常に考え、成果物を価値あるものにすることにこだわり、チームが成長し続ける努力を惜しまないことが、スクラム成功の鍵となります。

アジャイルの手法には、CI（継続的インテグレーション）とCD（継続的デリバリー）も含まれます。CIは、開発者が書いたコードを頻繁に1つの場所に集めて統合するプロセスです。これにより、コードの変更を自動的にテストし、問題を早期に発見して修正することができます。CDは、CIで統合されたコードを迅速にユーザーに届けるプロセスです。コードがテストに合格すると、自動でソフトウェアを準備し、ユーザーが使える環境にすぐに展開されます。ソフトウェアの更新が迅速かつ安全に行われ、新しい機能や修正が素早く提供されるのです。

アジャイルが使えない場合の対処法

プロダクトによっては純粋にアジャイルを採用するのが難しい場合もあります。開発組織全体が大規模で、小さいチームへの分割が難しかったり、手戻りを極力抑えたい場合などです。ウォーターフォールモデルを用いるのも一手ですが、筆者が所属していたころのマイクロソフトの開発プロセスも参考になるでしょう。

少なくとも筆者が勤務していた2000年代半ばまで、マイクロソフトはウォーターフォールモデルを改良した独自の洗練された開発手法を用いていました。それは大規模な開発組織を分割し、開発を小規模な単位で並列に行いつつ、全体の整合性確認を頻繁に行うというやり方です。MITのマイケル・クスマノ氏が「同期安定化プロセス」と名付けたこの方法により、ウォーターフォールモデルをルーツに持ちながらも、常に動くものを試し続け、ユーザーテストを行うことも可能にしました。

全行程は要求定義、仕様、開発、テストの4つで構成され、それぞれの工程内で行うタスクは事前に決められていました。また、工程終了の判定は各部門の責任者により厳密に行われました。この判定作業はサインオフと呼ばれ、昔は紙に担当者が署名することで行われました。ここでサインオフする部門は、エンジニアリング、プロダクトマネジメント、品質保証、マーケティングなどです。初期工程からエンジニアリングや品質保証が含まれています。

実装（プログラミング）では、ウィンドウズ全体のソースコードが含まれる大きなファイル置き場がある一方、機能ごとに独立したファイル置き場があります。機能チームは、自分たちの担当部分をこれらの独立ファイル置き場に追加してから、最終的にメインファイル置き場に統合します。

当時は、現在のような継続的な統合プロセスがなかったため、まずは小さなチーム内でソフトウェアをまとめる作業（ビルド）を行いました。その後、全体のビルド専任者に承認を求め、承認されて初めて全体の大規模なビルドが始まります。このビルド作業には、数時間から1日以上かかり、毎日新しいウィンドウズが作成されました。もちろん、この日々作られるウィンドウズは開発途中のもので、社外には公開されません。そのウィンドウズが問題ないか基本機能を確認した後、開発チーム全体で使用し、機能の開発や不具合の修正が行われました。

このウィンドウズは、毎日のビルド作業で用意されることから、デイリービルドと呼ばれてました。そのデイリービルドの中でも安定しているものが、開発チームメンバーのセルフホスト対象のビルドとなります。セルフホストとは、ドッグフード文化と呼ばれる「自分たちで開発しているものを自分たちで率先して使う」考えに基づいたものであり、開発中のプロダクトを日常業務や開発業務に使うことを指しています。簡単に言うと、開発中のウィンドウズで新しいウィンドウズの開発を行うのです。当然、機能が不十分で、安定性も高くありません。ですが、自ら使い続けることで、完成度を高めるモチベーションにつなげるというやり方です。

また、各機能チームでのビルドとは別に、全体の機能が統合されたビルドも用意されていました。ただ、いきなりすべての機能を統合することはせず、1つの機能チームの成果を統合していく形を採っていました。

この同期安定化プロセスは、ウォーターフォールモデルの持つ問題（仕様の失敗によりユーザーが要

図4-7：同期安定化プロセス

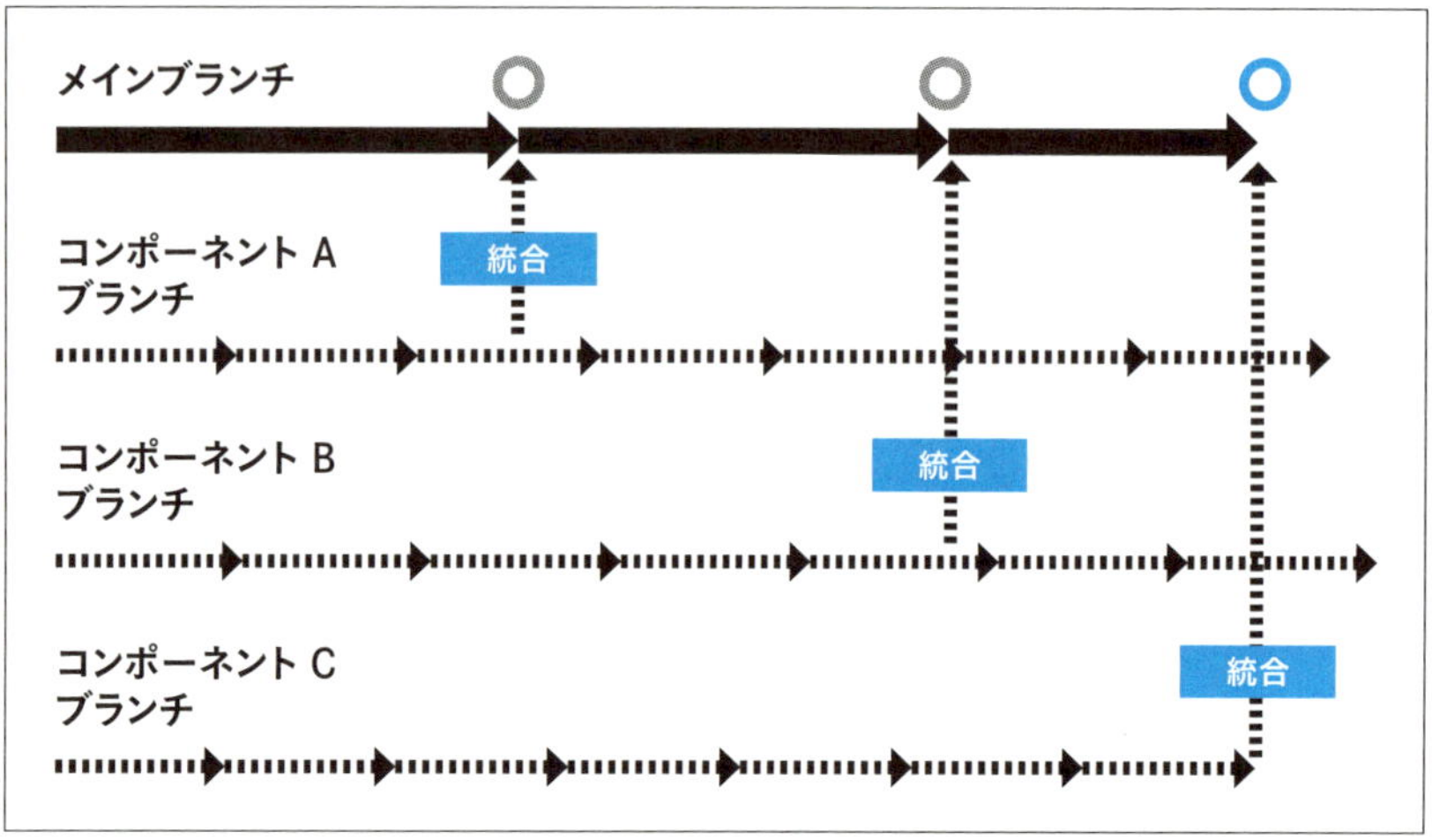

複数の小さなチームで並行して開発を続けながら、定期的に同期することで、初期からプロダクトとしての整合性を取り、安定化を図ることができる

求しているのとは異なる機能を開発してしまう問題）を、常に使える形を持つことと、機能を自分たちで試すという2つの点で解決しています。開発工程の後半では、外部のユーザーにベータテストという形で評価に加わってもらうので、真の意味でのユーザー視点も評価に加わります。また、工程管理という意味では、事前に高い品質基準を掲げることで例えば「リリース直前は重要度が低かったり、影響が大きくないバグならあえて直さない」というルールが徹底されます。どんな修正であっても、副作用により新たな不具合を生み出す可能性があるからです。

　このような開発手法が、マイクロソフトの大規模開発を成功させ、世界中のユーザーに使われるプロダクトを生み出していたのです。

開発と運用が一体になってプロダクトをリリースする

開発（デベロップメント）と運用（オペレーション）を合わせた造語であるＤｅｖＯｐｓ（デブオプス）は、開発と運用の連携を強化するための文化や仕組みを総称するものです。仮説検証を素早く、頻繁に行うことで、迅速かつ柔軟なリリースサイクルを実現し、高品質なソフトウェアを提供することを目指しています。

従来のプロセスでは、開発チームと運用チームが明確に分かれており、コミュニケーション不足や手動プロセスの多さ、リリースサイクルの長さといった問題がありました。ＤｅｖＯｐｓはこれらの問題を解決し、チーム間の連携を強化します。

ＤｅｖＯｐｓのやり方を詳しく見る前に、なぜ開発と運用が一体化する形態が増えつつあるのかを、先ほども紹介した筆者のマイクロソフトでの経験を基に考えてみましょう。

ウィンドウズは、２０１２年にリリースされたウィンドウズ８まで、典型的なパッケージソフトでした。パッケージソフトという名前の由来は、文字通りパッケージ＝箱に入れて出荷され、家電量販店に置くというところからきています。販売形態は小売り以外にも、パーソナルコンピューターを製造するＯＥＭ【編注9】よりプリインストールされるものや、企業ユーザー向けのライセンスで販売されるものなどあります。今では、オンラインでライセンスを取得し、インストール可能なソフトウェアをダウンロードすることも可能となっています。

こうしたウィンドウズは、少なくとも筆者が開発を担当していた２００６年までは、一度リリースし

編注9　Original Equipment Manufacturerの略で、他社ブランドのライセンスを得て製造を請け負うことや、その企業を指す

図4-8：クラウド普及前後で比較する「開発スタイルの違い」

	従来の開発スタイル	クラウド普及後の開発スタイル
更新コスト	**高い。** そのため、リリース前にあらかじめ決められた品質基準をすべて満たしていることを確認する必要がある	**比較的低い。** そのため、リリース後に修正するという選択も考えられる
リリースの位置付け	リリースするまでが仕事であり、リリースが一大イベント	リリースしてからが本番であり、リリース後に「育てていく」という発想が可能
開発と運用の関係	**開発と運用が独立** 開発 → 運用 ↑リリース	**開発と運用が一体化** 開発&運用 ↑リリース
最重要項目	リコール／回収事態にならないこと	サービスが停止しない、アクセス不可にならないこと

たら簡単に修正はできないものでした。

そのため、プロダクトの機能には影響がないような見た目の問題であっても、プロダクト全体の品質が疑われかねない要素は、出荷までに見つけ出し、修正しなければなりませんでした。しかし実際には、先ほど説明したように、ウィンドウズほどの大規模プロダクトになると出荷直前の修正はほとんど許されません。ある修正を入れることで、副作用的に他の部分に障害が発生する可能性を否定できないからです。開発の後工程になればなるほど、修正が許される基準が極めて高くなり、その高い基準をクリアしたものだけが修正を許されていました。

リリース後に何かしらの不具合が見つかった場合は、パッチと呼ばれる修正モジュールを用意して、ユーザーに適用してもらうことで、不具合を修正していました。このやり方で新機能を追加することもよくありました。しかし、ユーザーにパッチを適用してもらうこと自体が非常にコストのかかる作業であり、提供者の意図通りには進みません。ウィンドウズに脆弱性が見つかった時など、多くのユーザーに適用してもらうのにとても苦労しました。

このように、リリース後の更新が非常に難しいこともあり、ソフトウェア開発チームはリリースまでが勝負でした。リリース直前のハードワークを終えると、少し一段落。疲れを癒やしながら、ゆっくり次期バージョンのプランニングを開始する。それがウィンドウズのようなパッケージソフト開発に携わるエンジニアの過ごし方でした。販売後のサポートや障害対応は別の専門部署があり、そこが担当していました。

しかし、クラウドをベースにしたSaaSのようなソフトウェアの開発では、「リリース後は一段落」という考えがありません。リリースするまでが大変なのはもちろんですが、リリースしてからも大変なのです。開発チームと運用担当部署が密接に連携する、もしくは別部署ではなく同一部署でどちらも担当する。今はそんな時代になっており、この開発と運用が一体化したプロダクトの進化のさせ方を、DevOpsと呼ぶのです。

なお、ウィンドウズ・アズ・ア・サービス宣言をしたウィンドウズ10以降は、パッケージ版は継続しつつも、クラウド的なソフトウェア提供となっています。

このように、顧客に価値を継続的に提供し続けるための仕組みが、図4－9に示すような開発と運用の密接な連携とそれを支える文化、さらには開発・運用のためのツールで構成されるDevOpsなのです。

このDevOpsの実践には、以下の要素が含まれます。

図4-9：開発と運用が密接に連携するDevOps

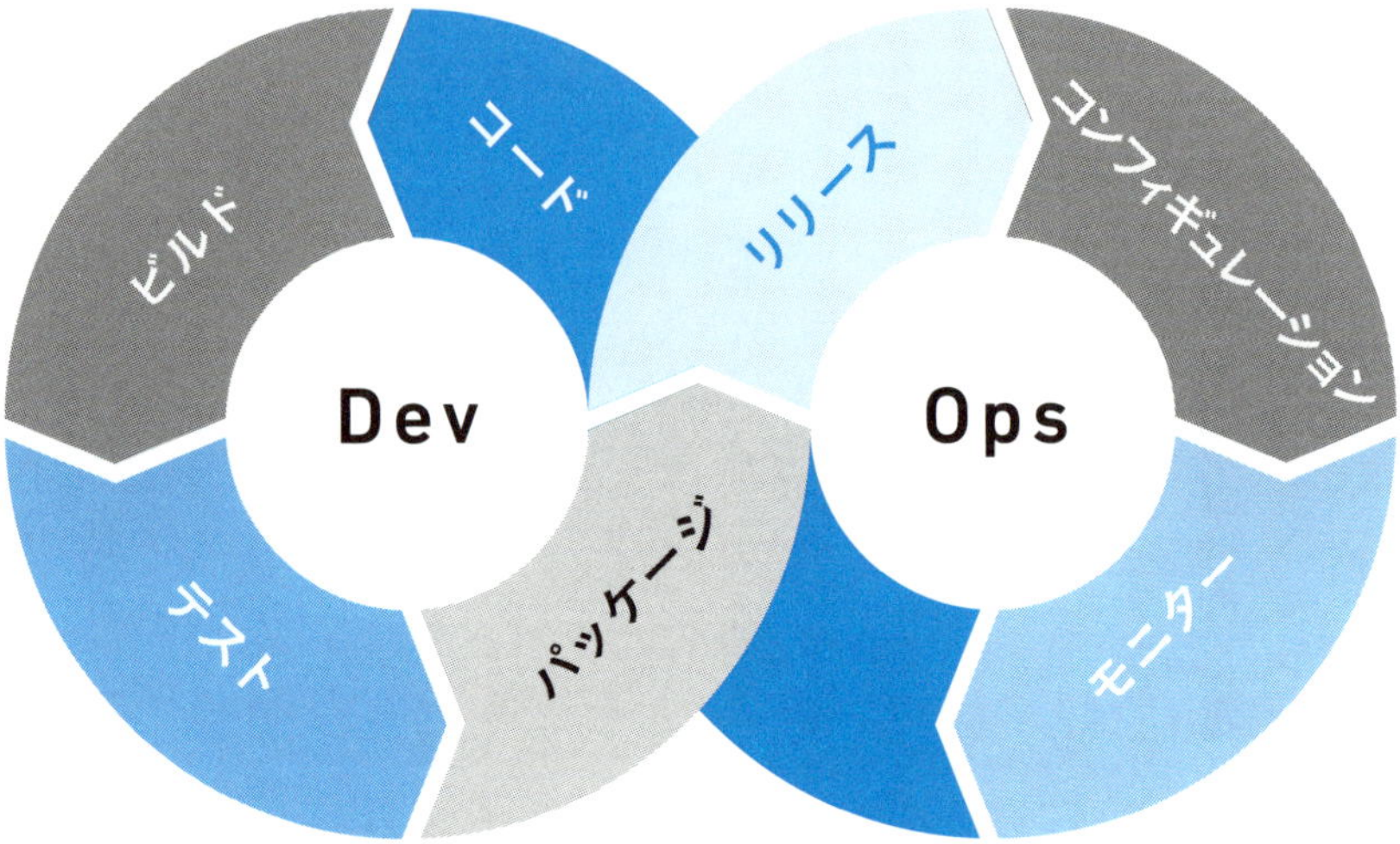

迅速かつ柔軟なリリースサイクル：ソフトウェアの開発から運用までのプロセスを自動化し、頻繁にリリースすることで、市場の変化に迅速に対応します。

高品質なソフトウェアの提供：先ほど説明したCIやCDを用いて、品質を維持し、問題を発見した場合には迅速に修正します。

監視とログ分析：ソフトウェアを監視し、ログを分析することで、問題を早期に発見し、再発を防ぐことができます。

開発チームと運用チームの連携強化：コミュニケーションとコラボレーションを促進し、問題解決の迅速化、イノベーションの促進、モチベーションの向上を実現します。

DevOpsを強化するために、DevSecOps（デブセクオプス）も重要な役割を果たします。DevSecOpsとは、図4－10に示すように、

図4-10：セキュリティを開発と運用に組み込むDevSecOps

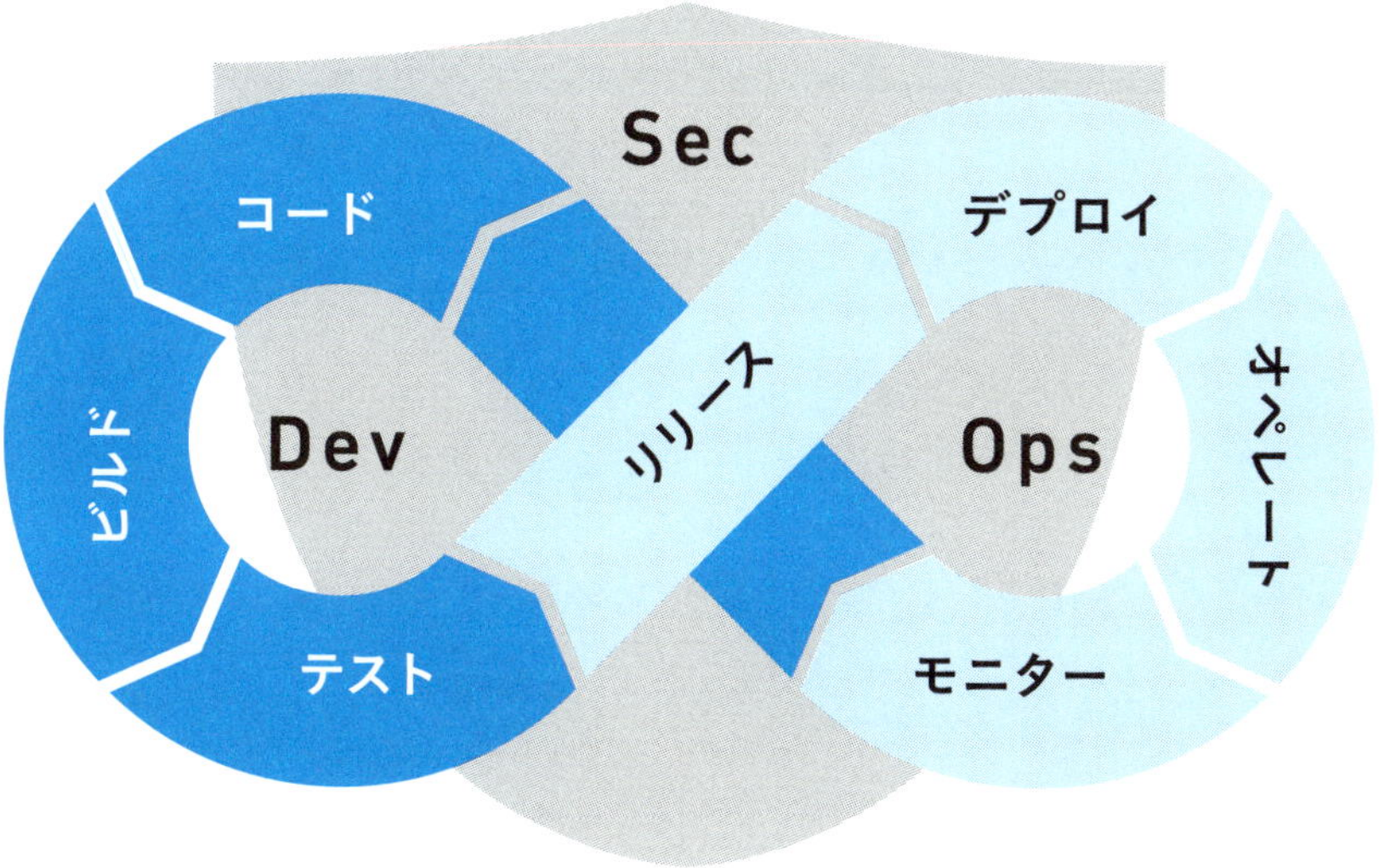

セキュリティを開発と運用のライフサイクル全体に組み込むことで、システムの安全性を確保する手法です。セキュリティリスクを早期に発見し、迅速に対応することが可能になります。セキュリティを単なる後付けではなく、開発プロセスの一部として統合することで、高品質で安全なソフトウェアの提供を目指すのです。

品質に関しては、2章で狩野モデルを用いて、真に顧客に提供できる価値を向上させるための手段として品質向上を考えるのが良いと説明しました。それ以外にも、モダン開発ではさまざまな工夫がなされています。

顧客自身ですら、自分が何を求めているのか把握できない時代において、ソフトウェア開発は常に顧客のフィードバックを取り入れながら進める必要があります。社会が絶えず変化する中で、開発中の製品もまた、顧客の検証を通じて進化し続けるべきです。

図4-11：米テクノロジー企業の本番環境への変更頻度

会社	デプロイ頻度	リードタイム	信頼性	顧客への対応力
アマゾン	23,000／日	数分	高	高
グーグル	5,500／日	数分	高	高
ネットフリックス	500／日	数分	高	高
メタ（旧フェイスブック）	1／日	数時間	高	高
X（旧ツィッター）	3／週	数時間	高	高
典型的な企業	9カ月に1回	数カ月または数四半期	低／中	低／中

出典：https://www.oreilly.com/library/view/the-phoenix-project/9781457191350/42-resourceWhy.xhtmlを元に作成

ソフトウェア開発者が各自の担当部分を独立して開発する場合、全体の統合に時間がかかり、統合時の不具合の修正も遅れがちになります。これを解決するには、常に全体として機能する製品が存在している状態を目指す必要があります。この目標を達成するための手法が、CIです。さらに、最新の仮説を即座に検証し、顧客に最新の価値を提供できる仕組みがCDであり、CIによって統合された製品を迅速に顧客に届けることを可能にします。

このCIとCDを支えるのが、テストの自動化です。このプロセスは、人の代わりにテストを行うツールやスクリプトが使用され、ソフトウェア開発プロセスの全体で品質を保証するものです。ソフトウェアのテストは、個別コンポーネントを検証する単体テスト、複数のコンポーネントの連携動作を検証する統合テスト、完成したソフトウェア全体の検証を行うシステムテスト、最終的に顧客の要件を満たしていることを検証する受け入れテストのように、さまざまなレベルのテストがありますが、それらすべて自動化が可能です。

CIプロセスでは、開発者が行った担当部分の変更を頻繁にリポジトリ（ファイルや変更履歴の保管場所）に統合するたびに、自動化テストが実行されます。これで新しい変更が正しく統合され、問題がないことが確認できます。CDプロセスでは、変更が自動的にテストされ、問題がなければ実際の運用環境（本番環境）に自動的に反映されます。

このような仕組みを整えることで、アマゾンは日に2万3千回、グーグルは5500回もの本番環境へ変更の反映が可能となっています。このように、CI／CDとそれを支えるテスト自動化がビジネスの敏捷性と顧客満足度を高めるには不可欠であり、企業は市場の変化に迅速に対応し、競争優位性を維持することが可能であることがお分かりになるでしょう。

いまだにテストというと、スプレッドシートに考え得るすべての操作手順を埋め、それを大量の人を投入することで確認するという日本企業も少なくないですが、そのような方法では、ソフトウェアファーストで必要とされる、迅速な仮説検証が不可能です。

テスト駆動開発で品質を高める

ソフトウェア開発に詳しくない方のために、今日のソフトウェアテストの実際についてもう少し説明しましょう。

モダンなソフトウェア開発ではさまざまなテストが行われますが、その中でも基本となる単体テストは、開発者自身がコンポーネントの機能を検証するために行うテストです。このテストも人が手動で行うのではなく、テスト用のソフトウェアを用意して実施します。正しく機能しているか確認するためのものと、異常発生時にエラー処理を行う機能が動作するかを確認するためのものなど、目的に合わせて複数用意されます。

テスト駆動開発（ＴＤＤ）では、実際のソフトウェアを開発する前に、テスト用のソフトウェアを用意します。このテストをパスするようにソフトウェアを書くことで、設計の品質を開発当初から確認できるのです。

さらに先を行くものとして、ビヘイビア駆動開発（ＢＤＤ）という手法があります。ビジネス要件を明確な振る舞い（ビヘイビア）として定義し、それを満たすテストを先に用意します。これにより、ビジネスの目的と技術的実装の間のギャップを埋め、開発チームとビジネス側ステークホルダーとの間のコミュニケーションを促進します。

このようなテストファーストな考え方が、ＣＩ／ＣＤ、そして自動化テストを支えています。例えば、どんなに品質確認を行ったとしても、顧客に提供した後に不具合が見つかることもあるでしょう。その場合は、不具合を修正するとともに、その不具合が発生した状況を再現するテスト用ソフトウェアを用意します。そして、それを自動化テストのプロセスに乗せ、ＣＩ／ＣＤに組み込めば、その不具合は二度と再発することはなくなります。ソフトウェア全体で見ると、そのコンポーネントとは直接関係ない部分の修正により不具合が起きてしまうこともありますが、このようにテストを充実させていくことで、品質を継続的に向上させることが可能となります。

A／Bテストとテストインプロダクションで顧客ニーズに応える

ソフトウェアについては、その品質だけでなく「ビジネスでの価値」を検証する必要があります。それには本番環境での顧客からの直接的なフィードバックの収集が不可欠です。顧客との定期的なヒアリングや、カスタマーサポートへの問い合わせ分析だけでは不十分だからです。ログから利用状況を分析することが、さらに重要な手段となります。2つのバージョン（AとB）を顧客に提供し、それらのログを比較するA／Bテストのような方法で、どちらがより効果的か探ることが可能になります。

このプロセスを通じて、企業は顧客の隠れたニーズを発見し、ビジネスを顧客の期待に合わせて継続的に改善することができます。顧客の価値検証は、ソフトウェア開発の初期段階だけでなく、リリース後も継続的に行われるべき活動です。企業は市場の変化に迅速に対応し、顧客満足度を高めることが可能になります。

本番環境での検証には、テストインプロダクションというアプローチもあります。その名の通り、本番環境で直接テストを行うことを指します。このアプローチは、リアルタイムなデータとユーザーの反応を基に、開発チームが製品のパフォーマンスと安定性を評価できるようにすることを目的としています。本番環境にリリースする前に製品やサービスを最終テストするための模擬本番環境をステージング環境と言いますが、このステージング環境でのテストで本番環境を完全にシミュレーションするのは困難であり、特定の問題やユーザーの振る舞いを捉えることができない場合があり得るのです。

しかし、本番環境でのテストはリスクを伴います。このリスクを管理するために、フィーチャーフラグ、カナリアリリース、ブルーグリーンデプロイメントなどの戦略が用いられます。フィーチャーフラグは、新機能を一部のユーザーにのみ公開し、その影響を測定するための仕組みです。カナリアリリースは、新機能を少数のユーザーにのみ展開し、問題がないことを確認しながら、徐々に全ユーザーに展開する方法です。ブルーグリーンデプロイメントは、新旧のシステムを平行して稼働させ、新システムへの切り替えをスムーズに行う手法です。

このような仕組みを用いることで、企業は本番環境でのテストのリスクを最小限に抑えつつ、ソフトウェアの品質を継続的に向上させることができます。テストインプロダクションは、不確実な時代において顧客の体験を最適化し、顧客の隠れたニーズに応えるための強力な手段です。

カオスエンジニアリングでシステムの耐障害性を検証する

ネットフリックスが使っていることで有名になったのが、カオスエンジニアリングです。こちらは、テストインプロダクションのさらに先を行くとも言える、システムの耐障害性を直接検証する手法です。テストインプロダクションでは、システムの機能や性能を検証することはできても、実際に障害が発生した場合のシステムの挙動を検証することはできません。カオスエンジニアリングは、耐障害性を試すために意図的に障害を発生させることで、システムの弱点を発見し、それを改善することを目的としています。

ネットフリックスは、カオスエンジニアリングを用いて、その広範な分散型システムの耐障害性を大幅に向上させています。彼らはカオスエンジニアリングのために開発した独自ツールを用い、ランダムにシステムの一部を停止させることで、システムが自動的に回復できるかどうかを検証します。この実践を通じた検証で得られた課題に対応することで、システムのダウンタイムを最小限に抑え、ユーザー体験を向上させているのです。カオスエンジニアリングは、このネットフリックスでの採用が有名になり、さまざまな企業で導入されています。日本でも、クックパッドやヤフーが導入しています。

★　★　★

本章では、ＤＸの実践で重要なソフトウェア技術の勘所と、今の時代に合った開発プロセスを説明しました。これらは技術選びやデータ活用の際に欠かせない必須知識とも言えるためです。次章では、ＤＸの実践に取り組む組織のあり方を見ていきます。

SOFTWARE FIRST

5章

組織に求められる変革

本章では、IT活用の「手の内化」で中心を担う組織、言い換えればプロダクトチームのあり方を考えます。プロダクトチームは、プロダクト開発・運用の主役になるだけでなく、事業サイドと正しい形で連携の取れる組織でなければなりません。ここで言うプロダクトは、外販する「製品」だけでなく、デジタルを活用する事業すべてや社員という社内顧客に対しての社内システムも含みます。

強い開発組織を作るために

ここまでの章ですでに「経営陣を含めＩＴに詳しくない人たちがテクノロジーへの造詣を深めなければならない」と提言してきましたが、組織（チーム）そして技術者も変わっていく必要があります。例えば従来型の情報システム部門の中には、自分たち自身で「事業サイドの指示を実行するだけの下請けチーム」に甘んじているケースが散見されます。また、顧客満足度の最大化よりも技術的な実現性で意思決定をしてしまい、変革のボトルネックになってしまう懸念さえあります。そこでまずは、強い組織のあり方を見ていきましょう。

もしあなたの勤め先が下請け状態や技術偏重に陥っているのならば、組織を整備する前に問題点を洗い出し、払拭しておかなければなりません。そのために必要なアプローチについても示します。組織運営に直接携わるポジションの人たちのみならず、現場でプロダクトに取り組むソフトウェアエンジニアをはじめとするすべての職種の人にも読んでいただければ幸いです。

最初に、ソフトウェアファーストの実現に向けた強力なプロダクトチームのあり方について考えましょう。

基本となる内製開発と外部委託の是非

ソフトウェアファーストの根幹をなす「ソフトウェア技術の手の内化」は必ずしも内製開発を意味しませんが、手の内化を進めると必然的に内製化比率は高くなります。従って、内製開発を基本方針とし、内製開発ができない場合やすでに開発を外部委託している場合などの対策を考えると良いでしょう。

まず、多くの事業会社が行っている「システム開発の外部委託」の現状の是非について考えてみましょう。社内に情報システム担当部が存在するからといって、その部署がソフトウェアファーストの実行部隊としてきちんとエンジニアリングを行っているとは限りません。ソフトウェア開発を主体的に推進できる体制が整っているとは一概には言えないのです。

DX推進やITを活用した新規事業開発では、専任の開発部隊は必要不可欠なのでしょうか？ すでに社内に基幹システムの保守・運用を担当する情報システム部門がある場合、彼らを通じて付き合いのあるSIerやITベンダーに発注すれば、あえて社内に開発部隊を新設する必要はないと考える向きもあるでしょう。

しかし、筆者は本書において、DXの本質を「IT活用を手の内化すること」と定義し、できる限り開発を内製化することが理想であると主張しています。DXに限らず、あらゆる企業がソフトウェアファーストを実践していく上で必要不可欠な手段であると考えているからです。

ここで言う内製化とは、プロダクトの企画、開発、運用に至るまでのすべての工程を社内で行うことを指します。内製化する最大のメリットは、開発スピードの迅速化です。現代のソフトウェア開発においては、反復（イテレーション）が基本であり、開発スピードとは仮説検証サイクルのスピードです。具体的には、ＭＶＰ（実用最小限の製品）を開発し、ターゲットユーザーに実際に利用してもらい、得られた結果に基づいて修正を加えます。さらに、プロダクトリリース後もユーザーの反応を分析しながら改善を続け、より使い勝手の良いものに育てていくというサイクルを迅速に回すことが重要です。

今日《こんにち》では、プロダクトの評価はすぐに広まります。ユーザーはＸ（旧ツイッター）などのソーシャルメディアに、使ってみた感想を投稿しますし、ｉＰｈｏｎｅのアップストアやアンドロイドのプレイストアのようなマーケットプレイスでは、ユーザーのレビューとコメントが見られます。ユーザーのフィードバックがすぐに得られる時代になったからこそ、ユーザーに使い続けてもらうための対応は迅速に行わなければなりません。マーケットプレイスでのレビューのように、一度付いたネガティブなイメージを払拭するのは難しくなっています。

ユーザーからのフィードバックに対して迅速な対応ができないならば、むしろ時間をかけ、完成度の高いものを出すべきだという考え方もあるでしょう。とはいえ、変化の激しい現代において、完成度を高くするための打ち手は実際に使ってもらわないと見えてこないというジレンマがあります。いずれにせよ、スピーディーに対応し続けることは、もはや必要十分条件と考えなければならないのです。

エンジニアが別企業に属している場合、意思決定や情報共有に遅延が生じ、開発スピードが大きく低下してしまう恐れがあります。こうした状況は、せっかくのビジネスチャンスを逃してしまうだけでなく、開発者のモチベーション低下や顧客満足度の低下にもつながります。

具体的に、例えばEコマースサイトでA／Bテストを行う場合を考えてみましょう。4章でも簡単に説明したように、A／Bテストとは、現在と異なるUIや機能を用意し、どちらがより効果的かを比較する手法です。ある割合のユーザーには既存のUIや機能を使ってもらうと同時に、それと同じ割合のユーザーに新しいUIや機能を使ってもらい、その結果を比較します。このA／Bテストの典型的な進め方は次のようなものです。

まず、マーケティングチームが新しい企画を立案し、どのUIや機能が効果的かを試すためにA／Bテストを行うことを決定します。その後、デザイナーがそのUIや機能を反映したデザイン案を作成します。次に、そのデザイン案をエンジニアが受け取り、実際にサイトに組み込みます。

この一連のプロセスで開発を外部に委託していたりすると、関係者間のやり取りに時間がかかります。机を並べるような環境なら3日で終わる作業に、数週間や数カ月も要してしまうケースも珍しくないのです。

新規プロダクトの開発を外部に委託するとなれば、（契約形態にもよりますが）新たに契約を結ばなければなりません。契約書を作成し、社内承認を得た後、先方にも確認してもらい、契約を締結する。これだけでも時間がかかる上、そのための作業コストは馬鹿になりません。開発と運用を一体化したDevOpsを進めていく時も、ユーザーの利用状況を分析し、そこから得られた仮説を即座に検証していく必要があります。これを外部に委託するのは実質不可能です。委託先のエンジニアが優秀で、発注者のビジネスを深く理解していても、過去の経緯や社内事情といったコンテクストを汲んで臨機応変に対応するのはとても難しいからです。また、良かれと思った行為が裏目に出た場合は責任を問われる可能性もあります。この点からも、社内で完結するオペレーションを持っている組織とはスピードが雲泥の差でしょう。

内製化が必要なもう1つの、そして最も重要な理由はノウハウの蓄積です。何度も記しているように、現代のプロダクト開発は仮説検証の繰り返しです。多くの失敗の中から成功のきっかけをつかみ、それを育てていくことになります。結果だけ見ると成功しか見えないかもしれませんが、実はその裏にある多くの失敗と、そこから得た学びこそが財産となります。プロダクト開発の一部を外に出していると、その知見が内部に蓄積されません。もしかしたら最も重要な部分が外部に蓄積されてしまうのです。

システム開発を外部委託した場合、仕様や運用時の注意点などをドキュメント化して大量に納品させることもあります。しかし、本来は文章として残すことが重要なのではなく、そこに何が書かれているか、そこから何を読み取れるかが大事なのです。正直、ベンダーから納品された文章を全部読んでいる人が社内にどれほどいるのでしょうか？　開発に直接携わっていない人がそれを読んで、どこまで内容を理解できるでしょうか？　加えて、本来残すべきノウハウは文章化されていない部分にこそあります。やはり知見を蓄積していくには、内部の人間が実際に手を動かす形で携わっていないと不可能なのです。

内製化していない多くの企業は、どのタスクを外注しているのでしょう。ソフトウェア開発ライフサイクルを図5－1のように企画、仕様、設計、実装、品質確認、リリース（運用）と分けた場合、事業会社は企画を担当し、その後、品質確認の一部と運用も担当します。一次請け・プライムコントラクターと呼ばれるＳＩerやＩＴベンダー、コンサルティング会社は、仕様と設計を担当します。そして実装

図5-1：開発を外部委託する企業と、ソフトウェアファーストな企業の違い

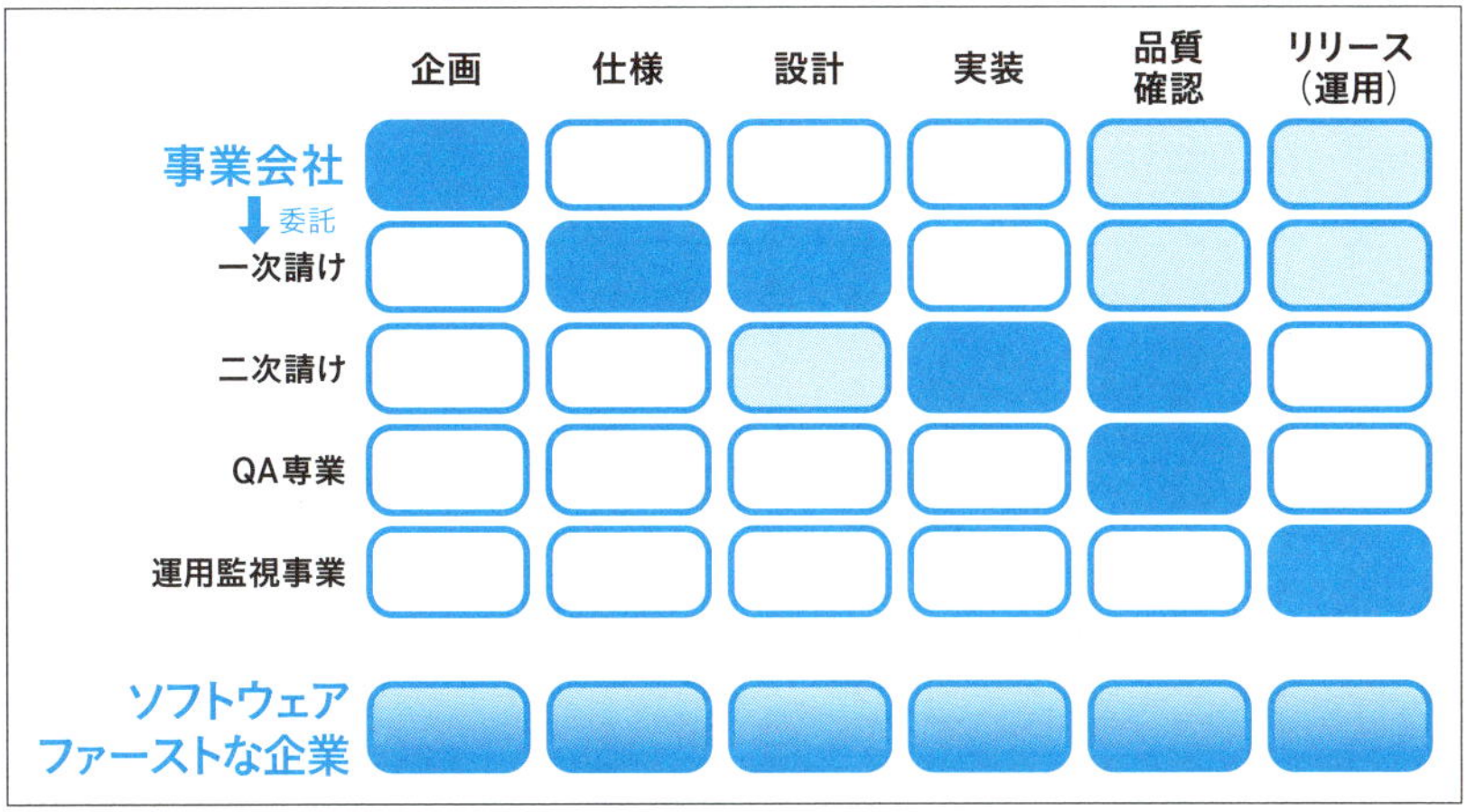

企画～リリースまでの開発工程で、色の濃い部分が主担当、薄い部分が補助的な立場になる。外部委託では各工程の主担当がバラバラだが、ソフトウェアファーストな企業は（すべてを内製するかはさておき）全工程を一貫して主導する

は、二次請け・サブコントラクターと呼ばれる開発会社が担当します。さらに、ＱＡ（品質確認）や運用は、その部分だけを請け負う専業ベンダーが担当することもあります。

　この構図は、それぞれの会社がシステム開発で何を重視しているかを表しています。逆に言うと、どの仕事に価値がない（自社で対応しなくてもいいような、誰でもできる仕事）と考えているかが見えてきます。つまり、事業会社や一次請け企業は、図の左側にある上流工程から、右側の下流工程に向かって重要度が下がるのです。しかし、この考えは間違いです。実装の差がプロダクトの機能や性能の差に現れてくる以上、それほどまでに大事なタスクを外部に出すことはあり得ません。

内製化への疑問と対処法

外部依存の問題を認識し始めている事業会社は年々増えています。ただ、そのような企業でも、実装を行うエンジニアリング組織を新設することに二の足を踏んでいるケースは少なくありません。その理由を知り、対処法を考えてみましょう。

価値低下

その理由の1つに、今後ソフトウェアエンジニアの価値が下がるのではないか、例えば、ＡＩがエンジニアの仕事を奪うのではないかという懸念があります。

確かに近年、ＡＩによってプログラムが自動生成される技術が進化しつつあります。生成ＡＩの登場により、その潮流は加速しています。しかし、ソフトウェア開発の本質的な部分である顧客理解、顧客の課題抽出、そして、その課題に対する最適な解決策の具現化において、人間が果たす役割がなくなることはありません。

4章で説明したように、実装（プログラミング）作業が人間の自然な思考やコミュニケーションに近づき、作業が楽になっているのは事実です。しかし、コンピューターという機械に対して指示をするという本質的な作業自体は変わりません。

また、少なくとも当面の間は、ＡＩによって自動化できる範囲には制限があります。例えば、「プログラムを自動生成するＡＩ」を自動生成するＡＩは現時点でも存在していません。また、倫理的な観点からも、完全にすべてをＡＩに任せることができない領域も多く残るでしょう。ＡＩだけですべてを完結することは極めて困難だと思われます。

ＡＩによって仕事を奪われるエンジニアが出ないとは言いません。より少ないエンジニアで事足りる場合も出てくるかもしれません。ただ、それはもともと付加価値に乏しい「機械（コンピューター）の言葉」に単に翻訳するだけの仕事をしていた場合です。言うならば、奪われるような仕事しかしてこなかった人が真っ先に失職していくだけです。

このような状況を考慮すれば、優れたエンジニアの価値は依然として高く、ＡＩの進化によってその価値が大きく下がることはないと言えるでしょう。エンジニアは、複雑で困難な課題を解決するスキルと洞察力を持ち続ける限り、その重要性を失うことはありません。

人材不足

ここ数年、エンジニアの採用難が続いています。少子高齢化の影響もあり、情報処理・通信技術者の求人倍率は他職種に比べても非常に高い水準で推移しています。年収が数千万円クラスのエンジニアがざらにいるシリコンバレーほどではないにせよ、国内でも優秀なエンジニアの採用にはそれなりの給与額の提示が必要です。テクノロジー企業に比べてソフトウェア開発の実績が乏しい事業会社にしてみれば、そもそも何を売り文句に採用すればいいのか分からないことも多いでしょう。

企業が「エンジニアが採用できないのではないか」と懸念する理由の1つに、このように高い報酬を支払わなければならないというプレッシャーがあります。確かに、高い能力を持つ人材に高い報酬で報いるのは当然のことです。争奪戦の激しいエンジニアであれば、自社内の給与水準が相場と釣り合っていない場合、そもそもの給与テーブルを改めるなどの対応が必要でしょう。しかし、高い報酬を支払えばエンジニアが集まるというわけではありません。好奇心を惹くような開発テーマや事業目標でなければ、エンジニアの関心は別の興味深いプロジェクトに向いてしまうからです。チャレンジを好むエンジニアは少なからず、手が届きそうで届かない目標を達成することに情熱を燃やします。

もう1つ、エンジニアが働きやすい環境づくりも大切です。エンジニアの好奇心をくすぐるような開発テーマを掲げながら、この章で後述する組織・制度づくりをきちんと進めていけば、仮に業界トップクラスの報酬が支払えなくても関心を持ってくれるエンジニアが出てくるでしょう。このように、企業がエンジニアを採用できるかどうかは、報酬だけでなく、魅力的なプロジェクトと働きやすい環境を提供できるかどうかにかかっています。

雇用維持

エンジニアの雇用維持に対しての懸念もよく聞きます。「プロダクト開発が一段落したら次はどうするのか」などです。より具体的には、「保守・運用にそれほど人手がかかるとも思えないし、続々と新規プロダクトを開発するイメージもない。いくら開発力があるエンジニアリング組織を作っても、ウチには宝の持ち腐れじゃないか」といった懸念です。このような考えから、外部委託を選ぶ企業も少なくありません。外部委託は、一種の雇用の調整弁という論理です。

しかし、雇用したエンジニアのやることがなくなってしまうかもしれないという心配は全く無用です。

もしあなたの会社がソフトウェアを使って新しい事業をスタートしたり、既存事業を大きく進化させたりしたならば、ソフトウェアエンジニアがやるべき仕事は次から次へと出てくるでしょう。現代のプロダクト開発は作ったら終わりというものではなく、継続的な改善によってサービスの質を高めていかなければならないからです。

もしエンジニアが必要となる仕事が出てこなかったならば、その会社は潰れると言っても過言ではありません。少なくともデジタル関連の事業は育たないでしょう。雇用の心配をする前に、自社の将来を心配するべきです。そもそも、本当に優秀なエンジニアならば、ある程度好き勝手させておいても自らプロダクトを生み出したり、事業を進化させるための提案を技術サイドから行うものです。

マネジメント不足

エンジニアのマネジメントに対する懸念もよく聞かれます。「どんなエンジニアを採用すべきかが分からないし、採用したエンジニアをどのようにマネジメントすればいいかも分からない」といったものです。セールスや間接部門に在籍する社員と同じ基準で選んでもいいのか、また、ソフトウェア開発経験が乏しい、場合によっては全くないという上司がエンジニアの能力を正しく評価して育てることができるのか、といった懸念もあります。

この悩みは至極真っ当で、エンジニア組織のマネジメントはソフトウェア開発の経験者に任せるのが理想です。もし社内にこうした経験を持っている人がいれば、積極的に登用するべきでしょう。ただ、適任者が1人もいない場合でも、技術が分かる人に外部顧問やアドバイザーのような形でサポートしてもらうなど、いくつか方法はあります。思考停止して「ウチにはできない」と決めつけるのではなく、柔軟に対策を講じることが重要です。ＩＴ以外の新規事業に参入する時には、経験者を採用したり、外部の識者にサポートしてもらうなどの手を打ってきたはずです。なぜ、他の新規事業ではやることをソフトウェア開発ではやらないのでしょう。

ただし、ソフトウェア開発に必要な環境や組織文化が整っていないにもかかわらず、マネジメント人材だけを確保し、後はすべて任せて結果を待つというやり方は得策ではありません。異文化の中で新しい文化を根付かせるためには、経営陣や事業責任者の後ろ盾が必須です。エンジニアリング組織のマネジメント体制については後述します。

アウトソーシングの意義

ここまで内製開発（インソーシング）の重要性について述べてきましたが、その対義語とも言えるアウトソーシングについても、その意義を捉え直す必要があります。そもそもアウトソーシングとは、自社がコア業務（コアコンピタンス）としないタスクについて、主にコスト削減を目的として外部に委託することを指すことだということを再認識しましょう。これにはＩＴ以外でアウトソーシングすることを考えてみると良いでしょう。

例えば、製造業では部品の製造を外部のサプライヤーに委託したり、物流業務を専門の物流会社に任せたりすることがあります。これらの業務は、自社にとってのコア業務ではないため、外部に委託することで効率的に運営できるのです。何をコア業務とするかは、同じ業界であっても企業によって異なります。

アウトソースする際には、委託先に依存し過ぎないことと、委託する業務のコントロールを保持することに気を付けます。具体的には、以下のような注意点が挙げられます。

- **丸投げを避ける**：重要な意思決定や戦略は自社内で行い、外部に依頼する業務の範囲や内容を明確にする。
- **ロックインを防ぐ**：委託先に依存し過ぎず、自社での巻き取りや他の委託先への変更が容易にできるようにする。
- **定期的な評価と監視を怠らない**：委託先のパフォーマンスを定期的に評価し、必要に応じて改善を求める。

このように、アウトソーシングを適切に活用するためには、その目的と方法をしっかりと理解し、適切に管理することが重要です。ソフトウェア開発をアウトソースするということは、それはコア業務ではないと判断しているのと同義です。自社の事業を見つめ直し、本当にそう判断して良いのか考えてください。

外部委託が適しているケース

以上のように、現代のソフトウェア開発において内製化は不可欠です。しかし、本当に100％内製化するのが理想なのでしょうか？ 実際には、ある条件の下で外部の開発会社を利用したり、自社で開発しないケースも存在します。以下の5つの場合がその代表例です。

1. 誰が作っても差異のないソフトウェアの場合

プロダクト開発には、サービスの主要部分以外で、決められた手順で（例えば使用しているフレームワークの手法に沿って）作れば良いという比較的技術難易度の低い開発が混在しています。開発したソフトウェアが業界標準や国際標準規格に準拠しているかをチェックする工程なども同様です。コストが見合うのであれば、外部に委託しても問題になることはないでしょう。

2. 開発上必要だが一度しか使わないソフトウェアの場合

例えば連携する2つのモジュールを並行して開発する場合、双方の開発が終わるまで連携テストを行えないというのはあまり合理的ではありません。どちらかが先行して開発にメドがついた場合、連携テストをしたいモジュールとほぼ同じ動きをする、簡易的なダミープログラムを作ってテストしておけば、本番の連携テストまでの時間を有効に使うことができます。こうした用途に使われるダミープログラムが本番で使われることはないので、1と同様、外部に委託しても差し支えないでしょう。また、ある期間だけ必要となるもの、例えば、キャンペーン期間中しか使わない機能などもこのような例となります。

3. オープンソースソフトウェア（OSS）を活用する場合

昨今のソフトウェア開発ではOSSを利用することが増えています。ネット企業はもちろん、エンタープライズプロダクトもOSSを使うケースが増えています。2章でも少し触れたように、これは外部調達と変わりありません。ただし、ネット企業のOSS活用と、日本企業の多くに見られる外部リソースへの丸投げは意味が違います。ポイントは自社が制御権を保持しているかどうかです。

4. 特定の専門知識が必要な場合

特殊な技術や新しい技術を導入する際には、特定の専門知識が必要です。このような場合には、外部の専門家や専門企業の力を借りることで、プロジェクトをスムーズに進めることができます。外部リソースの活用により、自社では持ち得ない高度な専門知識を得ることができます。

5. 短期間で大規模なリソースが必要な場合

こうしたプロジェクトでは、外部リソースを活用することで効率を高めることができます。特に、急な需要増加や特定のプロジェクトのために一時的に多大なリソースが必要な場合、外部リソースを利用することで柔軟に対応できます。

こうしたことから、内製化が理想的とはいえ、状況によっては外部リソースを活用することも視野に入れておくべきです。各ケースに応じて柔軟に対応することが、成功するソフトウェア開発の鍵となります。

先に挙げたOSSの活用については、米国テクノロジー企業の事例を簡単に紹介しましょう。グーグルやマイクロソフトなどの企業はOSSを活用する際、オープンソースプロジェクトへの貢献も併せて実施しています。

例えば、グーグルのクロームブラウザは2008年にリリースされましたが、当初はアップルが主導するOSSのウェブキットを採用していました。ウェブキットは、ウェブページの表示やウェブアプリケーションの実行を制御するためのエンジン（中核ソフトウェア）のような存在です。クロームのリリースと同時に、グーグルはウェブキットへの貢献を開始し、自社が必要とする機能の開発を進めました。その後、2013年に方向性の違いによりウェブキットから分岐（フォーク）する形で、ブリンクという新しいプロジェクトを立ち上げました。ブリンクもウェブキットと同様のエンジンですが、グーグルのニーズに合わせた改良が加えられています。ウェブキットもブリンクもグーグルが自ら積極的に貢献をしたものであり、OSSの成果を一方的に取り入れたというものではありません。

外部依存する際の注意点

このように、自社で開発しない場合でも、OSSを単に利用するだけでなく、積極的に貢献することで、プロジェクトの方向性に影響を与え、自社のニーズに合った形でOSSを活用しているのです。これは、制御権を保持した状態であり、一種の手の内化と言えるでしょう。

外部パートナーへの丸投げで足りないのはこの部分です。自社でできないタスクを外部に委託する場合、将来的に自社で対応できる可能性を考慮しなければなりません。例えば、A社に委託した場合、その会社に依存することになります。A社への委託がうまくいかなければ、そのタスクを自社で引き取るか、他の会社に再委託する必要がありますが、そもそも自社で制御できていないければ、そのような選択が難しくなります。

筆者の知人がある大企業のシステム開発にかかわった際、まさにこの問題に直面しました。有名ベンダーが開発したシステムには、そのベンダーの事業戦略上必要とされる特定のプロプライエタリな技術が使われていました。しかし、その技術は当該ベンダーのエンジニアしか扱えないため、機能変更には多大なコストと時間がかかりました。その後、同じシステムをOSSで再構築したところ、コストは劇的に低減し、改修も迅速に行えるようになりました。

このように、リソースが不足しているからと安易に外部委託するのではなく、そのリスクを慎重に検討することが求められます。事業やプロダクトの内容、開発フェーズによって、外部委託可能な領域は異なります。重要なのは、100％内製を目指すことではなく、制御権を保持することです。制御権を持つとは、何を作るか、どのような技術を使うかを決定し、開発全体を指揮することを意味します。すでに説明したように、設計作業は実装と切り離せないため、実装に全く関与せずに設計だけを行うことは不可能です。

現在、SIerやITベンダーに依存している企業は、この問題を解決しない限り、同じ過ちを繰り返します。採用技術の妥当性を判断できず、請求されるコストの相場も分からないため、ベンダーの言いなりになっている企業は多いでしょう。自社で引き取れないということは、作成したその日から負債を抱えているようなものです。

また、短期間で大規模なリソースが必要な場合も注意が必要です。短期のつもりが長期になったり、自社の目が行き届かなくなったりしては、結局他社依存が高まるだけです。

すでに外部に委託している場合の対処法

すでにソフトウェア開発を外部に委託してしまっているケースも多いでしょう。そのような企業が内製化に舵を切る場合、以下のステップを考慮すると良いでしょう。

まず、外部パートナーに委託している事業の振り返りを行います。これには、指標に基づいて事業の現状を評価し、その要因を分析することも含まれます。具体的には、プロダクトが目標とする成果の達成度、顧客からのフィードバック、売上や利用者数の推移などを評価します。成功している場合も失敗している場合も、その具体的な理由を挙げていきます。

次に、その成否の理由を詳しく分析します。成功している場合はその要因を特定し、失敗している場合には問題の根源を明確にします。ここでは、プロダクトの設計、マーケティング、顧客サポート、開発プロセスなど、あらゆる側面を含めて検討します。

さらに、プロダクトの成否に外部パートナーがどのようにかかわっているかを評価します。外部パートナーの貢献度や提供するサービスの質、対応速度や柔軟性などを確認し、外部パートナーがプロダクトの成功または失敗にどのように影響しているかを明らかにします。これにより外部パートナーへの依存度の評価が決まります。

ここまでで、外部パートナーへの委託を見直す必要があるか否かが分かります。

外部委託先を改めて評価し対処する

外部パートナーを見直す場合には、そのパートナーを選定した本来の理由を確認しましょう。当時の期待や背景を振り返り、その選定理由が現在でも妥当かどうかを評価します。選定当初に持っていた期待に対して、現在どの程度応えているのかも検証します。

外部パートナーの評価は、品質、コスト、スケジュールの観点から行うのが一般的です。しかし、それだけでなく、実際に何を作るのか、その企画や設計は誰が担当していたのかを明確にし、外部パートナーの関与度合いを評価することも忘れないようにしましょう。

さらに、現在のＤＸやソフトウェアファーストの状況を考慮した上で、理想とする外部パートナーの要件を明確にします。この要件に照らし合わせて、現在の外部パートナーが最適であるかどうかを評価します。

また、外部パートナーが自社をロックインしようとする意図が見受けられないかも注意深く確認します。ソフトウェアファーストはすべての工程において制御権を持つことを目指しますが、外部パートナー側にロックインの意図がある場合、自立を目指す顧客とは相容れません。

このような評価を基に、外部パートナーのパフォーマンスが現在のビジネスニーズや将来の戦略に適しているかを判断し、必要に応じて見直しを行います。

もし外部パートナーとの関係性を見直す必要があると判断した場合でも、取り得る選択肢は2つあります。委託先の変更と内製化です。内製化に進む前に、その必要性と範囲を特定しましょう。

内製化を進めるとしても、すべてを対象とする必要はなく、特に内製化が効果的な領域を特定することが大切です。

内製化を積極的に検討すべき領域は、次の通りです。

まず、コアビジネスに直結する領域。この領域は、自社の競争優位性を確保し、迅速な対応が求められます。また、コアビジネスに直結はしないものの将来にわたって自社で必要とされる技術や知識が求められる開発プロジェクトも内製化が望ましいです。外部に依頼するよりも、自社内で専門性を高めることで、長期的な技術力の向上が期待できます。

さらに、素早いフィードバックやイテレーションが必要なプロジェクトも内製化を検討すべきです。顧客の要望や市場の変化に迅速に対応するためには、開発チームが密接に連携し、迅速にプロトタイプを繰り返し改善していくことが重要です。

次に、内製化計画の策定に移ります。内製化に向けた詳細な計画を立てる際には、以下の要素を含めると良いでしょう。

まず、内製化する範囲とその優先順位を明確にします。すべてを一度に内製化するのではなく、重要な領域から順に取り組むことで、リスクを最小限に抑えつつ、効果的に内製化を進めることができます。

続いて、必要なリソースを特定します。内製化に必要な人材、技術、インフラなどを具体的に洗い出し、それらをどのように確保するかを計画します。これには、新たな採用や既存スタッフのスキルアップ、必要な技術の導入などが含まれます。

また、内製化にかかるコストと予算を算出します。内製化には初期投資が必要ですが、長期的には外部委託に比べてコスト削減が期待できる場合もあります。これを踏まえて、内製化に必要な予算を計画します。

最後に、移行期間とそのスケジュールを設定します。内製化の移行は段階的に行うべきであり、そのための具体的なスケジュールを策定します。これには、各ステップの開始日と終了日、重要なマイルストーンなどを含めると良いでしょう。

以上のプロセスを通じて、内製化の必要性を適切に判断し、効果的な内製化計画を策定することができます。

大規模システム開発での指針

ソフトウェア開発は内製化が基本だと主張すると、基幹業務システムのような大規模システム開発には当てはまらないのではという意見が出てきます。確かにその通りです。そのような場合には外部の開発会社の活用が不可欠です。ここでは、内製化と外部委託を組み合わせるための具体的な指針をいくつか挙げます。

1. **専門知識を持つリソースの確保**：大規模システム開発でも全体を見通し、制御することは必要です。そのためには、プロジェクト全体を見渡せる専門知識を持つ人材を必要数確保することが重要になります。これにより、プロジェクトの進行状況や品質を常に把握できます。

2. **顧客に大きな影響を与える部分の内製化**：顧客に直接大きな影響を与える機能や、頻繁な検証や改良が必要な領域については、内製することで迅速な対応が可能になります。顧客のニーズに即座に応えることができ、競争力を維持できます。

3. **ノウハウの保持**：外部委託する場合でも、プロジェクト管理や技術的な意思決定は自社で行い、ノウハウが外部に流出しないようにします。これにより、将来的な保守や改良を自社で行ったり、他社に置き換える選択肢を確保することができ、外部への依存度を下げることが可能となります。

4. **最新技術やベストプラクティスの導入**：ソフトウェアファーストを推進するためには、最新の技術や開発手法を積極的に検討しましょう。うまくいけば、効率的な開発プロセスを構築し、競争力を高めることができます。

システムの内製化では、1989年に設立されたホームセンター業界の大手カインズの事例が参考になるでしょう【編注1】。

カインズは、2018年にIT小売業宣言を行い、デジタルシフトを推進しました。翌2019年からは、人材採用と組織づくりをスタート。埼玉県本庄市の本社とは別に、東京の表参道にオフィスを開設し、IT人材の確保と働きやすい環境の整備に注力しました。アジャイル開発手法を採用し、顧客の

編注1　https://magazine.cainz.com/article/28204

ニーズに迅速に応える体制を整えた結果、顧客満足度が向上し、売上も増加しました。

具体的な取り組みは多岐にわたります。売り場案内ロボットの導入、従業員向けの売場・在庫検索アプリの導入、ユーザー向けアプリの機能追加（店舗受取サービス、マイストアでの在庫確認と売場ＭＡＰ表示など）、24時間店外ロッカーの設置、店舗に併設されたドッグランのネット予約サービス、ＥＣサイトでの抽選機能の導入など、デジタル施策を幅広く展開しています。

強い開発組織を支える人材

本節では、ソフトウェアファースト型組織で必要な人材について考えます。

ソフトウェアファーストでは、ソフトウェアを活用する事業のすべてのプロセスを自分たちで制御することが求められます。これには企画、開発、UX設計などが含まれます。しかし、どの分野も複雑化・高度化する中、全分野に通じた専門家になることは困難です。そのため、組織構成を考えた場合は、ジェネラリストではなく、各分野に特化したスペシャリストを登用することが重要になります。

ジョブ型雇用を理解する

このアプローチは、日本でも普及しつつあるジョブ型雇用と呼ばれる人事制度です。たとえ企業が正式にジョブ型雇用を採用していなくても、個人の希望や適性を無視した配置は避けるべきです。少なくとも、ソフトウェアファーストを推進するためのチームは専門職によって構成し、ジョブ型雇用に近い運用を行うべきです。

ジョブ型雇用に対して、決められた仕事しかしない人が増え、隣に困っている人がいても気にしないような組織になるという懸念を持つ人がいます。しかし、筆者がいた組織では、そのようなことはありませんでした。この懸念については、チームスポーツにおける各プレーヤーの役割と同じように考えると良いでしょう。

例えば、野球。守備中なら、自分の守備範囲を超えた場合でも、勝つためにはボールを追います。サッカーでも、自分のポジションがオフェンス（攻撃）であっても、ディフェンス（守備）を一切しないプレーヤーは登用されないでしょう。チームの目的（勝利）のためには、必要に応じて主な役割を超えて動くことが欠かせないのです。各プレーヤーが専門家としての自分の役割をしっかり果たし、その上で範囲を超えて貢献する――これがジョブ型雇用の理想的な組織形態と言えるでしょう。

IPA DSSの内容を知る

ソフトウェアファーストな組織には、どのような職種（ジョブ）が必要でしょうか。3章でも紹介した情報処理推進機構（IPA）のデジタルスキル標準（DSS）を見てみましょう。

DSSには、全ビジネスパーソンを対象としたデジタル技術の基礎知識とスキルを定義したDXリテラシー標準（DSS－L）と、DXを推進するための専門的なスキルであるDX推進スキル標準（DSS－P）の2つがあります。

ＤＳＳ－Ｐでは、日本企業がＤＸを推進するために必要な人材のうち、主な人材を次の５つの「人材類型」に区分して定義しています。この人材類型は職種と同義ではありません。むしろ役割に近く、実務では営業職が特定の人材類型の役割を担うことも想定されています。

1. **ビジネスアーキテクト**：ＤＸの取り組みにおいて、目的設定から導入、導入後の効果検証までを、関係者をコーディネートしながら一貫して推進する役割を担います。新規事業開発、既存事業の高度化、社内業務の効率化など、幅広い領域で活躍します。
2. **デザイナー**：ビジネスの視点や顧客・ユーザーの視点を総合的に捉え、製品やサービスの方針や開発プロセスを策定します。そして、それに沿った製品やサービスのデザインを担当します。顧客体験を重視した製品・サービスの提供に欠かせない存在です。
3. **データサイエンティスト**：ＤＸの推進において、データを活用した業務変革や新規ビジネスの実現を目指します。データの収集・解析の仕組みを設計・実装・運用し、データドリブンな意思決定を支援します。
4. **ソフトウェアエンジニア**：ＤＸの推進において、デジタル技術を活用した製品やサービスを提供するためのシステムやソフトウェアの設計・実装・運用を担当します。技術的な基盤を築き、持続的な開発を支える重要な役割を果たします。
5. **サイバーセキュリティ（スペシャリスト）**：デジタル環境におけるサイバーセキュリティリスクの影響を抑制する対策を担います。業務プロセスを支えるシステムの安全性を確保し、組織の信頼性

図5-2：DX推進スキル標準（DSS-P）の概要

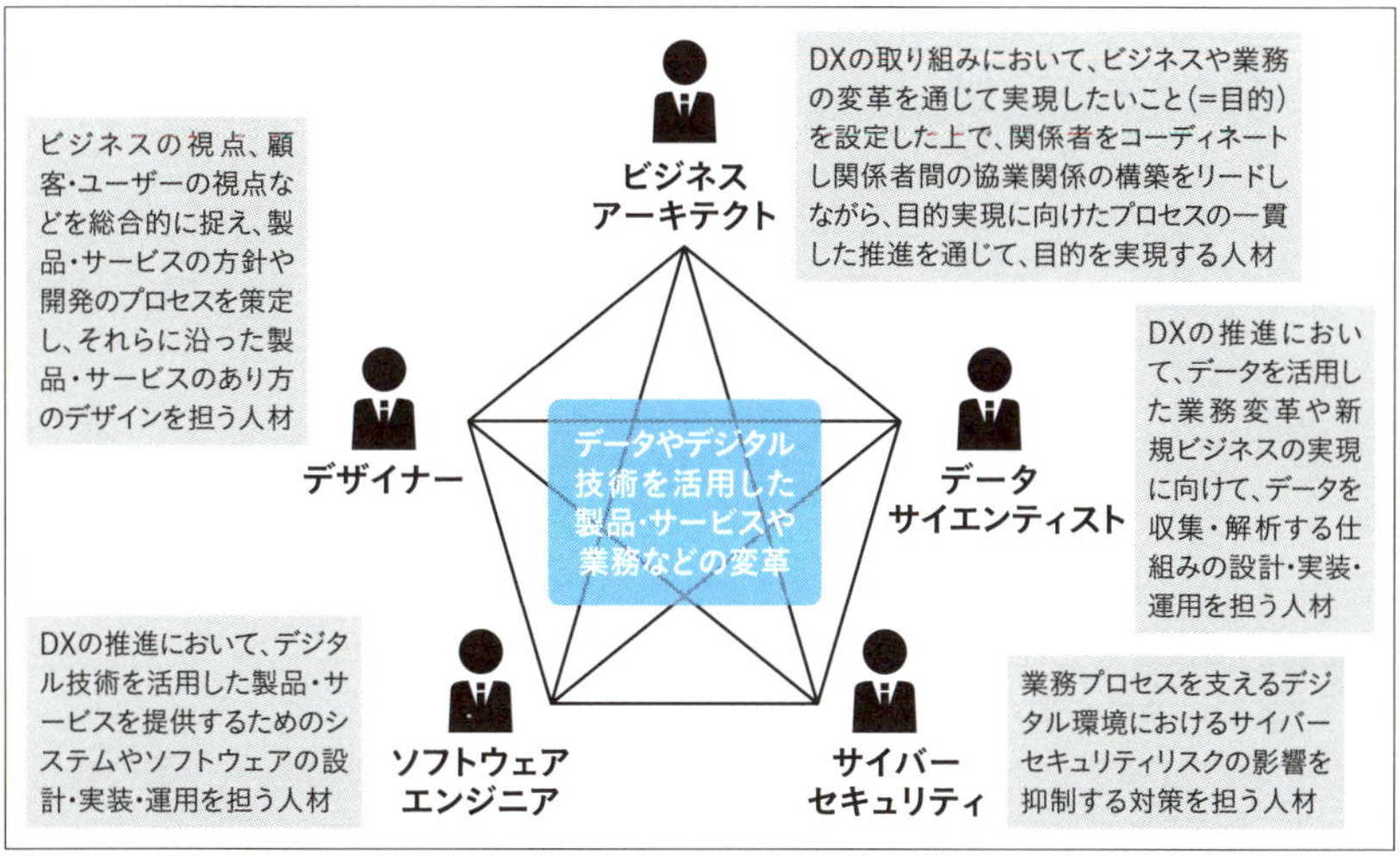

出典：https://www.ipa.go.jp/jinzai/skill-standard/dss/about_dss-p.htmlを元に作成

を維持します。

筆者は、ソフトウェアファーストを推進する人材は、専門職であることが望ましいと考えます。そのため、ＩＰＡの考える類型の柔軟性および日本企業への適用可能性は評価するものの、可能な限り専門職としての採用や登用、そして育成を目指してほしいと考えています。

なぜ専門職が望ましいのでしょう？　まず、業務の専門化が挙げられます。ＤＳＳにおけるサイバーセキュリティスペシャリストやソフトウェアエンジニアなどは分かりやすい例でしょう。

日本企業も大規模かつ高度なサイバー攻撃を受けることが増えています。もはや素人の手に負えるレベルではなく、外部の専門家の支援に加え、社内でもサイバーセキュリティのスペシャリストを擁することが不可欠です。

さらに、経営陣にもＣＩＳＯ（Chief Information

デザイナー		データサイエンティスト			ソフトウェアエンジニア				サイバーセキュリティ	
UX／UIデザイナー	グラフィックデザイナー	データビジネスストラテジスト	データビジネスプロフェッショナル	データエンジニア	フロントエンドエンジニア	バックエンドエンジニア	クラウドエンジニア／SRE	フィジカルコンピューティングエンジニア	サイバーセキュリティマネジャー	サイバーセキュリティエンジニア
⋮							⋮	⋮	⋮	⋮

全人材類型に共通の「共通スキルリスト」から各ロールに必要なスキルを定義

Security Officer、最高情報セキュリティ責任者）を配置する必要があります。CISOは企業全体の情報セキュリティを統括し、戦略的なセキュリティ対策を講じる役割を果たします。

同様に、ソフトウェアの進化は非常に早く、最新技術を駆使して顧客のニーズに応えるためには、専門的な知識とスキルが必要です。従って、他の業務と兼務でソフトウェアエンジニアとしての職務をこなすことは現実的ではありません。競争力を維持するには、専任のソフトウェアエンジニアが存在し、常に最新の技術を学び続けることが不可欠です。

同じくデータサイエンティストも専門職としての重要性が強調されるべきです。数学が得意な社員なら任せられると考えるかもしれませんが、それは間違いです。データサイエンティストの役割は、データの種類や量が増える中でますます複雑化しており、最新技術の知識が不可

図5-3:「DX推進スキル標準」の全体図

人材類型			ビジネスアーキテクト			
ロール（DXの推進において担う責任、主な業務、必要なスキルにより定義）			ビジネスアーキテクト（新規事業開発）	ビジネスアーキテクト（既存事業の高度化）	ビジネスアーキテクト（社内業務の高度化効率化）	サービスデザイナー
共通スキルリスト	ビジネスイノベーション	スキル項目…	各ロールに必要なスキル	…	…	…
	データ活用	スキル項目…				
	テクノロジー	スキル項目…				
	セキュリティ	スキル項目…				
	パーソナルスキル	スキル項目…				

出典：https://www.ipa.go.jp/pressrelease/2022/press20221221.htmlを元に作成

欠です。データの解析や予測モデルの構築には、高度なスキルと専門知識が必要で、継続的な学習と経験が求められます。

デザイナーが専門職であることは自明でしょう。しかし、ここで言うデザイナーは単に視覚に訴えるデザインを考えるだけではなく、顧客理解も含みます。顧客理解は、顧客に常に向き合っている営業なら担えると考えるかもしれませんが、それは誤解です。顧客さえも気付いていない課題を引き出すには、高度なスキルが必要です。

ビジネスアーキテクト、いわゆるプロダクトマネジャーは、他の類型と比較して兼務が可能であると最も誤解されやすい類型です。しかし、ビジネスアーキテクトも他の類型と同様に高度なスキルを必要とします。顧客のニーズを深く理解し、ビジネス戦略を設計し、プロジェクトを推進するには、専門的な知識と経験が不可欠です。プロダクトの成功は、ビジネスアーキテクトの能力に大きく依存すると言っても過言ではなく、この職種も専門職としての重要性を認識しなければなりません。

ソフトウェアファーストを実践するために専門職が必要なもう1つの理由は、兼務することで現業（本業）を優先することを本人も周囲も期待してしまう可能性があるからです。例えば、営業がビジネスアーキテクトを兼務する場合を考えると分かりやすいでしょう。営業は売上を立てて伸ばすことが本務です。人事評価においても営業成績をメインで見られることが多く、それを差し置いてビジネスアーキテクトの仕事を優先させることは難しいのです。

さらに、新しい仕事はすぐには成果を出しにくいことが多く、現業であれば慣れていることもあり、努力すればそれなりの成果を出せます。そのため兼務の場合、成果を出すことを急ぐあまり本業を優先させてしまうことが多いのです。特にビジネスアーキテクトの役割は、課題分析をしてもそれが実際の事業成果として反映されるまでに時間がかかり、一度行った分析を再度行うことも珍しくありません。ソフトウェアファーストを推進するには、専門職として退路を断つような決断が必要です。

外部から専門職を採用する場合も同様に、専門職での募集が望ましいでしょう。例えば、ソフトウェアエンジニアやデータサイエンティストを採用する際、その募集ポジションが営業や企画職であったならば、ソフトウェア開発やデータ分析に情熱を持ち、その分野でキャリアを築きたいと考える人は応募しないでしょう。最近、日本でも認知が高まり、職種として人気も高まっているプロダクトマネジャー（つまりビジネスアーキテクト）も同じです。優秀な人材を獲得するためにも、専門職としての募集が重要です。

類型とするか、専門職とするかにおいては、筆者とIPAの考え方に違いはありますが、IPA DSSの基本的な考えはソフトウェアファーストで必要とされる人材にも適用できます。DSSでは類型ごとにロールをさらに細分化し、それぞれの類型・ロールに必要なスキルを定義しています。企業はこれらを用いて、自社に必要な人材を定義し、採用でチェックしたり、育成において教育する際のスキルを決めることができます。

ソフトウェアファーストで必要とされる職種

IPA DSSも参考にしつつ、改めてソフトウェアファーストで必要となる職種を整理してみましょう。

プロダクトマネジャー

プロダクトの責任者としてプロダクトの成功に向けてあらゆることを行う役割です。3章でも説明したように、ユーザー体験、技術、ビジネスの3領域に精通し、必要なプロダクト判断を行っていきます。このポジションは「ミニCEO」とも呼ばれることがあります。これは責任者としてさまざまな職種をまとめるところに由来しますが、時としてCEOという言葉が誤解を呼ぶことがあるので注意が必要です。

プロダクトマネジャーは、ミニCEOとは言っても、大企業のCEOではなく、スタートアップの創業者に近い存在と考えてください。創業当初は組織も小さく、もしかするとすべての職種がそろっていないかもしれない。そのため、創業者は必要となる仕事を見逃さず、メンバーの誰かに割り当てるか、外部に委託するか、自分が手を動かすかを考えなければいけません。プロダクトマネジャーが担うべき役割は、まさにこのスタートアップの創業者のように泥臭く、落穂拾いのようなものです。

プロダクトマネジャーの実態を知ってもらうために、プロダクトマネジャーの源流を探ってみましょう。プロダクトマネジャーの起源をさかのぼると、複数の業界で独立して発展してきたことが分かります。まず、1930年代にP&G（プロクター・アンド・ギャンブル）が導入した「ブランドマネジャーシステム」。このシステムでは、各ブランドに専任のマネジャーが配置され、ブランドのマーケティング戦略や製品開発を担当しました。

日本のトヨタ自動車では1950年代、主査制度（現在はチーフエンジニア制度と呼ばれる）が導入され、車両開発全体を統括する役割が設けられました【編注2】。この制度では、主査（チーフエンジニア）が顧客の視点から製品全体の品質や機能を管理し、開発プロセスをリードします。このアプローチは、顧客中心の製品開発に大きな影響を与えました。

米国では、トヨタの成功を学んだ人々がこのアプローチをソフトウェア開発にも適用しました。これにより、トヨタのチーフエンジニア制度と消費財のP&Gのブランドマネジャーの考え方が融合し、シリコンバレーで発展していきました。その中で特に重要な役割を果たしたのが、HP（ヒューレット・パッカード）です。HPで、プロダクトマネジメントの概念はさらに洗練され、ソフトウェア業界での実践につながりました。

シリコンバレーを中心としたテクノロジー企業でプロダクトマネジメントが浸透したのが、1980年代以降です。その後、アジャイル開発の普及で、プロダクトの開発プロセスが反復的かつインクリメ

編注2　https://xtech.nikkei.com/atcl/nxt/column/18/02571/090600001/

ンタル（漸進的）に進行するようになり、プロダクトマネジャーの役割がますます重要になりました。２０１０年代以降は、デザイン思考に代表される顧客のニーズを重視したプロダクト開発が普及しましたが、顧客のフィードバックを迅速に反映させる役割を担ったのも、プロダクトマネジャーでした。

現在では、データ分析や機械学習を活用したデータドリブンアプローチが主流となっています。プロダクトマネジャーは、データサイエンティストやアナリストと協力し、精度の高い意思決定を行います。

このように、プロダクトマネジャーはさまざまな業界で独自に発展し、融合しながら現在の形に至りました。しかし、その本質は変わりません。プロダクトマネジャーがミニCEOであるという考え方は、トヨタの主査制度でも同様に説明されています。『どんがら　トヨタエンジニアの反骨』（講談社）という本は、86（現GR86）やスープラのチーフエンジニアを務めた多田哲哉氏を取り上げたドキュメンタリー小説です。この中で豊田英二氏が主査について、「主査は製品の社長であり、社長は主査の助っ人である」という言葉を残していることが書かれています。まさに、プロダクトマネジャーは主査・チーフエンジニアのように、プロダクトにおいて必要な権限を移譲され、適切な意思決定をしていく役割と言えるでしょう。

典型的なプロダクトマネジャーのタスクは次の４つのフェーズに分けられます。

1．企画（アイディエーション）

このフェーズでは、次のタスクが含まれます。

・ユーザー理解：ターゲットユーザーのニーズや行動を理解し、ペルソナを設定する。

・**課題発見／抽出**：ユーザーが抱える課題を明確にし、それを解決するためのアイデアを抽出する。
・**ソリューション決定**：発見した課題に対する解決策を複数検討し、最も適切なソリューションを選定する。
・**事業計画（市場開発）**：解決策を実現するためのビジネスモデルを構築し、市場の開発計画を立てる。

2. **設計**

このフェーズでは、使い勝手を含むユーザーの体験と技術面の検討が中心です。
・**ユーザー体験**：ユーザーがプロダクトを利用する際の体験を詳細に設計する。
・**ユーザーインターフェイス（ワイヤーフレームなど）**：ユーザーインターフェイスのデザインを行い、具体的な画面設計を行う。
・**技術的妥当性の検討**：選定したソリューションが技術的に実現可能かどうかを検討し、必要な技術リソースやスキルを確認する。

3. **実装時におけるプロダクト判断**

このフェーズでは、プロダクトの品質管理と問題解決が主なタスクです。
・**品質基準設定**：プロダクトの品質基準を設定し、それに基づいたテスト計画を立てる。
・**トリアージ**：発生する問題やバグの優先度を判断し、対応すべき順序を決める。

図5-4：典型的なプロダクトマネジャーのタスク

1	2	3	4
企画 （アイディエーション）	**設計**	**実装時における プロダクト判断**	**リリースおよび その後の プロダクト判断**
●ユーザー理解 ●課題発見／抽出 ●ソリューション決定 ●事業計画（市場開発）	●ユーザー体験 ●ユーザーインターフェイス（ワイヤーフレームなど） ●技術的妥当性の検討	●品質基準設定 ●トリアージ	●Go-to-market ●グロース

4．リリースおよびその後のプロダクト判断

最終フェーズでは、市場投入と成長戦略に焦点が当たります。

・**Go-to-market**：プロダクトを市場に投入するための戦略を策定し、マーケティングや販売活動を展開する。

・**グロース**：リリース後のプロダクトの成長を促進するための施策を実行し、ユーザーからのフィードバックを元に継続的に改善を行う。

ソフトウェアエンジニア

ソフトウェアエンジニアは、プロダクトの仕様や方向性を理解し、プログラミングやその他のＩＴ技術を駆使して実際に形にする役割を担います。彼らはソフトウェアの実装フェーズで主役となり、その役割は非常に多岐にわたります。

ソフトウェアエンジニアは、フロントエンドエ

ンジニア、バックエンドエンジニア、インフラエンジニア、モバイルエンジニアなど、組織やプロジェクトによってさらに専門化されることがあります。それぞれの役割について詳しく説明します。

・**フロントエンドエンジニア：**ユーザーが直接触れる部分、つまりＵＩの設計と実装を担当します。彼らは、デザイナーが作成したデザインを実際のウェブページやアプリケーションとして具現化します。また、ＵＸを最適化し、視覚的に魅力的で直感的な操作ができるようにするための重要な役割を果たします。

・**バックエンドエンジニア：**サーバーサイドのロジック、データベース管理、アプリケーションの中核となる処理を担当します。彼らは、ウェブサービスの設計と実装、データベースの設計と最適化、セキュリティ対策などを行い、システム全体の信頼性とパフォーマンスを確保します。

・**インフラエンジニア：**システムの基盤となるインフラストラクチャの設計、構築、運用を担当します。クラウドサービスの利用、ネットワークの設計と管理、サーバーの設定と運用監視などを行い、システムの可用性とスケーラビリティを確保します。また、開発と運用の効率化と連携強化を図るために、ＤｅｖＯｐｓの実践を行います。

・**モバイルエンジニア：**スマートフォンやタブレット向けのアプリケーションの設計と実装を担当します。モバイル環境に最適化されたソリューションを提供し、ユーザーの行動やフィードバックを基にアプリを継続的に改善し、ユーザー満足度の向上を目指します。

こうしたソフトウェアエンジニアの役割は、単にコードを書くことに留まらず、システムの設計、性能の最適化、問題解決、継続的な改善を通じて、プロダクトの価値を最大化することです。

エンジニアリングマネジャー

エンジニアリングマネジャーは、ソフトウェア開発チームをまとめ、プロジェクトをスムーズに進行する重要な役割を担います。技術的なリーダーシップと戦略的なマネジメントスキルを併せ持ち、チームの生産性を最大化します。エンジニアリングマネジャーは、エンジニアとしての豊富な知識と経験を有していることが絶対条件で、他職種からの横滑りのような形での配置には適していません。

エンジニアリングマネジャーは、自身も技術的な貢献を行うことがありますが、主なミッションは、チーム全体の成長とプロジェクトの成功を支えることです。チームメンバーのスキルアップを支援し、プロジェクトの進行状況を常に監視し、必要なサポートを提供します。また、技術的な意思決定を行い、開発プロセスを最適化するための改善策を提案します。

さらに、エンジニアリングマネジャーは、チーム内のコミュニケーションを円滑にし、協力体制を強化する役割も担います。

エンジニアリング組織の規模が大きくなり、もう少し細かく役割分担をする場合は、エンジニアの中から「テックリード」と呼ばれる開発を技術的にリードする人を選ぶこともあります。テックリードは職種ではなく役割の1つとされることが多いので、詳しくは後ほど取り上げるエンジニアのキャリアパスで説明します。

デザイナー

デザイナーは、ソフトウェアのＵＸを設計する専門家であり、ユーザーが快適にソフトウェアを利用できるようにする役割を担っています。単に美しいインターフェイスを作るだけでなく、ユーザーのニーズを深く理解し、直感的かつ効率的な操作を実現することが求められます。

- **ユーザー調査**：ユーザーの行動やニーズを把握し、必要な機能やデザインを明確にします。
- **情報設計**：ユーザーが目的の情報に簡単にアクセスできるよう、ソフトウェアの全体構造を設計します。
- **画面設計**：ＵＩをデザインし、使いやすさと視認性を向上させます。
- **プロトタイピング**：試作品を作成し、実際に使ってもらうことでフィードバックを得て改善を繰り返します。
- **デザインガイドラインの作成**：ソフトウェア全体のデザインを統一するためのガイドラインを作成します。
- **エンジニアやプロダクトマネジャーとの連携**：デザインを実装するためにエンジニアと協力し、プロダクトの方向性を共有するためにプロダクトマネジャーと連携します。

ＱＡエンジニア

ＱＡ（品質管理）エンジニアは、ソフトウェアの品質を保証・検証する役割です。ソフトウェアが想定通りに動作し、ユーザーに提供される機能が正確かつ信頼性の高いものであることを確認します。

ＱＡエンジニアの主な役割は次の通りです。

- **テスト計画の作成と実行**：テスト対象となる機能や項目を洗い出し、計画に基づいてテストを実施します。
- **テスト結果の分析**：テストで発見された問題点を分析し、原因を特定します。
- **バグ報告と修正依頼**：問題点を報告し、エンジニアリングチームに修正を依頼します。
- **リリース前の最終確認**：ソフトウェアのリリース前に徹底的なテストを行い、品質基準を満たしていることを確認します。

ＱＡエンジニアは、手動テストだけでなく、自動化テストツールを活用して効率的にテストを実施します。また、バグ追跡システムを利用して問題を記録し、エンジニアリングチームと連携しながら問題解決に取り組みます。

ＱＡエンジニアの仕事は、ソフトウェアの品質を保証するだけでなく、ユーザーの安全を守る役割も担っています。彼らの献身的な努力によって、安心して利用できる高品質なソフトウェアが提供されているのです。

ＱＡエンジニアと一般のソフトウェアの役割において注意しなければならないのは、品質に責任を持つのはＱＡエンジニアだけではないことです。ソフトウェアエンジニアも自らの開発したソフトウェアの品質に責任を持ちます。ある機能を実装したならば、同時にその機能の動作を確認するテスト用のソフトウェアを開発することが一般的です。

データサイエンティスト

データサイエンティストは、データを活用した変革や新規ビジネスの実現を担います。データの収集・解析の仕組みを設計、実装、運用し、データに基づく意思決定を支援します。具体的な業務は次の通りです。

- **データ収集と前処理**：必要なデータをさまざまなソースから集め、分析可能な形に整える作業です。これには、データのクレンジング（データからノイズや不正確な情報を取り除き、分析に適した状態に整える作業）や統合などの作業が含まれます。
- **データ解析とモデリング**：機械学習や統計的手法を用いてデータを解析し、ビジネスの課題を解決するためのモデルを構築します。
- **結果の解釈と報告**：分析結果を分かりやすく解釈します。必要に応じて分かりやすく可視化し、定期的なレポーティングも可能とします。
- **データに基づく業務変革**：データに基づくインサイトを活用して、業務プロセスの改善や新規ビジネスの立ち上げを、プロダクトマネジャーなどとともに行います。

データサイエンティストの役割は、単なるデータ分析に留まりません。企業の戦略的な意思決定をサポートすることが求められます。そのため、統計学やプログラミングの知識に加え、ビジネスの理解やコミュニケーション能力も必要とされます。

ここで説明した職種は、あくまで筆者が一般的な開発に当てはめて職種と役割を言語化したもので、当然、企業や開発するプロダクトの性質によって細かい役割の違いはあると思います。IPA DSSで言及されているサイバーセキュリティスペシャリストについては必要な職種であるものの、ソフトウェアファースト推進に限らず、企業が経営を行う際に必須の職種であるため、ここでは割愛します。大事なのはこうした職種を置くことではなく、それぞれがきちんと役割を全うし、機能させる環境を整えることにあります。

プロダクトマネジャーとエンジニアリングマネジャーの違い

読者の中には、同じマネジャー職でも「プロダクトマネジャー」と「エンジニアリングマネジャー」は何が違うのか？と疑問に思っている方がいるかもしれません。この2つの違いも説明しておきましょう。

プロダクトマネジャーとは、プロダクトの仕様から機能開発、運用に至るまで全体の価値を高めることを職務とする「製品責任者」です。プロダクト開発は、エンジニアリング組織だけでなく法務、マーケティング、広報、営業、サポートなど多岐にわたる組織が連携しながら進んでいきます。これらを1つのプロダクトチームと見立てて、組織横断的にチームを運営していくことが求められます。

一方、エンジニアリングマネジャーは、「開発組織の責任者」です。組織に所属する各種エンジニアに業務を振り分け、進ちょくを見ていくのはもちろん、エンジニア一人ひとりの成長を支えることが重要な役割になります。

エンジニアリングマネジャーとプロダクトマネジャーの間には、時として利害の対立が生じます。例えば、プロダクトの成功を考えるプロダクトマネジャーが、あるベテランエンジニアを次期開発案件に投入することを希望したとしましょう。一方、エンジニアの成長を考えるエンジニアリングマネジャーは、若手エンジニアに担当させたいと考えるかもしれません。また、同じような技術を使って似た案件ばかりを担当させていると、このベテランエンジニアは社外に成長の機会を求めて転職してしまう可能性もあります。エンジニアリングマネジャーは、多様な環境を与え続けることも考慮しなければならないのです。思惑が食い違う場合は、プロダクトの重要性とエンジニアリング組織の中長期的な成長を天秤にかけ、両者で話し合います。

また、組織運営において、プロダクトマネジャーは人事権を持たないケースが多い一方で、エンジニアリングマネジャーは担当する組織に限定して人事権を持ちます。プロダクトマネジャーが「プロダクトの成功に責任を持つ人」なのに対し、エンジニアリングマネジャーは「成長し続ける強いエンジニアリング組織を構築すること」に責任を持つからです。これは同時に、人事権を持たないプロダクトマネジャーがチームを率いるために、強いプロダクトビジョンを持つことがより重要であることも示しています。

グーグルをはじめとするテクノロジー企業では、この2つのマネジメントポジションを明確に区別し

図5-5：プロダクトマネジャーとエンジニアリングマネジャーの組織構成

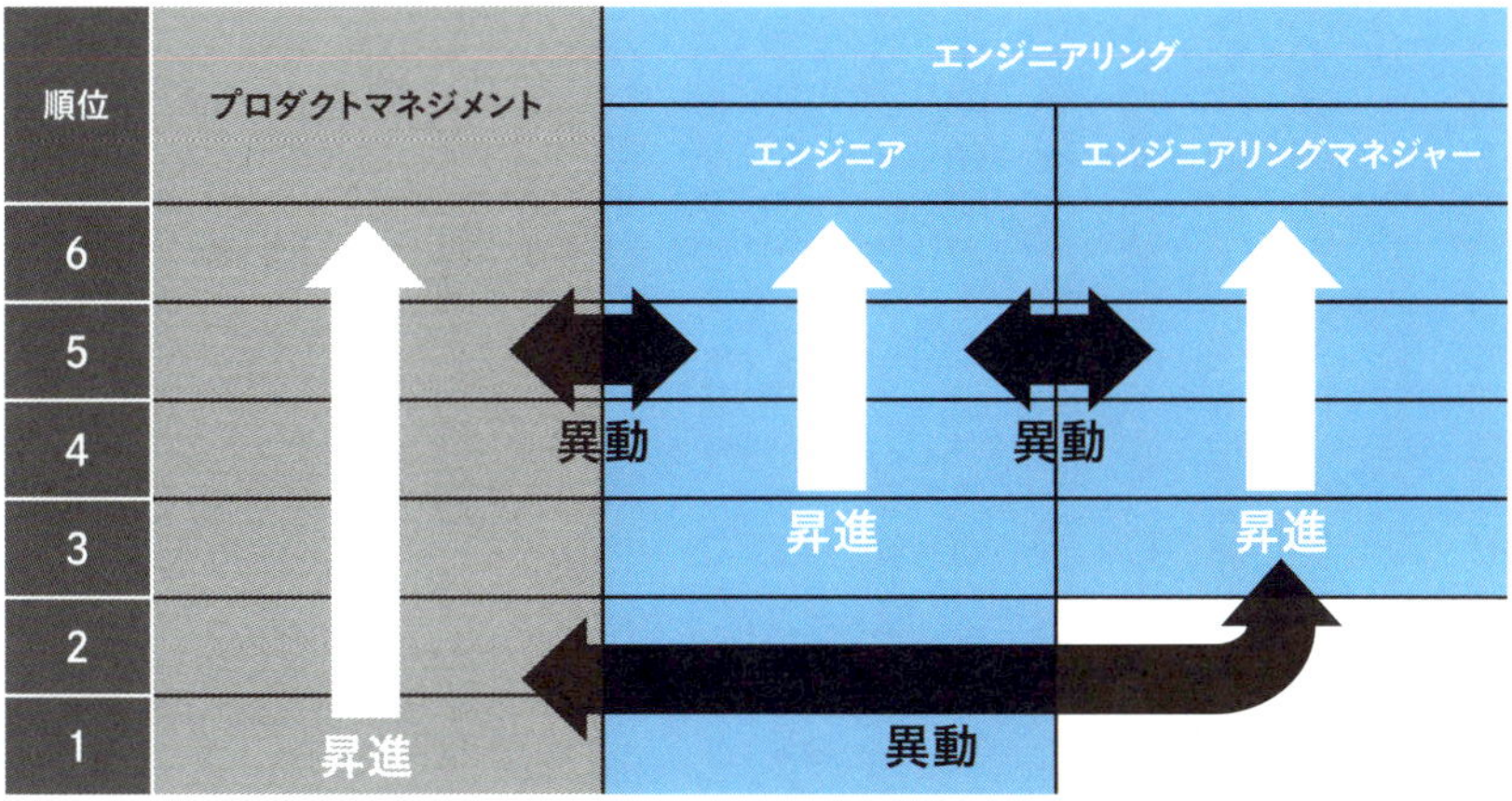

プロダクトマネジャーとエンジニアとエンジニアリングマネジャーはそれぞれ別職種として明確に規定されており、エンジニアが経験を積めば自動的にエンジニアリングマネジャーになるということはない

ています。人事的な組織構成を、図5－5に示します。ポイントは、プロダクトマネジャーはエンジニアリングの組織（ライン）とは異なる組織に属するという点です。基本的に、エンジニアが経験を積んでプロダクトマネジャーに昇進することや、プロダクトマネジャーが昇進してエンジニアリングマネジャーになることはありません。もしエンジニアからプロダクトマネジャーになるのを希望する場合は、ラインを変えて「異動」することになります。プロダクトマネジャーからエンジニアリングマネジャーへの転身も同じで、ほとんど社内転職をするような職性転換になります。これも、それぞれに求められる責務と専門性が違うということを表しています。

ただ、実際の運用は各社で異なります。あえてプロダクトマネジャーとエンジニアリングマネジャーを兼任するケースもあります。ここでの例を参考に、自社に適した職種と組織構造を考えてみてください。

AI時代に求められる能力

すでに本書でも何度か触れたように、ＡＩは急速な勢いで社会を変革しつつあります。ソフトウェアファーストを実践する職種においても、その影響は大きく、新たな能力が求められるようになっています。

例えば、ソフトウェアエンジニアには、生成ＡＩを用いた開発能力が要求されつつあります。ガートナーが毎年発表する「戦略的テクノロジのトップトレンド」の２０２４年度版【編注３】にも「ＡＩ拡張型開発」が挙がっています。これは、ソフトウェアエンジニアによるアプリケーションの設計、コーディング、テストを支援するために、生成ＡＩや機械学習などのＡＩテクノロジーが活用されるというものです。ガートナーは、「50％以上のリーダーレベルのソフトウェアエンジニアが生成ＡＩを用いたソフトウェア開発能力を期待される」と予測しています【編注４】。

他の職種も同様に、ＡＩの影響を受けています。デザイナーなら、日常的に使うデザインツールにＡＩ機能が標準搭載されるようになり、デザインプロセスが大きく変わる要因となっています。それらを使いこなすことで、生産性を高めていきます。また、ＡＩを活用して、ＵＩやＵＸの最適化を行い、デザインの効率化と品質向上を実現することが期待されます。例えば、ＡＩはユーザーの利用ログを解析してパーソナライズされたデザインを提案し、迅速にプロトタイプを作成することができます。ただ、ＡＩに創造性を丸投げしてはいけませんし、実際のところそれはできません。デザインが画一化することを

編注３　https://www.gartner.co.jp/ja/newsroom/press-releases/pr-20231114-techtrends

回避し、使用するＡＩがどのようなデータから学習しているのか、生成ＡＩによって生成されたコンテンツの商用利用が可能かどうかなどを自ら判断しなければなりません。

このように、今後はあらゆる職種でＡＩの可能性とリスクの両面を把握し、率先して活用する能力が求められます。ＡＩ時代に適応するためには、新たな技術を学び続ける姿勢と、倫理的な視点を持つことが重要です。

ＡＩ関連の開発に求められる職種

ＡＩは、既存業務の効率化や省力化だけでなく、新たな価値創造にも活用されます。むしろ企業にとって大事なのは後者であり、ここでは、ＡＩ関連の開発が求められます。

ＡＩ関連の開発は、「ＡＩ機能を内蔵する開発」と「ＡＩそのものの開発」に分類できます。前者は、ソフトウェアの一機能としてＡＩを用いるものを指します。しかし、ＡＩ機能を内蔵する開発であっても、そのＡＩがソフトウェアに最適化されている必要がある場合には、ＡＩそのものの開発も必要です。

このＡＩそのものの開発には次のような職種が必要です。

- **機械学習エンジニア：** 機械学習の手法を実装し、最適な動作をさせるための調整を担当し、ＡＩの訓練と評価を行います。また、実際の運用環境への適用も行います。
- **データエンジニア：** 大量のデータを効率的に処理し、保存する仕組みを作ります。データの流れを管

編注4　https://www.gartner.com/en/newsroom/press-releases/2023-09-30-gartner-says-more-than-50-percent-of-software-engineering-leader-roles-will-explicitly-require-oversight-of-generative-ai-by-2025

理するためのシステムを設計し、運用します。

・**リサーチサイエンティスト**：新しい手法やアプローチを研究し、最先端の技術を開発します。理論的な研究を行い、実践に役立つ知識を提供します。

・**ソフトウェアエンジニア**：ＡＩの機能を組み込み、アプリケーションやサービスとして提供します。システムの性能や拡張性を最適化します。

・**プロダクトマネジャー**：ＡＩ活用の方向性を設定し、開発チームと協力して目標を達成します。顧客のニーズや市場の要求に基づいて開発プロジェクトを指揮します。

ソフトウェアエンジニアがいるのに、別に機械学習エンジニアも必要なのかと思われた方もいるかもしれませんが、機械学習エンジニアは一般のソフトウェアエンジニアとは異なり、統計処理やデータ解析に精通している必要があります。特にデータを扱う技術やアルゴリズムの知識が重要です。データエンジニアも、ソフトウェアエンジニアとは異なり、データの分析やモデルの構築に特化しています。

また、データサイエンティストではなく、機械学習エンジニアというのが新たに登場したことにも驚かれているかもしれません。機械学習エンジニアとデータサイエンティストは異なる役割を担いますが、同じ人が両方を担当することもあります。データサイエンティストは、データの収集・解析の仕組みを設計・実装・運用し、データを活用した業務変革や新規ビジネスの実現を目指します。一方、機械学習エンジニアは、より具体的な機械学習アルゴリズムの実装とチューニングを担当します。

このように、ＡＩ関連の開発には多岐にわたる専門職が必要であり、それぞれの専門職が連携して開発を進めることが重要です。言い換えれば、各種専門職のフルセットで構成する贅沢な布陣が必要になるのです。

そのため、ここでさらに踏み込んで、自社としてはどこまで行う必要があるのか、また行えるのかも考える必要があります。最先端のＡＩの開発は、もはやリソースを大量に投入する競争の様相を呈しています。ＡＩをイチから開発するには人材はもとより、半導体などのハードウェアやデータといった多大なリソースを手に入れなければなりません。

ここで重要なのが「スケール則」という考え方です。スケール則とは、ＡＩの性能が、処理するデータ量、計算能力、そしてパラメーター数に比例して向上するという法則です。パラメーターとは、ＡＩがデータから学習する際に使う設定や調整の要素のことを指します。簡単に言えば、ＡＩが正確に機能するためには、多くのデータ、強力な計算能力、そして多くのパラメーターが必要です。これらすべてを自前で用意するのは一般企業には非現実的でしょう。例えば、大量のデータをどのように用意するのか。また、価格が高いだけでなく、お金を払っても調達できない状況に陥りがちな半導体をどのように確保するのか。さらに、最新の研究論文を読み解き、それを開発に適用できるリサーチサイエンティストや機械学習エンジニアの人件費も高騰しており、一般の日本企業では採用が困難なのが現状です。こうした背景を考慮すると、多くの企業にとってはＡＩをイチから開発するよりも、既存のＡＩ技術を活用するほうが現実的でしょう。

既存のＡＩ技術をそのまま利用するだけでなく、カスタマイズすることも有効です。カスタマイズは一見簡単に思えるかもしれませんが、実際には常に最新技術を追い、自社に適用できるかを試す優秀なエンジニアが必要です。

整理すると、多くの一般企業では、ＡＩそのものを開発する必要はなく、既存の技術をカスタマイズして利用することが現実的かつ有効な方法です。ただし、特殊なデータや業務、クラウドを利用できない環境、小型デバイスのようなエッジ環境などでは、自社でのＡＩ開発が必要となることもあります。

エイリアンとミュータントを登用する

ここまで紹介したようなソフトウェアファースト人材をどのようにして集めれば良いでしょうか。このソフトウェアファースト人材は、言うならば、変革エージェントです。変革エージェントとは、変革を推進し、組織内で変革の価値を伝える人材で、変革の波を組織全体に広げる役割も担います。

今までの社内になかった職種を作ることも必要になります。そのため、取り得るアクションは採用と登用です。

筆者が以前に対談した経営者は、このような新たな職種に向いた変革エージェントのことを「エイリアンとミュータント」とおっしゃっていて、言いえて妙だなと感心しました。変革に向けて外部から採用する人材は文字通りエイリアンで、社内で登用すべき人材は突然変異的に生まれた異端なミュータントです。

この考え方は、多様性、公平性、包摂性を指す「ＤＥＩ」の重要性とも密接に関連しています。ＤＥＩは、異なる背景や視点を持つ人々を受け入れ、公平に扱い、全員が参加しやすい環境を作ることを目指します。ソフトウェアファーストな変革を成功させるには、多様なアイデアや新しい視点が不可欠です。DEIを重視することで、従来の枠を超えた革新的なアイデアが生まれやすくなり、組織全体の変革を加速させることができます。変革エージェントとしてのエイリアンとミュータントを受け入れ、支援することは、DEIの理念を実践し、より強固で柔軟な組織を築く上で重要なステップと言えるでしょう。

一方、変革というのは過去の延長線上にはありません。ともすれば、過去を否定することになります。変革エージェントが今までとは違った動きを始めると、必ず軋轢《あつれき》が生じます。ひるまず変革を進め続けるためにも、経営陣のサポートは不可欠です。経営陣まで日和ってしまわないように強い覚悟を持ち、その覚悟に応える異能集団を構築するのです。

それと同時に、精神論だけでなく、立ち返るべき原理原則を新たに用意する必要があります。企業理念やミッションがあるならば、それに立ち戻りつつ、新たな変革に向けての理念を再定義します。変革エージェントも好き勝手に現状を否定するのではなく、新たな理念を判断軸としなければいけません。

人材採用と育成はどうすべきか

本節では、ソフトウェアファースト人材をどのように採用し、育成するかを組織面から考えてみましょう。まずは人材採用についてです。ジョブディスクリプション（職務記述書）の作成は、人材採用において重要なステップです。適切なジョブディスクリプションは、求める人材のスキルや経験を明確にし、企業のニーズと候補者の期待を一致させる役割を果たします。ここではジョブディスクリプションを作成する際のポイントについて説明します。その後、具体的な作成手順を見ていきましょう。

自社に合ったジョブディスクリプションを作る

ジョブディスクリプションとは、企業が求職時や人事評価に使用する職務記述書です。あらゆる職種で作成され、求める職務内容から遂行に必要なスキル、経験などが詳細に記されます。それゆえ求人票と似

図5-6：自社にあったジョブディスクリプションを作成する

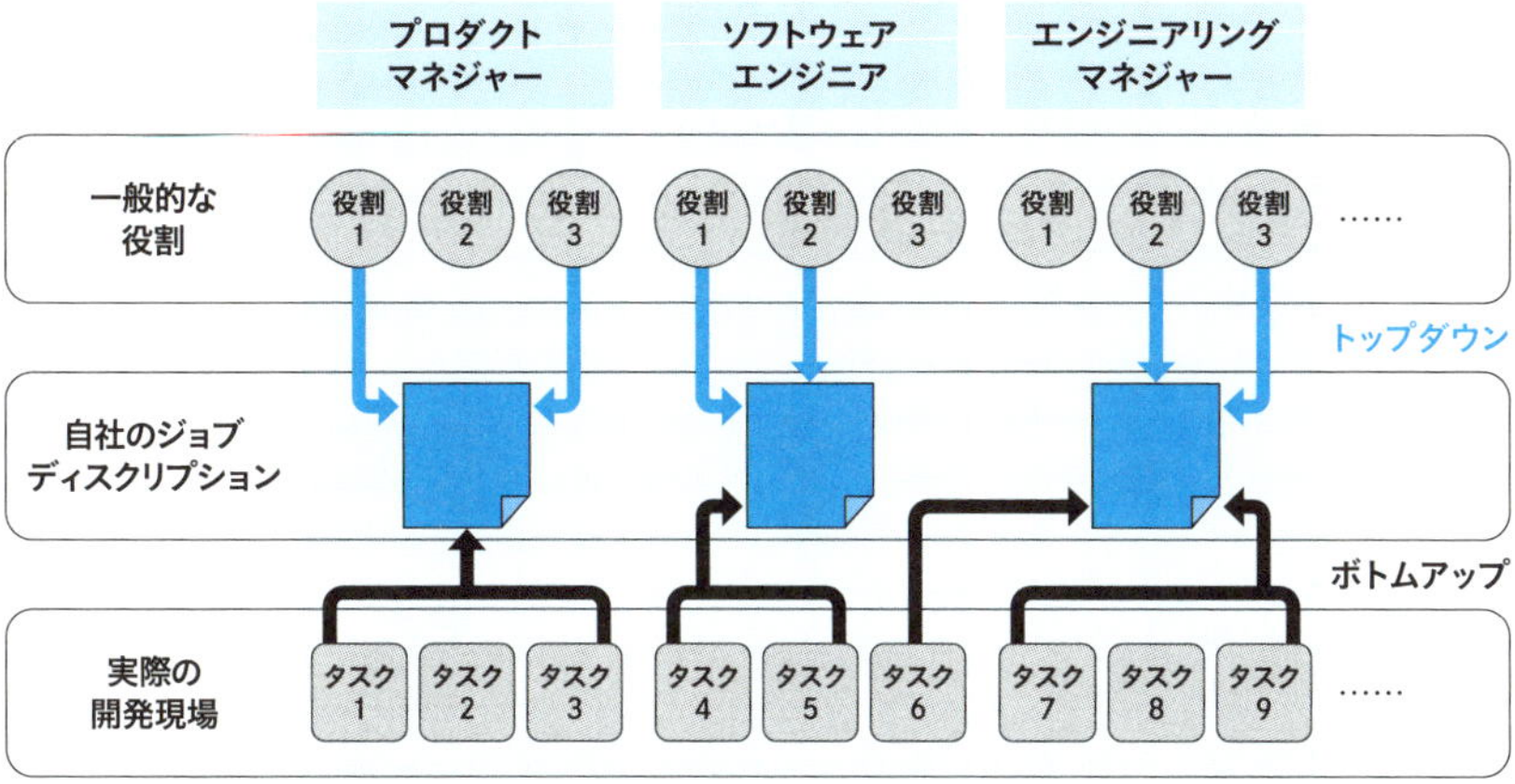

それぞれの職種の一般的な役割から考えるアプローチ（トップダウン）と、実際の開発現場で必要なタスクを誰が担当するのかで考えるアプローチ（ボトムアップ）の双方でジョブ・ディスクリプションを作成する

た文書として扱われ、作成するのも人事担当者だと思われがちですが、採用部署のマネジャーの協力も欠かせません。また、場合によっては人材エージェント会社がサポートすることもあります。

ジョブディスクリプションの作成は、その組織の役割を言語化することに他なりません。一般的には組織のミッションを軸に、他社の例などを参考に記述することも多いでしょう。これは職種から想定されるタスクを整理していく、トップダウン的なアプローチです。しかし、これだけでは実際の業務を網羅できない可能性があります。そこで、現場の状況を把握しながらタスクを列挙し、誰がそのタスクを担当するかを考えるボトムアップのアプローチも併用することをお勧めしています。2つのアプローチを組み合わせることで、それぞれの職種の役割と責任を定義し、必要なスキルや経験、マインドを明らかにすることが可能です。

これはエンジニアリング組織を整備する時にも不可欠な作業です。図5－6のように皆でジョブディスクリプションを作ってみるといいでしょう。ジョブディスクリプションに決まった様式はありません。構成要素としては図5－7に示す項目が必要です。各項目を埋める時は、誤解を生みそうな曖昧な表現はできるだけ排除し、簡潔かつ明快な言葉で言語化していきましょう。

合わせて、サンプルとして架空の3社におけるソフトウェアエンジニアとプロダクトマネジャーのジョブディスクリプションも紹介します（図5－8：インターネット系スタートアップ／図5－9：総合部品メーカー／図5－10：小売り企業）。サンプルとはいえ、筆者がこれまでの活動の中で見聞きしたり実際に策定にかかわった経験から作成したものなので、現実に近い内容になっています。同じ職種でも、規模や業種が違えば中身が微妙に違うことがお分かりいただけるでしょう。

よく作り込まれたジョブディスクリプションは、エンジニアを中途採用したり、社内で他部署から人員募集する時に有効に機能します。メンバーの人事評価を行う際の能力評価の目安としても活用できます。また、サンプルを見て分かるように、ジョブディスクリプションで明示する内容は定量的なものだけでなくても構いません。考え方や志向といった定性的な資質が含まれていたほうが、必要な人物像が分かりやすくなります。まずは自社のプロダクト開発に関係しそうな素養や能力をひとしきり挙げてみて、後から取捨選択するのがいいでしょう。

この作業をプロダクト開発に関係するすべての職種で行うには、それなりの手間がかかります。しかし、一度ベースができれば、後は状況に応じて更新していくだけです。時間を惜しまず取り組みましょう。

図5-7：ジョブディスクリプションの構成要素

募集の背景 （Option）	会社や事業の状況についての説明や、今回の募集の背景について、必要ならば説明を入れる。
職務内容	募集ポジションに期待される職務について説明。次の「責任」と被る内容であるため、どちらか1つの項目として説明されることも多い。もし別に項目を用意するならば、こちらの職務内容ではよりハイレベルな、そのポジションに期待される内容でも、部署全体で取り組んでいるような内容について記載する。
責任	募集ポジションの責任範囲。具体的にどのような役割を担うのか、どんな職務を全うすることが期待されているのかを記載する。
要件	「要件」で定義された責任を全うするために必要と思われる要件を記載する。必須とそれ以外を、Must/Want、Must/Nice to Haveのように分けて記載することも多い。

英語では、責任はResponsibility、要件はQualificationとなっていることが多い。要件は、期待されるスキル（能力）や行動規範が書かれる。ここに経験（経験年数など）を書くことも多いが、本来は経験から得られたスキルを書くほうが望ましい

図5-8：インターネット系スタートアップ（ヘルスケアアプリ提供）の場合

ソフトウェアエンジニア

○○○は現在第二の創業とも言っても過言ではないフェーズにいます。創業以来提供してきました□□□が若い女性を中心に健康に気を配るユーザーにご利用されるようになってきました。今後は男性や高齢者まで利用者を広げるため、機能の追加やパーソナライズを強化していきます。新世代のヘルスケアアプリを普及させる仲間に加わりませんか。今回募集するポジションでは、サーバーサイド全般の設計・開発・運用を担当していただきます。

責任

- 新世代ヘルスケアサービスによるユーザーへの価値提供
- アプリのサーバサイドの設計・開発・運用
- RDBおよびNoSQLの設計・開発・運用
- Dockerによるコンテナ利用

要件

Must have

- Gitを用いた開発フローに精通している
- Rubyもしくは類するスクリプト言語を使いこなし、少なくとも1万PV以上のWebアプリケーションを構築できる
- ReactもしくはVue.jsを理解している
- Dockerを使いこなせる
- ビジネスとしてWebサービスの企画・開発・運用をしたことがある
- 保守/再利用性を考慮した開発を行える

Nice to have

- 自社Webサービスの開発・運用経験
- ReactもしくはVue.jsを使いこなせる
- Web APIの開発経験
- ユニットテストからエンドトゥエンドテスト、探索的テストなどのテスト経験
- AWSの運用知識
- ユーザーの理解に興味がある
- プロダクトの価値の理解とそれを最大化することへの意欲がある

注：ジョブディスクリプションのサンプルは、実際に近いものとするために、英語表記の技術用語を含めている

プロダクトマネジャー

○○○は現在第2の創業とも言っても過言ではないフェーズにいます。創業以来提供してきました□□□が若い女性を中心に健康に気を配るユーザーにご利用されるようになってきました。今後は男性や高齢者まで利用者を広げるため、機能の追加やパーソナライズを強化していきます。新世代のヘルスケアアプリを普及させる仲間に加わりませんか。今回募集するプロダクトマネジャーはサービスの拡大のためのグロースと新規企画の両方を担当していただきます。

責任

- 担当プロダクト（もしくは機能分野）の責任者として、プロダクトの成功に責任を持つ
    - プロダクトの企画、設計、開発、運用のすべてにかかわる。具体的には以下に主担当としてかかわる
    - ユーザーインタビューや利用ログなどの分析を通じて、ユーザー理解（ユーザーインサイト）や課題発見を行う
    - マーケット状況やビジネス要件なども考慮し、製品要求仕様書（PRD:Product Requirements Document）に製品要求をまとめる
    - 既存プロダクト（機能）についてグロース施策を行う
    - ビジョンやロードマップ、KPIの設定などを行う。それらをチームに浸透させ、OKR (Objectives and Key Results) を活用した目標管理を行う

要件

Must have

- ○○○の行うヘルスケア事業への強い共感
- スマートフォンアプリケーションの企画・運用スキル。iOSのApp Store、AndroidのPlay Store両方へのアプリケーション登録経験
- BIツールを用いた分析スキル
- Gitを用いた開発フローの理解
- JIRAやBacklogなどの利用経験
- 誰に対してもオープンである

Nice to have

- Webで用いられるスクリプト言語を用いたプログラミングスキル
- AWSの理解

図5-9：総合部品メーカーの場合

ソフトウェアエンジニア

△△△は総合電子部品メーカーとして世界の多くの顧客に部品を展開しています。コネクテッド社会が現実化する中、弊社も部品提供だけでなく、それらをつなぐソリューションビジネスを展開していきます。部品のその先のサービスを顧客とともに作り上げる総合ソリューション・パートナーへと転身を図っています。今回募集するポジションでは、電子部品から送られてくるデータをクラウドに蓄え、加工や分析を加え、顧客の事業展開に活用できるサービス開発が担当となります。

責任

- コネクテッド領域におけるクラウドアプリケーションの開発と運用
- プロダクトの価値の理解とそれを最大化することへのコミット
- フロントエンド、バックエンド、インフラを含めた、ゼロからのアプリケーション開発の経験
- RDBMSの設計・開発・運用
- DockerおよびKubernetesを用いた運用

要件

Must have

- Git-flowもしくはGitHub Flowを用いた開発・運用フローを使える
- Node.jsを使いこなせる
- 各種プログラミング言語やフレームワークを必要に応じて習得し、使いこなせる
- グーグルクラウドを使える
- マイクロサービスアーキテクチャを理解している
- 問題解決に対する努力を怠らない
- 常識を鵜呑みにせず、常に新しい方法を試みる

Nice to have

- Google Cloud Functionsなどサーバーレスの利用経験
- ECMAScriptの標準化動向を理解している
- 社内外への情報発信・共有に積極的である

注：ジョブディスクリプションのサンプルは、実際に近いものとするために、英語表記の技術用語を含めている

プロダクトマネジャー

△△△は総合電子部品メーカーとして世界の多くの顧客に部品を展開しています。コネクテッド社会が現実化する中、弊社も部品提供だけでなく、それらをつなぐソリューションビジネスを展開していきます。部品のその先のサービスを顧客とともに作り上げる総合ソリューション・パートナーへと転身を図っています。今回募集するのは、電子部品からクラウドまでデジタル技術を活用するサービスを顧客視点で企画・運営していく責任者です。

責任

- サービス全体の責任を持ち、事業責任者の直下で企画、設計、開発、運用を行う
- 売上と利益、それの元となるサービスのパフォーマンスに関する数値の管理
- 各種施策の立案と実施、効果検証
- 仮説検証のためのユーザーインタビュー、サーベイ、利用ログ分析

要件

Must have

- コネクテッド社会に対する明確なビジョン
- サブスクリプション事業に対する深い造詣
- BtoC事業でのサービス企画および運営スキル
- アジャイル開発プロセスの経験
- BTC(ビジネス、技術、クリエイティブ)それぞれへのバランスのとれたスキル
- チームワークを重視し、チームメンバーへの敬意を持てる
- 自らとチームメンバーの成長に対するコミット

Nice to have

- オープンでフラットなコミュニケーションスキル
- 組織横断チームに対してのファシリテーションスキル
- スポークスパーソンとして社内外にサービスのアピールができる
- グーグルクラウド利用経験
- コンテナやマイクロサービスに対する理解

図5-10：小売り企業の場合

ソフトウェアエンジニア

■■■は総合小売りメーカーとして関東を中心として全国に多くの店舗を展開しています。日本が少子高齢社会へと突入し、海外からのインバウンド流入も増える中、小売りも大きく変革する必要性に迫られています。SCMから店舗運営、そして自社ブランド商品の企画開発などすべてにデジタル技術の活用が欠かせません。守りのITから攻めのITへ。効率化以上の価値をITにより生み出す体制を作り、オンラインとオフラインを組み合わせた新たな購買体験を提供していきます。今回募集するポジションでは、主にECのリニューアルを担当していただきますが、その後、オフラインの購買情報も活用し、新たな購買サービスを開発・運用することが期待されています。

責任

- ECサイトの収益拡大のための各種修正および機能追加を行う
- オンラインとオフラインの体験を融合させるPoC開発とその効果検証
- 既存システムのリファクタリングと新機能開発
- オンプレミスからクラウドへの完全移行

要件

Must have

- PHPもしくは同等のWeb開発に適したプログラミング言語を使いこなせる
- ECサイトの運用スキル
- RDBMSの設計から運用までのスキル
- ユーザー体験改善のための各種施策運用スキル
- 指示を待たずに自律・自走するスキル
- チームメンバーとともに成長する学習意欲
- AWS、アジュール、グーグルクラウドなどパブリッククラウドの運用スキル
- Gitを使ったCI/CD運用経験

Nice to have

- IoTデバイスを用いたセンサー情報をクラウドで扱う技術への理解
- 機械学習の基礎知識
- AngularやReact、Vue.jsなどのWebフロントエンド知識
- 技術ブログなどを用いた社外への情報発信経験
- DevOpsの理解

注：ジョブディスクリプションのサンプルは、実際に近いものとするために、英語表記の技術用語を含めている

プロダクトマネジャー

[redacted]は総合小売りメーカーとして関東を中心として全国に多くの店舗を展開しています。日本が少子高齢社会へと突入し、海外からのインバウンド流入も増える中、小売りも大きく変革する必要性に迫られています。SCMから店舗運営、そして自社ブランド商品の企画開発などすべてにデジタル技術の活用が欠かせません。守りのITから攻めのITへ。効率化以上の価値をITにより生み出す体制を作り、オンラインとオフラインを組み合わせた新たな購買体験を提供していきます。今回募集するポジションでは、顧客のユーザー体験を一から再設計し、オンラインとオフラインを組み合わせた新たな購買サービスを企画・運営することが期待されています。

責任

- 現ECサイトを利用するユーザーの体験を再設計し、ECサイト経由の売上向上を目指す
- 事業サイド、デザイナー、エンジニア、QA担当者などから構成されるチームのリード
- 事業ゴールとユーザー体験のバランスを考慮したプロダクトゴールの設計

要件

Must have

- 既存のECサイトの概念を大きく塗り替えるサービスを考え出す創造性
- 困難な状況であっても、最後まで成し遂げる実行力
- 失敗を恐れるのではなく、コントロールし、失敗から成功に結びつけていく探索力
- ユーザー体験の設計力
- リーン・スタートアップ手法の実践経験

Nice to have

- BtoCのWebサイトの制作・運用経験
- Webアプリケーションを自らプログラミングして開発した経験
- 小売業の実務経験(店舗もしくはEC)

採用プロセスを確立する

ジョブディスクリプションが用意できたら、採用を開始する前に、採用プロセスを確認しましょう。採用プロセスが確立されていない場合は、その整備から始めることが重要です。

採用プロセスとは、採用において候補者に自社を認知してもらい、最終的に入社してもらうまでの一連の流れであるパイプラインの構築と管理です。このパイプラインを常に枯渇させずに、魅力的な候補者で埋め、途中で離脱させないようにします。一般的な採用パイプラインの各フェーズは次の通りです。

1. **求人内容の作成と公表**：ジョブディスクリプションを元に求人を確定し、自社のウェブサイトや求人サイト、ソーシャルメディアなどで求人情報を公開する
2. **応募の受付**：候補者からの応募を受け付ける
3. **スクリーニング**：履歴書や経歴書を確認し、基本的な適性を評価する
4. **一次面接**：初回の面接を実施し、候補者のスキルや経験を評価する
5. **二次面接**：詳細な技術スキルや業務適性を評価するための面接を行う
6. **最終面接**：経営陣や部門トップによる最終評価を行う
7. **条件提示**：条件を検討し、候補者に提示する
8. **内定通知**：内定を提示する
9. **オンボーディング**：入社後の研修や業務開始の準備を行う

この例では、面接を3回としていますが、これは企業によって異なります。採用パイプラインを充実させるには、候補者をアトラクト（引き寄せる）させることが重要です。忘れてはならないのは、採用プロセスは企業側から候補者への一方的な評価ではなく、候補者も企業を評価しているということです。そのため、企業側は候補者に対して誠実に対応し、良好な関係を築かなければなりません。これにより、候補者は自社にポジティブな印象を持ち、最終的な入社につながります。

そこで必要となるのが、採用広報です。これは、自社の魅力を外部にアピールすることで、潜在的な候補者に対して自社の強みや働きやすさを伝え、応募意欲を高めるための活動です。

実は、採用は人事であると同時に営業やマーケティングに近いと言えます。採用するポジションの魅力を分析し、それを社外に伝える仕事ですが、もし、そのポジションに魅力がないなら、それは競争力のない製品を売ろうとしているのと同じです。魅力づくりからスタートしましょう。

エンジニアの採用ならば、まずは自社の採用ページを知人のエンジニアに見てもらうのもいいでしょう。そもそも魅力があるのか、魅力があるのに伝わっていないようなことはないか見えてくるはずです。課題が見つかったら改善を繰り返します。実際のプロダクトでテストマーケティングを行うのと要領は一緒です。

採用とプロダクト開発の共通点は他にもあります。本書で説明してきたように、今日のプロダクトは販売して終わりではなく、使われ続ける必要があります。採用も同じで、採用して終わりではなく、オンボーディング【編注5】を経て戦力になって初めて終了です。オンボーディングまで含めて採用と考えましょう。

編注5　新たな社員が入社後、なるべく早く成果を上げられるように、固有の業務プロセスや組織文化に慣れてもらうためのサポートや学習機会を指す

また、採用は企業にとって生命線であることも忘れてはなりません。企業はまさに生き物です。新陳代謝を繰り返さないと死に至ります。新しい細胞、すなわち外部からの人材の獲得は企業活動の基本です。そのため、採用は人事部など特定の部署だけでなく、すべての部署、全社員が自分事として取り組むものと意識しなければなりません。「会社からは採用に協力しろと言われているが、本業が忙しくて」というような声を聞くこともありますが、採用も本業と捉えてください。

昨今、ダイレクトリクルーティングの1つとしてリファラル採用【編注6】が流行しています。リファラル採用は、採用という目的だけでなく、組織課題のあぶり出しにも有効です。よく「リファラル採用を積極的に進めたいが、社員が紹介してくれない」という悩みを聞きますが、そんな時は、知人を誘えない理由を深掘りして聞いてみましょう。「給与が安い」「開発環境が今ひとつ」などの回答が出てきます。実はこれ、その人自身の不満である可能性も示唆しています。リファラル採用は、自社の魅力を測るリトマス試験紙でもあるのです。

評価基準を設定する

採用プロセスにおいて、候補者を次の段階に進めたり、最終的に内定を提示するかを判断するために必要なのが、採用基準です。採用基準は、ジョブディスクリプションに書かれた要件を基本としたいところですが、詳細まで記述しないことも多く、これだけでは判断が難しいことも多いでしょう。ここでは採用時の判断の大元となる採用基準の作り方について考えてみましょう。

編注6　社員などの関係者から知人などを紹介してもらう採用形態

図5-11：評価基準の設定法① メンバーを「順位付け」する

1位	Eさん	順位付けの理由
2位	Bさん	順位付けの理由
3位	Aさん	順位付けの理由
4位	Dさん	順位付けの理由
5位	Fさん	順位付けの理由
6位	Cさん	順位付けの理由

メンバーの中で優秀だと思う順に並べ、その理由をできるだけ詳しく書き出す

この採用基準ですが、実は人事評価の基準と同じです。企業が考える望ましい人材像がジョブディスクリプションであり、それとの差分（ギャップ）を浮き彫りにするのが、採用の場合は採否であり、社員の場合は人事評価です。

人事評価の基準は、企業のビジョンやミッション、行動指針（バリューやクレド）などから考えられることも多くあります。これはこれで正しいアプローチなのですが、このアプローチを採ると、評価基準の内容が道徳のようになってしまったり、特徴がなく、どの企業でも大差ないものになってしまいます。その結果、現場レベルでの活用が難しくなってしまうのです。

そこで筆者は、ジョブディスクリプションの作成と同じように、ボトムアップのアプローチも取り入れることを勧めています。これは「社員は他の社員が優秀かどうかを判断できる」という仮説に基づいています。どういうことかと

図5-12：評価基準の設定法② メンバーの順位を見直し、整理する

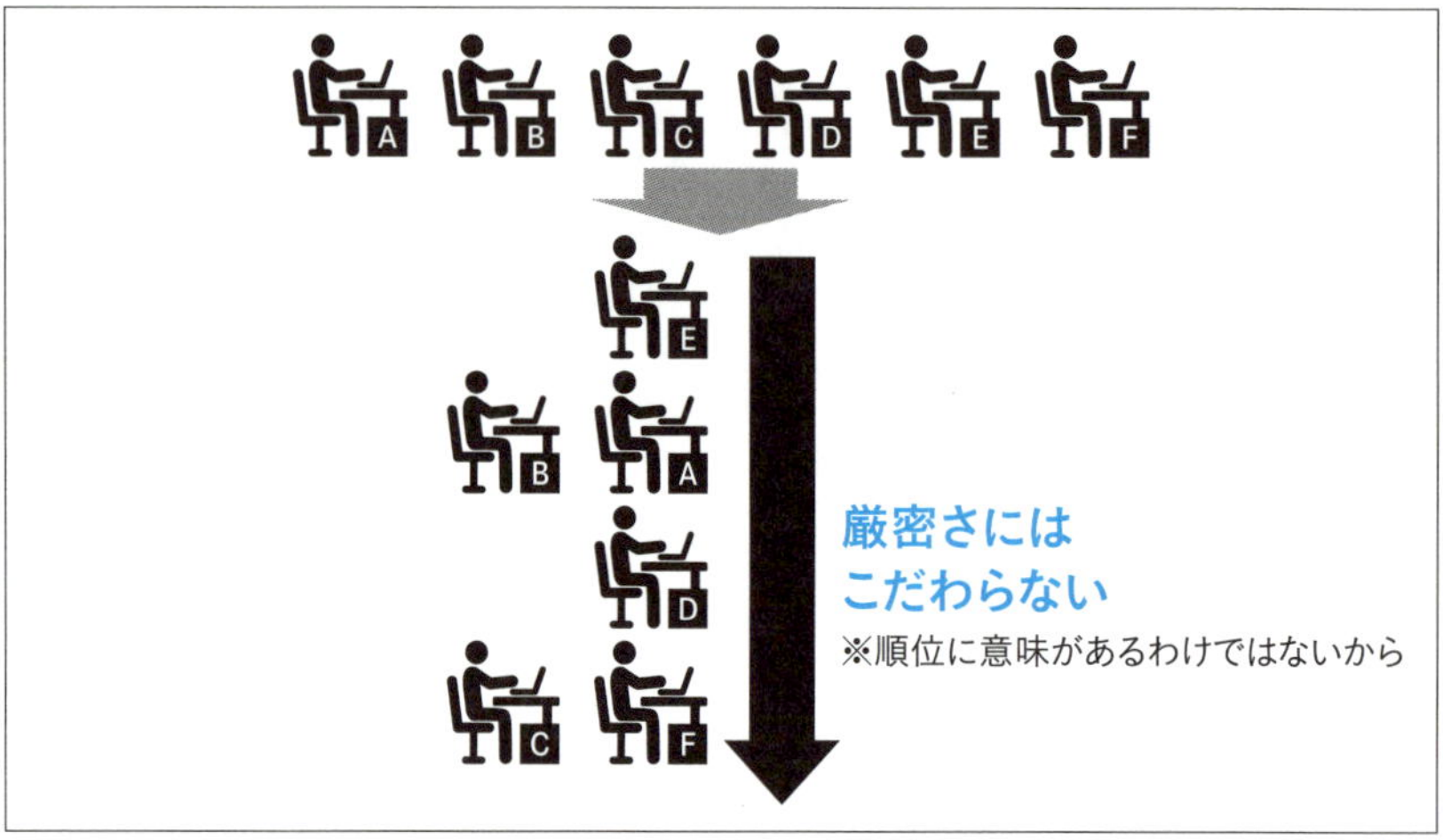

順位付けに悩んだら、複数人を同じ順位にしてもいい

いうと、皆さんもチームメンバーの中で、「あの人はすごい」「あの人はイマイチ」などの評価がほぼ一致するという経験をお持ちではないでしょうか。一緒に働いているエンジニアが優秀か否かの判断は、人によってあまりバラけることがないのです。この仮説はエンジニア以外でも成り立ちますが、ここではエンジニアを例に、ボトムアップのアプローチを取り入れる方法について解説します。

まず、エンジニアリング組織にいるメンバーを「優秀」と思う順に並べます。その際、細かい順位にはこだわらないようにします。やり方は図5－11や図5－12を参考にしてください。もし迷うようなら、同順に複数名を並べてもいいでしょう。まずは、ざっくりとした順位を付けてみましょう。後ほど説明しますが、順位そのものに大きな意味があるのではなく、その順位にした理由が重要になります。

図5-13：評価基準の設定法③ 順位の比較・調整を行う

	マネジャー 1		マネジャー 2		マネジャー 3		マネジャー 4		マネジャー 5	
Aさん	順位	理由	順位	理由	順位	理由	順位	理由	順位	理由
Bさん	順位	理由	順位	理由	順位	理由	順位	理由	順位	理由
Cさん	順位	理由	順位	理由	順位	理由	順位	理由	順位	理由
Dさん	順位	理由	順位	理由	順位	理由	順位	理由	順位	理由
Eさん	順位	理由	順位	理由	順位	理由	順位	理由	順位	理由
Fさん	順位	理由	順位	理由	順位	理由	順位	理由	順位	理由

キャリブレーション

複数のマネジャー（評価者）が各メンバーに付けた順位と理由を一覧表にして、キャリブレーションする

この順位付けはできるだけ複数人で各々行うようにしましょう。組織の中にマネジャーが数名いるなら、その人たちで行ってみてください。もしマネジャーが1人か少数なら、リーダークラスのエンジニアを誘ってみるのもいいでしょう。

そして、その順位にした理由をできるだけ多く、具体的な事例を入れながら書きます。サンプルデータが多いほどAIの精度が向上するのと同じように、エンジニアの評価においても、多くの具体的な事例や理由があればあるほど信憑性が高まります。

次に、それぞれの順位を比較し、必要に応じて調整を行います（キャリブレーション）。図5－13のような表を使ってキャリブレーションするのがいいでしょう。大きく順位が異なる人がいたら、その理由を付け合わせ、情報として欠落している部分がないかなどを話し合います。ここでも厳密さにこだわる必要はありません。順位付けについて大まかな合意さえできれば十分です。ただ、それでも大きく意見が割れるメンバーがいたら、その人は対象から外してしまって構いません。

ここまでで、マネジャー（評価者）間で合意した順位とその理由に基づくメンバーリストができあがりました。次に、これらの評価理由から共通の特徴を抽出します。順位の高いメンバーたちの評価理由からは、組織が重視する価値観や目指すべきエンジニア像が浮かび上がってくるはずです。逆に順位の低いメンバーへの評価理由からは、担当組織ではふさわしくない行動例などが見えてきます。それらを整理すると、その組織の評価基準のベースができ上がるのです。

会社のビジョンやミッションから落としていく従来の方法をトップダウン方式、もしくはコンセプチュアルアプローチと言うならば、この特徴を抽出していく手法はボトムアップ方式、もしくはリバースエンジニアリング【編注7】アプローチと言えます。どちらが正解ということはなく、これら2つを組み合わせたハイブリッドなアプローチを試してみることをお勧めします。

その際、念頭に置いてほしいのは、こうしたやり方で作ることができるのは「評価基準のベース」に過ぎないということです。組織全体で重視したい評価基準は見えてくるものの、特定の機能や限定的なタスクを強化するのに必要な高度な専門スキルは、依然として評価基準が曖昧なままです。

また、これまでソフトウェア開発を事業の核にしてこなかったような企業では（例えば製造業など）、今あるエンジニアリング組織の特徴を抽出すると「品質へのこだわりが大事」など、若干抽象的なスキルが重要だとされてしまいます。これでは業務への貢献度も判断しづらくなるので、次のステップでは実際にプロダクト開発を進めていく上で出てくるタスクを細かく洗い出し、各タスクの重要度とそこで

編注7　既存の製品やシステムを解析して、設計や構造を明らかにすること

必要なスキルを入れ込んだ評価基準を作ってください。これはジョブディスクリプションを精緻な内容にしていくプロセスに似ています。根気のいる作業ですが、メンバーの成長を加速させるためにも、より良い評価基準にブラッシュアップしていきましょう。

蛇足になりますが、メンバーの順位付けができない、つまり、マネジャー陣がメンバーの業務や実績を把握できていなかったことが発覚する場合があります。このような組織は、評価制度について議論する前に、プロダクトの開発体制がそもそもおかしい可能性があります。まずはその改善から取り組みましょう。

採用時の留意点を確認する

ここまで、ソフトウェアファースト型組織を整備する上で検討するべきこと、用意しておきたいことを書いてきましたが、ここでは採用にまつわるその他のアドバイスをまとめます。

給与テーブルに紐付く人事制度を見直す

必要な人材像はジョブディスクリプションの作成で明らかになっているものとして（採用時の求人票としても使えるのでぜひ作っておきましょう）、最初に出てくる問題は、給与の話です。

ソフトウェアファースト人材、特にエンジニア職種の給与水準は年々高まり、人材市場で争奪戦が繰り広げられています。人はお金で動くわけではありませんが、それでも他社の提示額より著しく劣っていては、優秀なエンジニアを獲得できません。そこで社内の給与テーブルの見直しを検討する必要があります。企業によっては他職種の給与水準より高い年収を提示したほうが良い場合もあるでしょう。

実際、大手メーカーや通信事業者の中には、大手テクノロジー企業に対抗するため、学生でも能力に応じて高い初任給を提示する方針を打ち出す企業が出てきています。本来は既存社員に対しても同じように競争力のある報酬を提示する必要があり、ソフトウェアファーストな企業に変わっていく中で人事制度全体の変更を進めるのが正論です。

それが難しい場合は、特定の職種だけを対象としたり、別会社を設立して新たな給与テーブルを用意する方法もあるでしょう。ただし、別会社化することで組織としての一体感がなくなるリスクがあります。特に、派遣法の制約によって、チームメイトとして働きにくくなることには十分注意する必要があります。できる限り、同一の会社で採用を進めるのが望ましいでしょう。

考えるべき人事制度の変更としては、1つはメンバーシップ型雇用から前節冒頭で紹介したジョブ型雇用への移行です。メンバーシップ型雇用は日本企業が伝統的に採用してきた方式です。職務を限定しない形で採用し、企業側の事情で社員の配置転換を行います。終身雇用、年功序列といった日本型雇用と密接に結びついており、「あなたの雇用は一生守りますので、その代わりにどんな仕事でも受け入れてください」という考えに基づいています。このメンバーシップ型雇用では、社内での配置転換を考慮して、全職種を同じ給与テーブルにする傾向があります。

一方、ジョブ型雇用は諸外国で主流の方式で、特定の専門スキルを持つ人材を特定の職種で採用します。もし、その職種以外に異動する場合は、社内であっても採用時と同じく当該職種にふさわしい専門性を持っているか判断され、新たな条件を提示されます。採用された職種の仕事がなくなった場合は、失職の恐れがあります。

どちらがふさわしいかは業態や職種などによっても異なりますが、エンジニアのように専門性が高い職種では、ジョブ型雇用を採用するか、少なくともその要素を取り込む必要があります。特に給与テーブルに関しては、社内の職種間の平等を重視し過ぎては、優秀な人材を獲得できませんし、社内の優秀な人材が流出してしまうリスクも高まります。

採用後の定着も見据えて「評価」のやり方を変える

給与体系の見直しは、評価方法を変えることにもつながります。評価というと、半年～1年に一度の人事評価を思い浮かべるかもしれませんが、それは一部でしかありません。そもそも評価とは個人が成長するための気付きを与える仕組みです。それが結果として、給与や賞与と言われる報酬に結びつきます。従って、半年や1年に一度思い出したかのように行われるものではなく、日々のフィードバックが評価そのものなのです。

正しく評価するには、組織が期待するプロフェッショナルとしての理想形を明確にする必要があります。その理想を分解したものが評価基準となり、同時に採用基準にもなります。採用とは、応募者が社員になったことを想定し、活躍できるかを確認するプロセスだからです。理想の社員像、つまり、どのような能力を持っていて、どのような振る舞いをしてほしいか、それらをまとめたものが評価基準になっているとしたら、それをそのまま採用時に確認すればいいのです。

現代のソフトウェア開発はチーム開発が一般的で、メンバー間のコミュニケーションがとても重要になります。ここで言うコミュニケーションとは、スムーズな意思疎通だけではなく、良いプロダクトを開発するための建設的な議論も含まれます。良いプロダクトを開発するには、当然技術力も必要ですが、議論を通じてより良い方法を模索していくチーム開発においては、その議論をうまく進めることもエンジニアの能力になります。そのため、コードレビュー（書いたプログラムをレビューし、より良いコードを目指して議論した上でプロダクトに反映させるプロセス）の内容を評価基準にすることも一般的です。

一方で、エンジニアの採用面接では、模擬的にプログラミングを行う「コーディングクイズ」と呼ばれる手法を採用することが増えています。あるプログラミングの問題を出し、それをホワイトボードなどに書きながら、設計や実装の説明をしてもらい、面接官の質問に答えてもらうのです。その際、「もっと最適化できる方法はないか」「○○のようなケースではどう処理されるのか」などと厳しい質問をすることもあるでしょうが、いきなり正解を求めてはいけません。出題の目的は、あくまでも思考過程と面接官と一緒になって正解にたどり着けるかを確認することにあるからです。

ここで良い結果を残したエンジニアは、入社後のコードレビューでも活躍してくれるでしょうし、他のメンバーのスキルアップにも貢献してくれる可能性があります。つまり、コーディングクイズはソフトウェア開発のスキルを見るのと同時に、社内で一緒に働くことを仮定したシミュレーションでもあるのです。

このように、評価は採用と育成に密接に関連する中心的な要素です。日本は長く年功序列が続いたこともあり、評価にメリハリがなく、平均からあまり分散しない傾向があります。しかし、何度も指摘しているように、年功序列はすでに崩壊していると言っても過言ではありません。今後、人材流動性の高まりに合わせて、従来の年功序列に最適化された評価方法を刷新していく必要があります。評価とは、個人と組織の成長を促す機会と再定義し、給与制度と合わせて抜本的に変えていきましょう。

人材エージェント頼みの採用は間違い

大企業では、採用を大手人材エージェントに依存してしまうことも多いようです。しかし、少なくともエンジニア採用を人材エージェントに頼りきってしまっては、良い活路を見いだせません。人材エージェントのデータベースに優秀なエンジニアが登録されていないことも多いためです。優秀なエンジニアの多くは、社外に広くネットワークを築き、ブログやソーシャルメディアなどを通じて自ら発信しています。

もちろん、優秀な人材を見つけても自社ではアプローチできないことがあります。そういう時は人材エージェントに頼るといいでしょう。しかし、候補者の発掘から丸投げはできません。

人材エージェントが活きるケースは、候補者が企業についての情報を持っていない場合です。同じソフトウェアエンジニアでも、ＳＩ企業に勤めている人はインターネット企業の最新動向にさほど詳しくなく、転職情報もあまり持っていません。同じように、インターネット企業に勤めるエンジニアは、メーカーが取り組むＤＸについてそれほど詳しくないでしょう。こういう場合は転職情報を得るためにエージェント会社に登録するので、そこで初めてマッチングの可能性が出てきます。また、Ｉターン・Ｕターン就職のように、土地勘がない地域での転職を考える場合も人材エージェントに相談することがあります。

図5-14：エンジニアごとに異なる転職のアプローチ

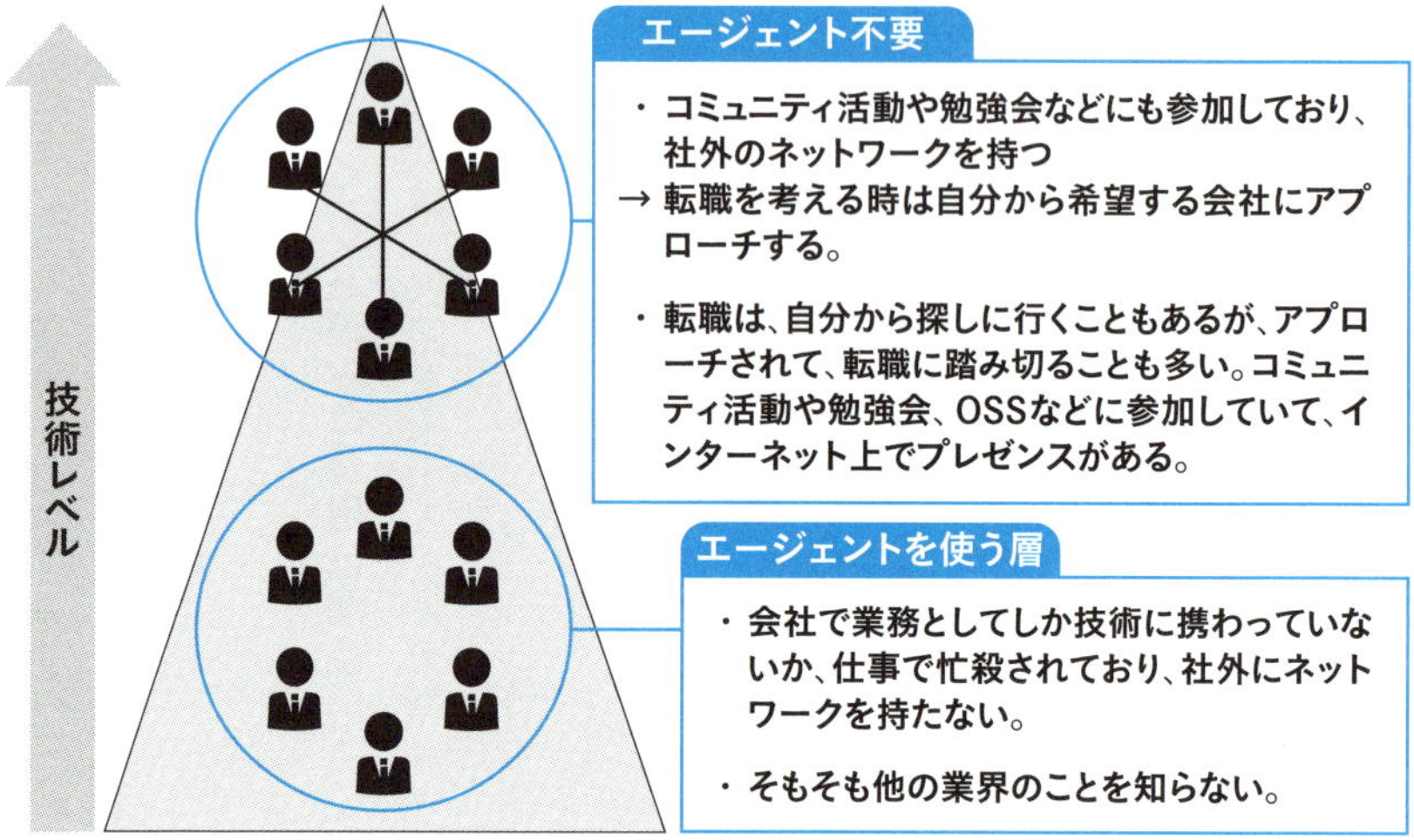

ウェブ系エンジニアを例に見た場合、技術レベルと社外での人的ネットワークの豊富さは比例する傾向がある

マネジメントポジションや高額年収のポジションを狙う場合は、ソフトウェアエンジニアでもエージェントを利用する傾向が強まるようですが、一般的には他職種に比べるとエージェントを利用せずに転職活動をする人が多いということを念頭に置いておくべきです。

最初の1名の重要性

採用を進めるに際して、そもそも技術系の人材がいない、もしくは必要とする技術に造詣の深い人がいないということもあるでしょう。その場合、最初の1名の採用がとても重要です。この1名は、必ずしもエンジニアリング組織のトップを担う人材である必要はありません。ただ、少なくとも組織づくりを一緒に進めていけるような人を選ぶようにしましょう。

どんなに優秀なエンジニアでも、1人ではできることには限界があります。エンジニアリング組織をソフトウェアファーストを推進する中心組織に育てたいなら、採用を含めた組織づくり全体に貢献できそうな人を採用しなければなりません。

星野リゾートは、上質な宿泊施設と独自のおもてなしで知られる日本の高級リゾート運営企業として知られています。この星野リゾートはシステムの内製化を行っているのですが、そこに至るまでの過程で、「最初の1人が鍵だった」としています【編注8】。

星野リゾートは、初期段階で1人の社内エンジニアを中心に開発体制を整えました。このエンジニアは外部パートナーと協力しながら、システム開発を進める体制を構築しました。開発チームは「毎週リリース」を掲げ、頻繁なシステム改修を実現しました。この体制により、経営陣や現場スタッフからのフィードバックを迅速に反映させることができたのです。

また、外部パートナーとの契約を請負契約ではなく、準委任契約とすることで、情報システムグループの一員として開発に参加してもらう形を採りました。これにより、内部で開発の主導権を保持しつつ、柔軟で迅速な開発が可能となりました。この契約形態は、他の企業にも参考になるアプローチです。

給与や評価を見直すような制度面の変革は、どうしても堅苦しくなりがちです。しかし、多様な個性がぶつかり合うことを許容し、そこから生まれる創造性を重視する組織文化を着実に醸成していくようにしましょう。

採用スキルを高める

採用業務は誰もが簡単に正しく行えるものではありません。良い候補者を見極めるにはスキルが必要

編注8 https://business.nikkei.com/atcl/NBD/19/00109/00149/

です。優秀な候補者を惹きつけ、採用プロセスを通じて維持するにも、それなりのテクニックが求められます。多くの社員がかかわる採用面接1つとっても、適切なスキルが必要なのです。候補者が緊張している場合にはアイスブレイキングが必要であり、良い面を引き出す工夫も重要です。どのような質問をするべきか、深掘りはどうするか、関連質問を考える能力が求められます。現代のコンプライアンスでは、面接で聞いてはいけないことが多く、違反すると候補者に逃げられるだけでなく、最悪の場合、訴えられるリスクもあります。

採用面接には、半構造化インタビュー手法が有効です。半構造化インタビュー手法とは、事前に用意した質問項目に基づいて進行する一方、状況に応じて自由に質問を追加・変更していく柔軟な面接方法で、候補者の具体的な経験やスキル、個性や思考を深く理解できるのが特徴です。

この手法を効果的に行うには、面接官の準備が欠かせません。また、適切な採用トレーニングが必要です。最初は経験のある面接官の横で学び、その後自ら面接を行う際も経験者に横についてもらうと良いでしょう。

正しい組織構成を考える

人材がそろったとしても、組織設計を間違えれば、宝の持ち腐れとなってしまいます。ここでは、正しい組織のあり方について考えます。

職能組織と事業主体組織の違い

ジョブディスクリプションを作成することで、自社のエンジニアリング組織が果たす役割や、メンバーに求めるタスクがだいぶ見えてきたと思います。次は、自社の組織図全体でエンジニアをどう位置付け、どのように組織を構成するかを考えてみましょう。

当然の話ですが、プロダクト開発はエンジニアリング組織だけで行うわけではありません。営業やマーケティングなどの多部署と連携しながら、大きな「プロダクトチーム」を構成して企画、開発、運営を行います。その際、エンジニアリング組織は大きく2つのパターンで連携します。

1つ目はエンジニアやデザイナーを「職能組織」として組成し、他部署と連携するパターンです。名前の通り職能ごとに組織化する形です。エンジニアリング組織の中でさらに職能を細分化して、フロントエンドエンジニアやバックエンドエンジニアなどのグループを作ることもありますし、担当する事業領域ごとにグループ分けすることもあります。いずれにしろ、当該プロダクトの開発・運営で必要となるスキルや経験を持ったメンバーが適宜アサインされます。

2つ目は「事業主体組織」で、事業（プロダクト）にかかわるすべての職種が1つのグループになるように組成されます。職能組織との違いは、同じエンジニア職でも人事上の所属先が異なるという点です。例えば自社内にエンジニアが10人いるとして、複数の事業が同時に走っている場合、事業規模が大きく人手が必要なA事業にはエンジニアが6名、事業規模の小さなB事業とC事業にはそれぞれ2名ずつ配属されます。A～Cそれぞれに「事業部」があり、各事業部には営業職やマーケティング職なども配属されるので、異なる職能の社員と常に一緒に動く形になります。

よく、職能組織と事業主体組織はどちらがいいのかという議論が起きますが、ケースバイケースとしか言えません。エンジニアリング組織を立ち上げたばかりで人数も少ない場合は、職能組織のほうが機能しやすいでしょう。仕事の進め方を暗中模索しているような状態では、エンジニアリングマネジャーと一緒に考えていく必要があるからです。一方で、複数プロダクトを開発・運営している企業では、プロダクトごとに開発方針や開発サイクルが違うため、職能組織で決めたルールが足かせになってしまうこともあり得ます。その場合は事業主体組織にして、それぞれの事業部で方針を定めて開発したほうが

図5-15：職能組織と事業主体組織の違い

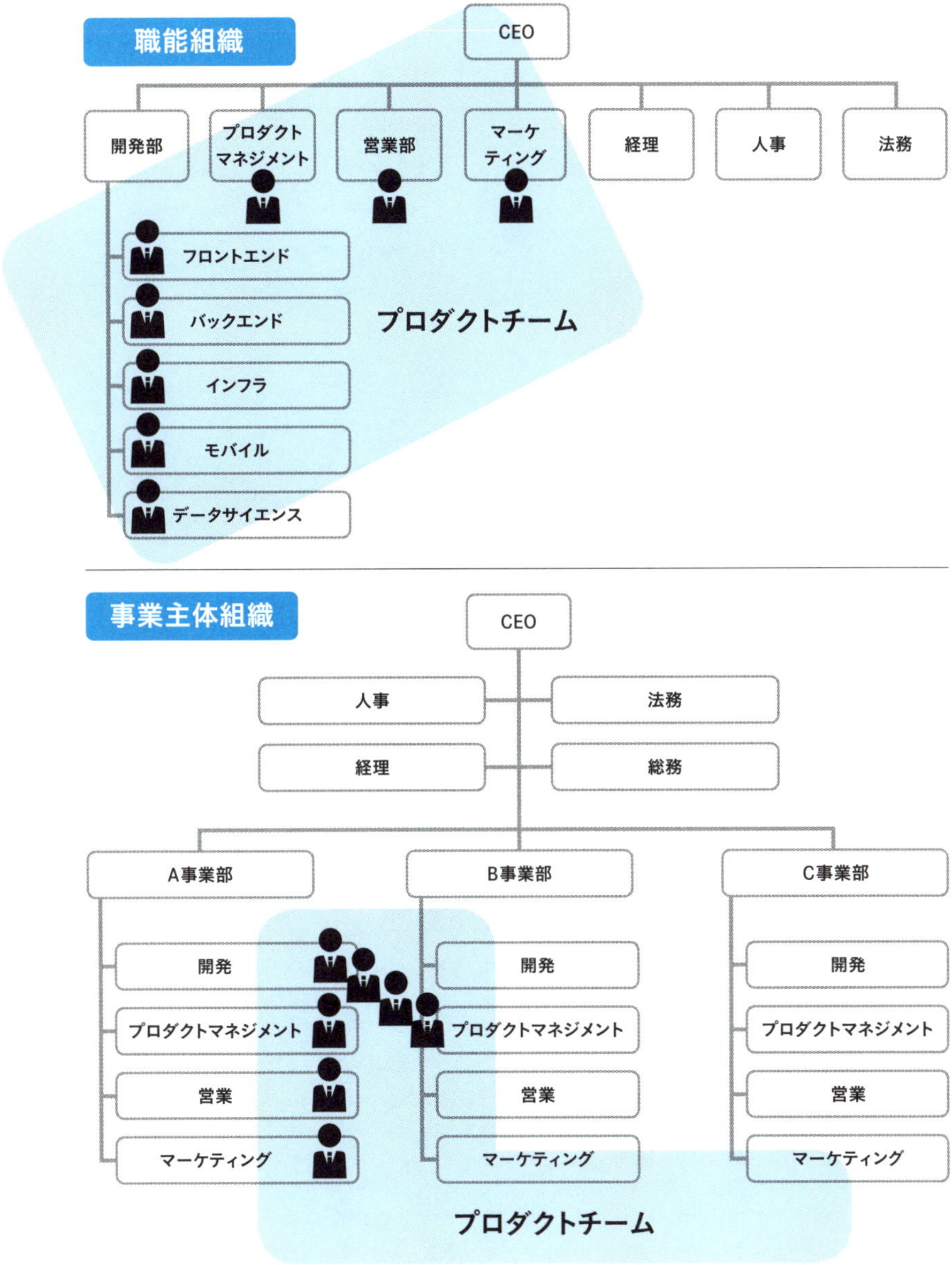

図5-16：一般的なマトリックス組織

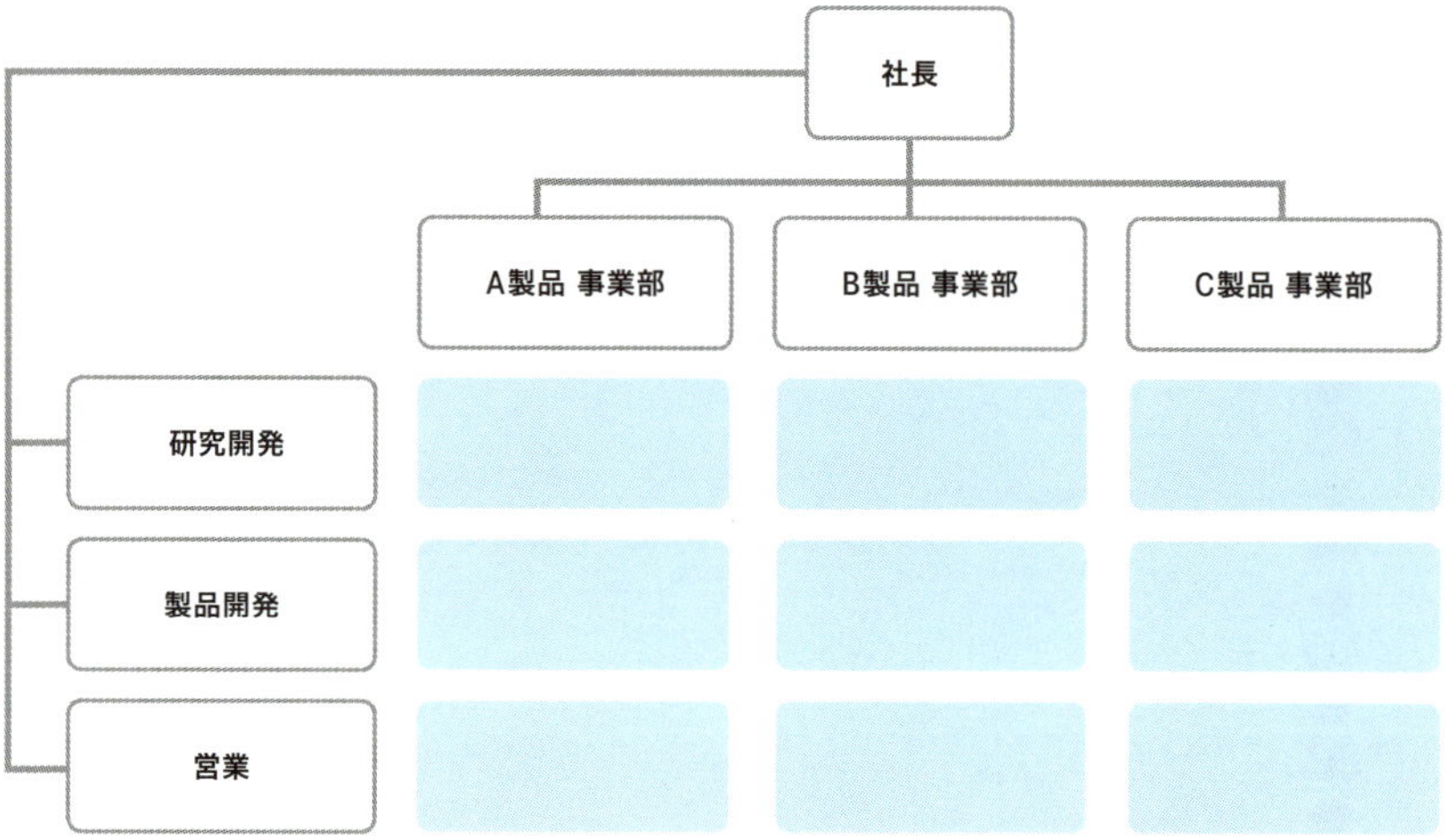

スムーズです。

ただし、この場合でも、全社的な技術方針は定めておく必要があります。そうでないと、プロダクトごとに異なる技術を使うことになり、エンジニアの社内異動さえ難しくなります。プロダクト間の連携を考える時にも問題になります。また、職能組織ではエンジニアリングマネジャーが上司となってメンバーの成長を考えた指導や技術的な評価を行う一方、事業主体組織では異なる専門領域を持つマネジャーが上司になる場合があります。メンバーから見れば、技術的な指導や評価が受けにくい状態になってしまうので、別の手段を講じる必要があります。

これに関連して、職能組織はいわゆるマトリックス型組織形態を採ることもできます。マトリックス型組織とは、職能と事業の両軸で構成した組織です。図5-16を参照しながら説明すると、「研究開発」や「製品開発」など職能軸

図5-17：某ゲーム開発会社の組織構成

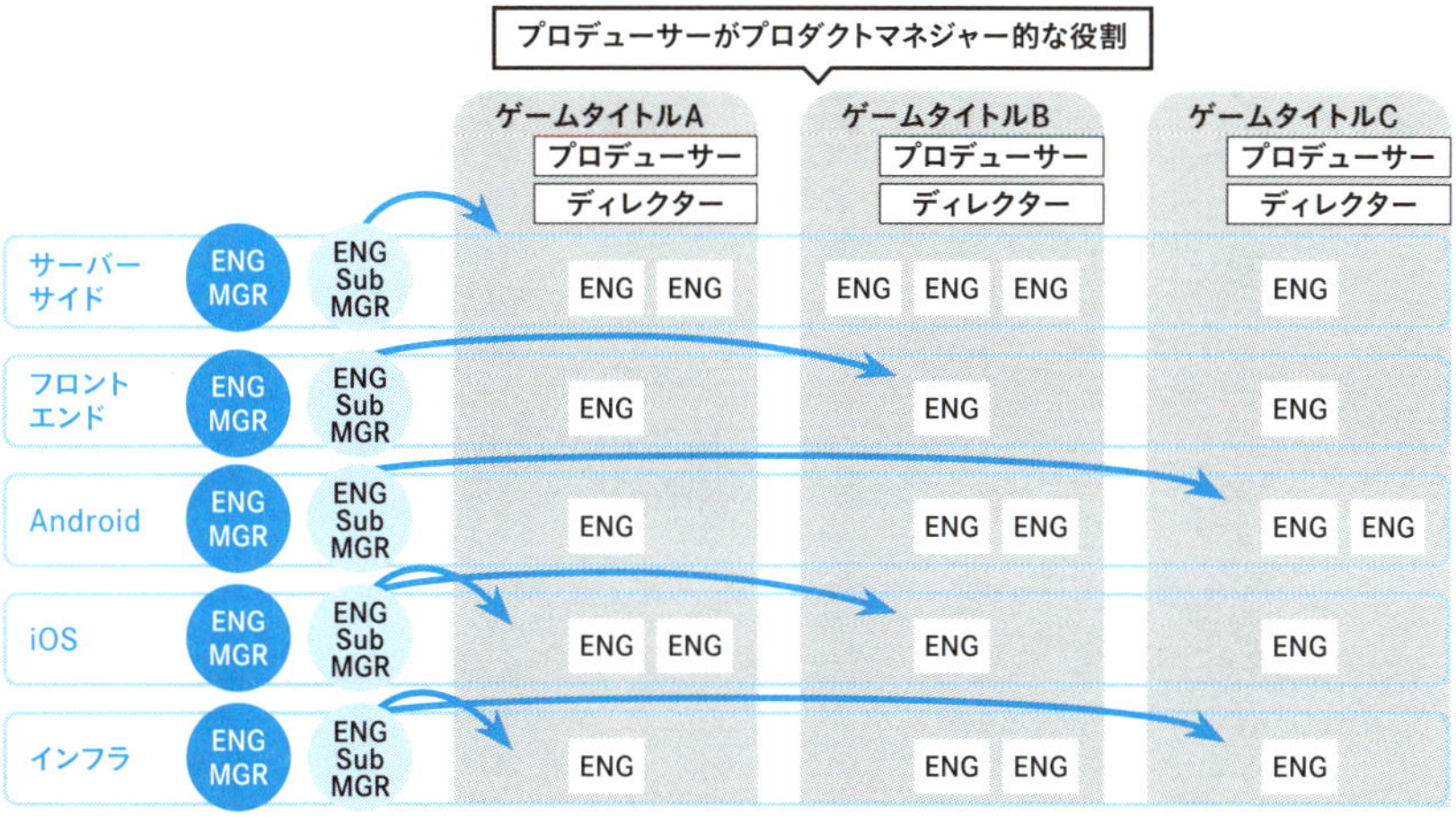

ENG MGRはエンジニアリングマネジャー、ENG Sub MGRはサブマネジャー、ENGはエンジニアの略。各職能組織ごとにエンジニアリングマネジャー1人とサブマネジャーが数名おり、各ゲームタイトル制作にかかわっているエンジニアをサポート・統括している

に構成される組織がある一方、A～C製品の事業軸で分かれた組織もあります。メンバーが複数の事業にかかわる場合は、事業軸が2つ以上になることもあり、2人以上の上司を持つ形になります。会社の方針にもよりますが、筆者はどちらかをメインの上司とし、もう片方をサブの上司とすることを勧めています。特にエンジニアの場合には、職能にあたるソフトウェア技術についてのフィードバックを与えられることから、職能組織の上司をメインとするのがいいでしょう。

続いて紹介するのは、図5-17に示す某ゲーム開発会社のマトリックス型組織です。ゲーム会社なので、事業軸はゲームタイトル。各ゲームタイトルには専属のプロデューサーとディレクターがいて、数百人いるエンジニアは職能組織からアサインされる形となります。さらにこの会社は、エンジニアの職能組織も細分化して

図5-18：スポティファイモデルの組織構成

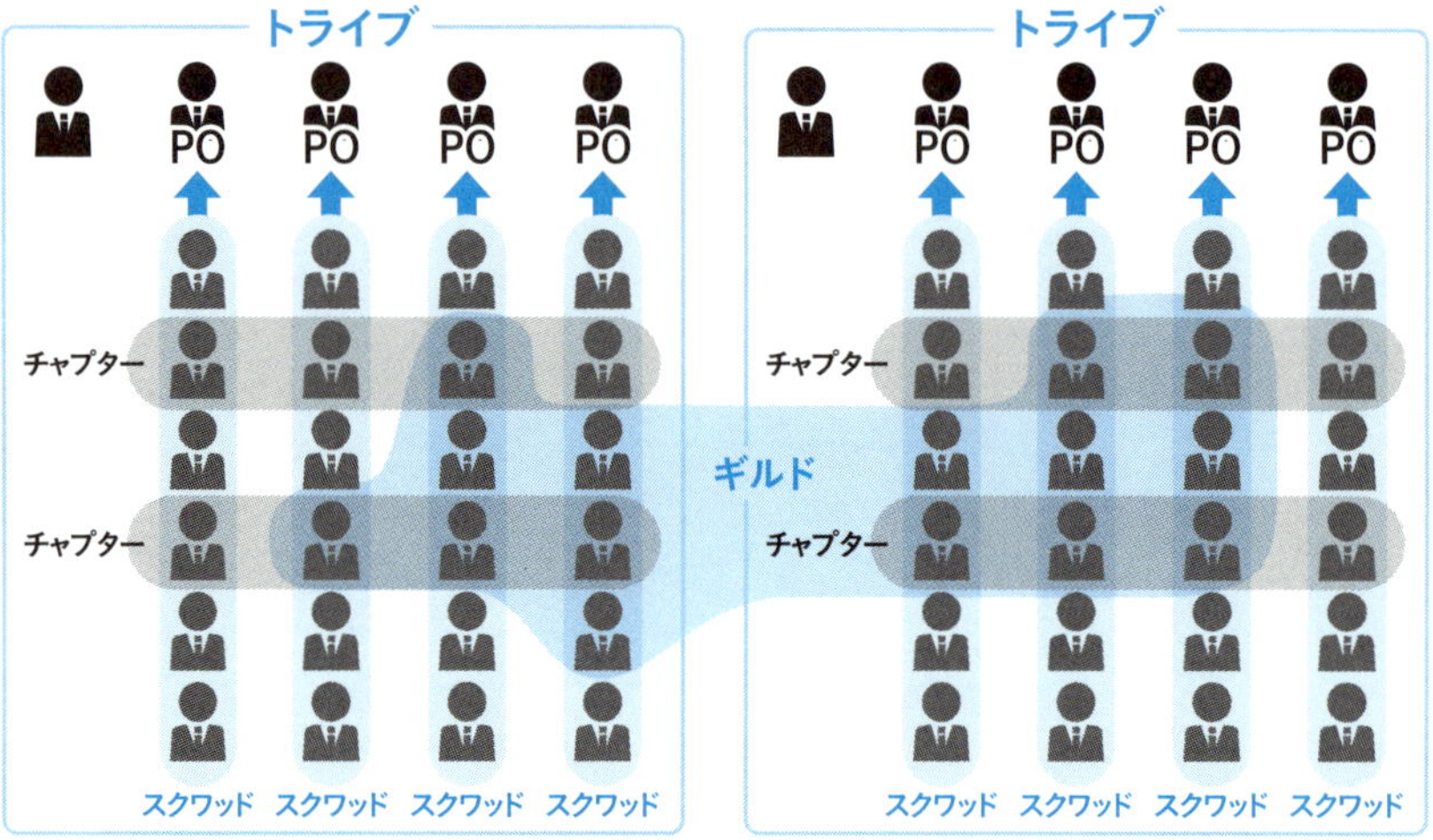

POはプロダクトオーナー（プロダクトマネジャー）の略
出典：https://blog.crisp.se/wp-content/uploads/2012/11/SpotifyScaling.pdfを元に作成

いて、サーバーサイドエンジニア、フロントエンドエンジニア、OSごとのモバイルアプリエンジニア、インフラエンジニアに分かれています。各職能組織には、エンジニアリングマネジャーとそれを補佐するサブマネジャーが数人います。エンジニアリングマネジャーは組織運営に集中していますが、サブマネジャーは自らも各ゲームタイトルの制作にかかわります。技術的難易度が高い開発や、何か問題が生じた場合（いわゆる炎上案件）に、助っ人として参加するのです。

　大事なのは、事業（プロダクト）価値の最大化と組織の成長のバランスです。組織は一度作ったら終わりではありません。組織風土や事業状況などに応じて、随時形を変えていく必要があります。一義的には事業価値の最大化を優先するべきですが、中長期にわたって事業を成長させていくには組織の成長も欠かせません。この

編注9　https://blog.crisp.se/wp-content/uploads/2012/11/SpotifyScaling.pdf

図5-19：スポティファイモデルのチャプターリード

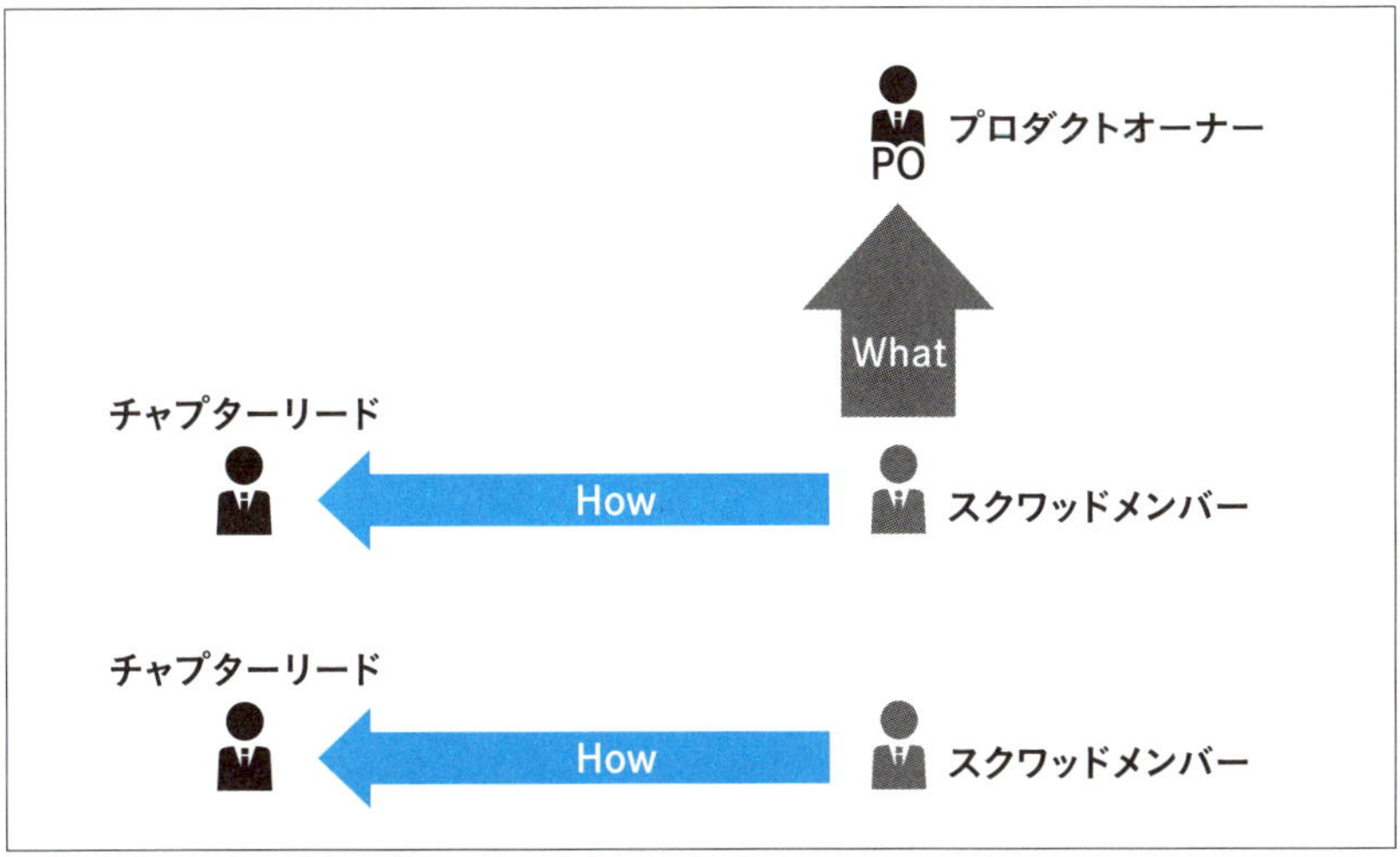

出典：https://blog.crisp.se/wp-content/uploads/2012/11/SpotifyScaling.pdfを元に作成

2つのバランスを考慮した上で、そのステージに応じた組織をデザインしていくべきでしょう。

ここで説明したのと同じことをスポティファイも行っており、その方法を外部に公開しています【編注9】。スポティファイモデルでは、組織は「スクワッド」と「チャプター」という形で構成されています。

スクワッドは、特定のプロダクトやプロジェクトに専念するクロスファンクショナル（部門横断的）なチームで、それぞれが高い自律性を備えています。

一方、チャプターは、同じ職能を持つメンバーが集まり、技術的な議論や知識の共有を行うグループです。つまり、スクワッドが事業主体組織であり、チャプターが職能組織です。

また、スクワッド同士を関連性の強さでグルーピングする「トライブ」という概念もあります。

トライブは、ダンバー数【編注10】に基づいて

編注10　英国の人類学者ロビン・ダンバー氏により提案された「人間が安定的な社会関係を維持できるとされる人数の認知的な上限」。ダンバー数を超えると、人間関係の維持が難しくなり、コミュニケーションの質が低下したり、関係が希薄になる

設計されており、通常100人以下の規模で構成されます。これにより、過度な官僚主義や政治、余分な管理層を排除し、効率的な組織運営が可能となります。トライブ内では、スクワッド同士の連携や協力が促進され、より大規模なプロジェクトに対応することができます。

スポティファイモデルでは、チャプターリードという役割も定義されています。

チャプターリードは、エンジニアリングマネジャー的な役割を持ち、チャプター内での技術スタックや知識の共有、ツールの選定などをファシリテート（支援）します。さらに、自らも日々の業務に携わり、現場との距離を縮めることで、リアルな課題感を把握します。ゲーム会社の例で言うサブマネジャーに相当するものと考えられます。

つまり、スクワッドに所属するメンバーはプロダクトの方向性についてはプロダクトマネジャー（プロダクトオーナー）に従い、どのように実現するかについてはチャプターリードに師事する形となるのです。

スポティファイモデルでは、「ギルド」という概念も導入されています。ギルドは特定の興味や関心を持つメンバーが集まり、知識やツール、実践方法を共有するコミュニティです。ギルドはチャプターを超えた組織横断型で、パフォーマンスの改善やアーキテクチャの指針、監視ツールの選定など、特定のテーマについての議論やプロジェクトを進めます。

このスポティファイモデルの導入により、組織の自治と連携が強化され、効率的な開発が実現されています。これは先に説明した職能組織と事業主体組織の考え方と一致しており、組織の強化に寄与するアプローチです。このような優れた開発組織構成が、スポティファイの急成長と世界的な成功を支えているのです。

「2枚のピザのルール」を活かす

では、組織のサイズはどのくらいが良いのでしょうか？ ここで、スタートアップやネット系企業で有名な「2枚のピザのルール」を紹介しましょう。

2枚のピザのルールとは、アマゾンの創設者ジェフ・ベゾス氏によって提唱された管理哲学の1つです。チームサイズを適切に保つための指標で、「チームのサイズをピザ2枚で十分満腹になる程度に制限する」というものです。具体的には、チームの人数を5人から8人程度に制限することを推奨しています。

このルールは、リンゲルマン効果とも関連しています。リンゲルマン効果とは、チームが大きくなるほど、個々のメンバーの努力が分散し、全体の生産性が低下する現象です。小規模なチームにすることで、各メンバーの貢献が目に見える形になり、責任感が高まるのです。

また、2枚のピザで収まる小規模なチームは、コミュニケーションが比較的円滑に進みます。官僚的な障壁も少なく、迅速な意思決定とイノベーションが可能です。各メンバーがより大きな責任感を持ち、効率的に作業を進めることができるメリットがあるのです。

価値連鎖を意識して組成する

チームの適切なサイズが分かった後は、どのように組織を分割するべきかを考えましょう。

多くの場合、職能（機能別）に分割することを考えがちです。例えば、企画、設計、開発、保守・運用、販売といったような分け方です。しかし、この方法にはいくつかの弊害があります。

まず、部門間コミュニケーションが不足しがちです。情報共有不足や意思決定の遅れが発生し、結果として品質の低下やリリースの遅延につながります。

次に、部門間の責任の所在が不明確になります。問題が発生した際の原因究明が困難になり、顧客対応なども遅れがちになります。

最後に、各部門がそれぞれの目標に集中し過ぎる点も問題です。顧客ニーズよりも部門の論理を優先させてしまう、例えば、エンジニアリング部門は最先端の技術の開発を優先させ、既存プロダクトの不具合の対応を後回しにするなどが起きてしまいます。

これらの事態を避けるには、価値連鎖（バリューチェーン）を意識すると良いでしょう。価値連鎖は、ハーバード・ビジネス・スクールの教授で、競争戦略の分野で著名な経営学者マイケル・ポーター氏が提唱した概念です。企業が製品やサービスを市場に提供するまでのプロセスを「主活動」と「支援活動」に分け、それぞれがどのように価値を生み出しているかを分析します。

主活動には、購買、製造、物流、マーケティング、顧客サービスが含まれ、支援活動には人事管理、技術開発（R＆D）、経営基盤（財務管理や法務など）が含まれます。

例えば、自動車業界では次のような価値連鎖が考えられます。

図5-20：プロダクトを市場に投入するまでの主活動と支援活動

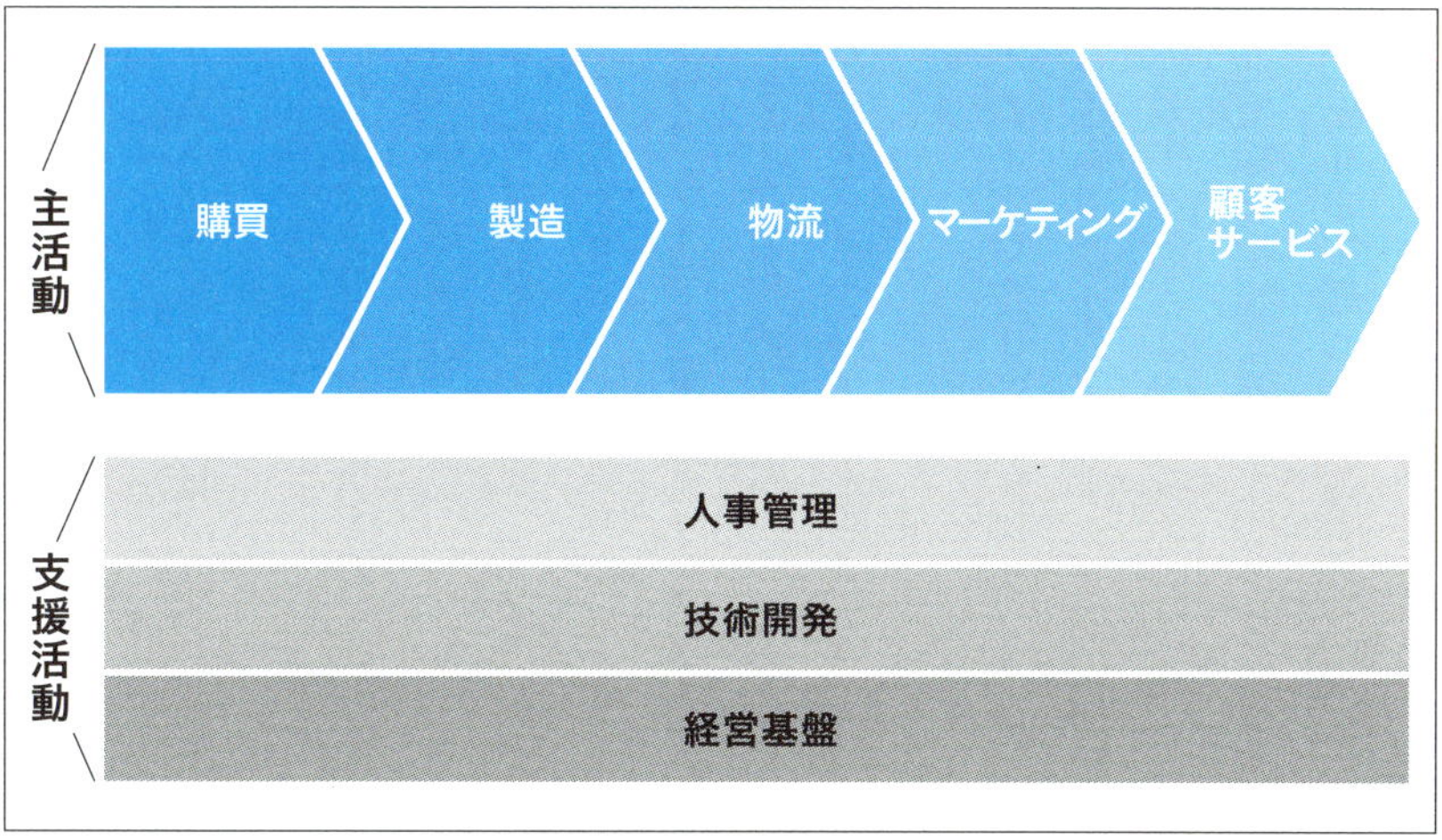

- **購買**：部品や素材の受け入れと保管
- **製造**：自動車の組み立て工程
- **物流**：完成車の出荷と配送
- **マーケティング・販売**：自動車の宣伝と販売活動
- **顧客サービス**：メンテナンスや修理サービスの提供

価値連鎖と適切なチームサイズの考え方を組み合わせて、価値を縦に分割するのではなく、横に薄くスライスする形で分割することで、各チームが全体の価値創造プロセスを理解し、連携を深めることができます。これにより、顧客ニーズに迅速に応えられる組織が構築されます。

この考えをモダンなＩＴシステム開発に適用した形態が、書籍『チームトポロジー』（日本能率協会マネジメントセンター）で紹介されています。この本では、チームの構成方法や相互作用の仕組みを具体的に解説しており、価値連鎖の考え方と適切なチームサイズの重要性を強調しています。

『チームトポロジー』では、次の4つの主要なチームタイプを提案しています。

- **ストリームアラインドチーム**：特定の価値ストリーム（顧客に直接価値を提供する一連の活動）に焦点を当てたチーム。
- **イネーブリングチーム**：ストリームアラインドチームを支援し、必要なツールやスキルを提供するチーム。DevOpsやセキュリティチームなどがこれに相当します。
- **コンプリケーテッド・サブシステムチーム**：特定の複雑なサブシステムの開発と維持を専門とするチーム。データ分析チームなどがこれに相当します。
- **プラットフォームチーム**：他のチームが効率的に作業できるように共通基盤を提供するチームです。

チームトポロジーでは、価値ストリームと表現していますが、これは価値連鎖と同じと考えられます。ストリームアラインドチームが価値連鎖における主活動を担い、その他のチームは支援活動を担うというものです。例えば、プラットフォームチームとは、企業内の複数のプロダクトやシステムが必要とする共通機能を担当するチームです。ユーザー管理や決済などが典型例です。

このチームトポロジーの発想には、コンウェイの法則と逆コンウェイの法則が深くかかわっています。

コンウェイの法則は、「システムを設計する組織は、そのコミュニケーション構造を反映したシステ

図5-21：4つの主要なチームタイプ

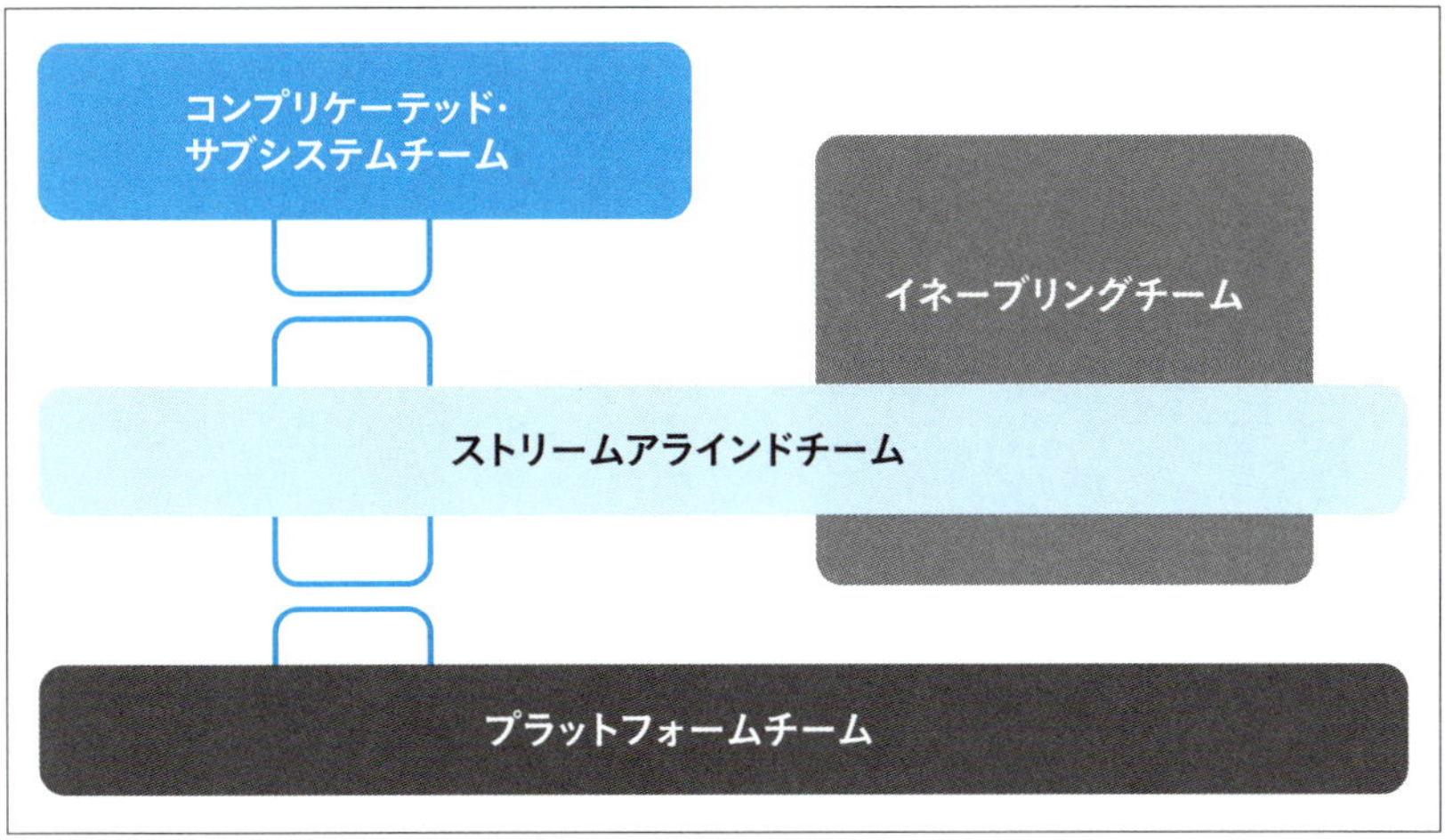

『チームトポロジー』を参照して作成

ムを設計してしまう」というものです。つまり、組織の構造がシステムの設計に直接影響を与えるということです。

逆コンウェイの法則は、「望ましいシステムアーキテクチャを最初に設計し、そのアーキテクチャに合った組織構造を構築することで、コンウェイの法則の影響を回避できる」というものです。これは、システムの設計を先に考えることで、組織構造を最適化し、効果的なコミュニケーションと開発プロセスを実現できるという考え方です。

チームトポロジーは、逆コンウェイの法則を取り入れ、理想的なシステムアーキテクチャを基に組織構造を設計するアプローチを提案しています。これにより、チームが効率的に連携し、価値を迅速に届けることが可能となります。このアプローチは、現代のソフトウェア開発において、アジリティとスピードを維持しながら高品質なプロダクトを提供するために非常に有効です。

責任の所在を明確にする

責任の所在を明確にすることは、プロダクトを成功に導く上で極めて重要です。ただ、日本企業の方と話をしていると、プロダクト責任者が複数人いる、もしくは極めて職位の高い方が責任者であることが少なくありません。複数の方で役割分担されているため、全員で相談して決めることは、1人では全貌を把握しきれない場合に良いことのように思われるかもしれません。しかし、往々にしてリスクを取らない、無難な結論に落ち着きがちです。多くの関係者の意見を聞き、議論を尽くすことは悪いことではありませんが、全員が賛成するまで議論するのは時間の無駄ですし、そのようにして出た結果はどこの誰もが考えつくようなものになります。同じ理由で多数決なども愚策です。

また、責任者が事業部長1人というのも現実的ではありません。現場で日々起きる粒度の小さい意思決定ごとに事業部長にお伺いを立てていては、迅速にプロジェクトを進めることはできません。しかし、実際には、事業部長定例が月に一度あるからといって、それまで意思決定が先延ばしにされるようなことも起きてしまっているのです。

責任者のアサインは、適切なレベルで行う必要があります。これは、プロジェクトの規模や複雑性に応じて、責任の範囲と職位のレベルをバランス良く設定することを意味します。つまり、プロジェクトの大小や影響範囲に応じて、現場のマネジャーやチームリーダーが責任を持つべき場合もあるのです。

例えば、アマゾンではシングルスレッド型のオーナーシップという考え方が導入されています。これは、1つのプロジェクトやプロダクトに対して、専任の責任者を明確に決めることです。シングルスレッドとは、コンピューターの処理において1つのスレッド（コンピューターがプログラムを実行する際の処理の最小単位）が連続して動作する様子を指します。つまり、シングルスレッドという表現は、責任が一貫して1人に集中することを意味します。このシングルスレッド型オーナーシップという考え方により、責任の所在が明確になり、迅速な意思決定と効率的な問題解決が可能になります。

さらに、アップルのＤＲＩ（Directly Responsible Individual、直接責任を持つ個人）という手法も効果的です。ＤＲＩは、特定のタスクやプロジェクトに対して、最終的な成果に対して直接的な責任を負う個人を指します。このアプローチにより、各プロジェクトやタスクには明確な責任者が設定され、その責任者がプロジェクトの進捗を管理し、必要な意思決定を迅速に行うことができます。これにより、プロジェクトの透明性と効率性が向上し、全体の進捗がスムーズに進むのです。

責任の所在を明確にし、適切なレベルで責任者をアサインすることは、組織のスピードと柔軟性を保ちつつ、プロジェクトの成功を確実にするために不可欠です。

出島戦略で新たな事業やサービスに対応する

従来の組織構造では対応が難しい課題に対して注目を集めているのが「出島戦略」です。これは、江戸時代に長崎にあった出島のように、既存組織とは異なるルールで動く治外法権的な独立組織を立ち上げ、新たな事業やサービスの開発に取り組むという戦略です。

この戦略が有効に機能するのは、既存事業を担う組織と新たなプロダクトチームの間でビジネスプロセスや組織文化が大きく異なる場合です。例えば、ＤＸの一環で新規プロダクトを開発したり、スタートアップとの協業で新規事業を進める際など、既存組織にはない考え方や行動様式が混じると軋轢が生じる場合、出島戦略が回避策の１つになり得ます。また、優秀なエンジニアを採用するため既存の給与テーブルを度外視した待遇を用意する場合は、既存事業の社員に理解してもらえるまで嫉妬や疑念から守る必要があります。さらに、物理的にオフィスを分けることで、ＤＸを推進するには堅牢過ぎる環境から逃れるという側面もあります。

これまでにないやり方でイノベーションを起こそうとするチームは、既存の組織から「異物」と認識されることが少なくありません。人体でいえば臓器移植のようなもので、理屈だけではうまくいきません。そこで、まさに出島がそうであったように、本社とは物理的に隔離（というと語弊がありますが）された場所にオフィスを構え、既存組織とは別の文化、別の制度でプロダクト開発を行うわけです。承認に必要なステップも異なるケースが多く、ＣＥＯやＣＴＯ（最高技術責任者）もしくはＣＤＯ直轄の組織としてより少ないステップで事業判断ができるようになっています。オフィスの内装にも工夫を凝らしたりして、自由闊達に意見を交わせるようになっています。

新しい細胞が生まれる時の摩擦がプラスに作用する組織なら、隔離は不要です。そうでないなら成果を生み出すまで無用な対立は避けるべきです。隔離された環境で新しいプロセスを用いて小さな成果を積み重ねると、それが本社でも話題となり、見学者が現れるようになります。同じプロセスを自組織に取り入れるところも出始め、徐々に出島が特別な場所ではなくなっていきます。出島が開国のきっかけになったように、出島も全社的な変革の起点となり得ます。出島の特別な人たちの特別なアプローチが組織全体に波及し、少しずつでも変革を促すことができれば、それは成功と言えるでしょう。

この流れを確実に生み出すには、次の3つのポイントを押さえる必要があるでしょう。

・何をもって成功とするのか目標を明確に定める。
・目的達成の度合いを正確に測定できる指標を設定する。
・四半期ごとに何らかの成果を出し、周知を徹底する。

「ITの力を使って自社ならではのプロダクトを生み出す」というのは、志としては素晴らしい一方で、目標にしては漠然とし過ぎています。何をもって成功とするのか明確にしなければ、本社の人たちに出島の存在意義を理解してもらうことはできません。達成すれば誰もが一定の評価をしてくれる目標を定めると同時に、指標を決め、会議やレポート提出時など、機会を捉えて達成状況を周囲に知らせていくことをお勧めします。

こうした地道な積み重ねから、ソフトウェアファーストでビジネスを立ち上げる意義やメリットを感じて支持してくれる人が増えていけば、より大きな目標にステップアップすることも容易になります。そのマイルストーンとして、小さくてもいいので四半期程度で何らかの成果を出すことを意識しましょう。開発工数が○○日月分減った、新たに搭載した機能でユーザーの離脱率が□□%減ったなど、何でも構いません。コストや時間をそれほどかけずに成果が出ると分かれば、ソフトウェアのポテンシャルに懐疑的な人たちの認識が徐々に変わっていくはずです。

出島戦略において最も避けなければならないのは、出島を新規プロダクトのＰｏＣを行うだけの場所にしてしまうことです。日本の大企業の中には、ＤＸやＩｏＴなど新しいサービスを企画・開発する時に「〇〇準備室」といったネーミングで出島的な組織を作るところがありますが、多くがＰｏＣの繰り返しで終わっているように見受けられます。ダメな研究開発部門のように、ユーザー向けのプロダクト開発につながらないことに終始していては、遅かれ早かれ出島の持つ特権に批判の声が挙がるでしょう。出島の最終目標は、必ず本社の事業を変革するものにしなければなりません。

SIerをどう活用すべきか

本章の最後に、外部依存のきっかけにも心強いパートナーにもなり得るSIerについて考えます。

SIerとは何か

今日の日本のIT業界で中心的な存在になっているSIerは、90年代になって台頭し始めました。これはIBMやDECなどの巨大なITベンダーが、ハードウェアからOS、データベースやミドルウェア、ネットワークまで複数レイヤーの技術を垂直統合で提供していたビジネスに陰りが見え始めた時期と重なります。例えばデータベースの雄であるオラクルのような、ソフトウェア専業のベンダーが台頭し始めたのです。

マルチベンダー化に伴い、それらを組み合わせる役割も必要になってきました。組み合わせると言っても、当時は今のパーソナルコンピューターで実現されているプラグアンドプレイ【編注11】のように、つなげば勝手に動き出すことはありません。機器やソフトウェアごとの設定もあれば、利用シーンに合わせてのカスタマイズもあります。目的とするITシステムにはどのような機器やソフトウェアが必要で、どのようにつなぎ合わせるか、すなわちネットワーク構成も決定しなければなりません。選択肢が増える一方で、それらをすべて事業会社が行うのは難しくなっていました。

そこに登場したのがSIerです。彼らは事業会社では対応しきれなくなったマルチベンダー構成のシステムを開発・運用するために生まれました。NTTからNTTデータ通信（現NTTデータ）が分離独立したり、シンクタンク部門だった野村総合研究所と野村コンピューターシステムが合併して現在の野村総合研究所としてインテグレーションビジネスを行うようになったのもちょうどこの時期（1988年）です。

コンピューターベンダーも、時代の要請に応える形で自社技術だけを提供するビジネスモデルから脱却を図ります。コンピューターから周辺機器、ソフトウェアまでを一括提供するという役割はそのままに、他社製品であったとしても組み合わせ、ソリューションとして納品するSI事業を始めたのです。IBMが早期に事業転換を図り、それに倣うように日本でも富士通や日立製作所、NECなどがSI事業を始めました。「メーカー系SIer」と呼ばれるプレーヤーの誕生です。

当時、DECでエンジニアをしていた筆者は、まさにこのインテグレーション業務を行っていました。DECはシングルアーキテクチャのプロセッサとOS、分散ネットワーク技術などの自社技術を販売していましたが、筆者は社内では珍しく自社技術以外を専門とする部署に所属していました。

編注11　パーソナルコンピューターに周辺機器や拡張カードを接続すると、搭載されているOSが自動で必要な設定を行う仕組み

他社のパーソナルコンピューターとの連携を試行していた筆者のオフィスには、各社のマシンとともに当時まだ日本では珍しかったマッキントッシュなども置かれていました。筆者の隣の部署では、TCP／IP【編注12】やUNIX【編注13】を使った統合システムの開発と運用を担当していました。最初こそ、この2つの部署が例外だったのですが、ほどなくしてこの「統合」は全社戦略となります。エンタープライズ統合センターという部署ができ、ソフトウェアエンジニアの多くはそこに配属されることになりました。

この動きはDECだけで終わらず、他の多くのコンピューターベンダーも同じような移行をしていきます。あるシステムの受注を巡って、国産コンピューターベンダーと競合になったこともありました。グローバルな分散ネットワークを構築するシステムだったのですが、驚いたことに彼らの提案の中に、競争相手であるDECのマシンが含まれていました。ハードウェアの販売だけではなく、統合サービスによる売上がベンダーの収益源へと育っていったのです。

そして現在、SIerと呼ばれる企業の事業形態は、大きく製品販売とサービス提供の2つで成り立っています。製品はハードウェア、ソフトウェア、ネットワーク、周辺機器などがあり、サービスには顧客向けのソフトウェア開発、コンサルティング、インテグレーション、サポート、トレーニングなどがあります。富士通やNECなど、かつてはコンピューター企業と呼ばれていた企業も、製品販売からサービスの比率を増やすようになりました。他方でNTTデータや野村総研などソリューションを中心としていた企業は、製品販売も事業として保持するようになっていきます。結果として、多くのSIerはハイブリッド型の事業構造を持つようになりました。

編注12　インターネットで標準的に利用される通信プロトコル
編注13　コンピューターOSの一種で、マルチタスク・マルチユーザーOSの先駆け的存在

図5-22：業種別売上高の構成比（アクティビティベース）

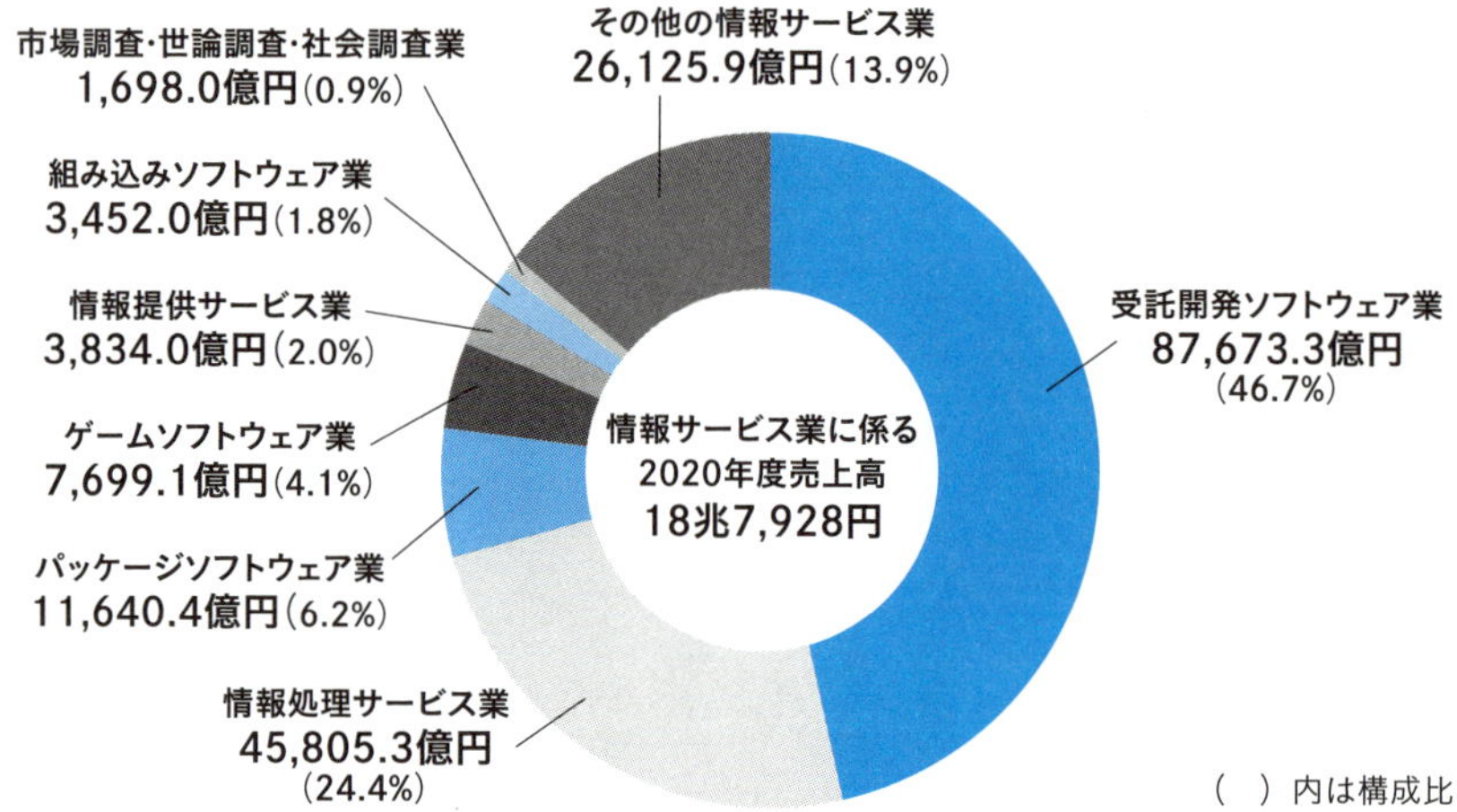

出典：https://www.meti.go.jp/press/2021/03/20220329005/20220329005.htmlを元に作成

しかし、ハイブリッド型と言いながらも、その実態はサービスの比重が非常に高くなっています。総務省が行っている情報通信業を対象とした統計調査「情報通信業基本調査」の2021年度版【編注14】において、情報サービス業の業種別売上高構成は、受託開発ソフトウェア業と情報処理サービス合わせて全体の約7割と圧倒的な比率を占めています。この調査で、製品販売はパッケージソフト業と分類されており約6%しかありません。パッケージソフトではない、SaaS的なプロダクトは分類がないのか、そもそも日本では比率に現れてくるほどの規模でないのかは不明ですが、パッケージソフトに含まれていたとしても極めて小さい比率なのでしょう。

一般的に、利益率は情報処理サービスよりも製品販売のほうが高くなる一方、情報処理サービスの中では上流工程のコンサルティングなど

編注14　https://www.meti.go.jp/press/2021/03/20220329005/20220329005.html

の利益率が高くなります。製品販売において多くの日本企業がグローバルでの戦いに破れた結果、日本のＳＩｅｒは上流工程を事業の中核に置くようになっています。

SIerの功罪

オープンシステムの台頭、インターネットの普及、サイバー犯罪の増加、スマートデバイスやＩｏＴのビジネス利用といった変化が生じるたびに、ＳＩｅｒは事業会社に寄り添ってＩＴシステムの開発・運用をサポートしてきました。その意味では、日本のＩＴ社会を支えた功労者と言えます。特に、金融システムや交通システムなど、人々の暮らしや働きを支える基盤システムの開発においては欠かせない存在です。

従来の基幹システムの多くはＳｏＲ【編注15】と呼ばれるもので、作るものがはっきりしていました。不具合などがない限りは、しばらくの間リリースした時の状態で使い続けることが前提となり、開発後に運用のフェーズに移ります。開発者は開発業務から解放され、しばらくすると次の開発にかかります。

しかし、このようなやり方ではエンジニアの需要が安定しないため、事業会社はエンジニアを社員として雇用し続けるのを躊躇します。システムが完成した後、仕事がなくなってしまう恐れがあるからです。ＳＩｅｒはこの需給バランスを調整する役割としても機能しました。多くの事業会社は、自社内に必要最小限のシステム担当者（多くの場合は、事業側の要求を要件化するまでとシステムの運用を担当する社員です）を配置し、以降のシステム設計や実装はＳＩｅｒに委託するという形を採りました。

編注15 Systems of Recordの略で、企業の業務で生じる各種データを正確に「記録」し、やり取りするためのシステムこの役割分担が日本企業のＩＴ活用を、もっと言えば事業の進化そのものを阻んでしまう原因の１つになっています。例えば、事業会社が希望するＩＴシステムが現状の業務に最適化され過ぎており、これから導入予定のパッケージソフトに大量のカスタマイズを施さなければならないとしましょう。この場合、カスタマイズにかかるコストが高くなるため、本当に顧客のことを考えるなら業務フローを見直す提案をするのが正解です。しかし、ＳＩｅｒが自社の利益を最優先すると、要求された通りにカスタマイズすることが正しい選択となります。導入したパッケージソフトがアップグレードしたら、そこでも多額のコストをかけて再びカスタマイズするわけです。これでは顧客である事業会社がどんどん不幸になってしまいます。

また、ＳＩｅｒが提供するサービスの多くは、契約形態が人月、工数ベースになっています。最近は後述する理由で違った形の契約も増えているようですが、基本は人を大量に投入し、工期が長くなるほど収益が上がるビジネス構造です。そのため、本来歓迎されるべき効率化が、ＳＩｅｒに係ると推奨されないという本末転倒なことも起き得ます。ＩＴを駆使して顧客の事業価値を高めるために存在するはずのＳＩｅｒが、自分たちのビジネスモデルの性質上、本当の意味での価値向上に向けて伴走しづらい側面があるのです。これらは構造的な問題であり、ＳＩ産業で働く個々人がどれだけ顧客視点を持って開発に取り組んでも、解消しきれない課題があると言えます。

ＳＩｅｒの顧客となる事業会社は今、物売りや労働集約型のビジネスモデルから、サービスモデルへと転換しようとしています。それを支えるＩＴシステムも、「作って終わり」ではなく、変化に合わせて「育てる」ことが重要になっています。そんな状況下、ＳＩｅｒに開発を委託するスタイルは多くの不利を抱えてしまいます。意思疎通の難しさや開発の遅延、システムの変更のたびに必要となる契約など、従来のＳＩｅｒとの付き合い方では変化に追従できません。ＩＴが事業の中核を支える存在を担っていく中で、ＩＴをすべて外部に委託するのはリスク以外の何者でもないのです。

さらに、このＳＩｅｒのビジネス構造は、そこで働くエンジニアにも悪影響を及ぼします。ＳＩｅｒが収益率の高い領域である上流工程を担当しようとすることは説明しました。ただ、ＳＩ産業に属する会社すべてが上流工程を担当できるわけではありません。上流工程を担当するＳＩｅｒはプライムコントラクターと呼ばれ、要件定義や設計以降は下請けとなる開発会社が担当します。結果、大手ＳＩｅｒにいるエンジニアは実装経験も乏しく、かと言って自ら事業運営を担当するレベルの当事者意識を持って要件を整理できるわけでもないという中途半端な人材になりがちです。ＳＩｅｒから事業会社への人材流動も進みつつありますが、事業会社に転職しても、自らやり抜くことに対して意識が低い人が多いということも聞きます。その一因はＳＩｅｒのビジネスモデルにもあるでしょう。

なお、ここまで列挙してきたような課題が、企業のＩＴ活用全体の問題として取り上げられる機会は、諸外国の中で日本がダントツに多いです。図5－23を見ると分かるように、日本ではＳＩｅｒを含む「ＩＴ企業」に所属する情報通信系人材の割合が非常に多く、「それ以外の会社」つまり事業会社で働く人材の2倍以上になっています。このデータは２０１５年のものですが、この傾向は変わっていません。２０２０年のデータでも日本ではＩＴ企業に73・６％、ＩＴ企業以外に26・４％が所属しています（ＩＰＡ「ＤＸ白書２０２３」【編注16】より）。

編注16 https://www.ipa.go.jp/publish/wp-dx/gmcbt8000000botk-att/000108041.pdf

図5-23：情報通信系人材が「所属する企業の分類」日本と諸外国比較

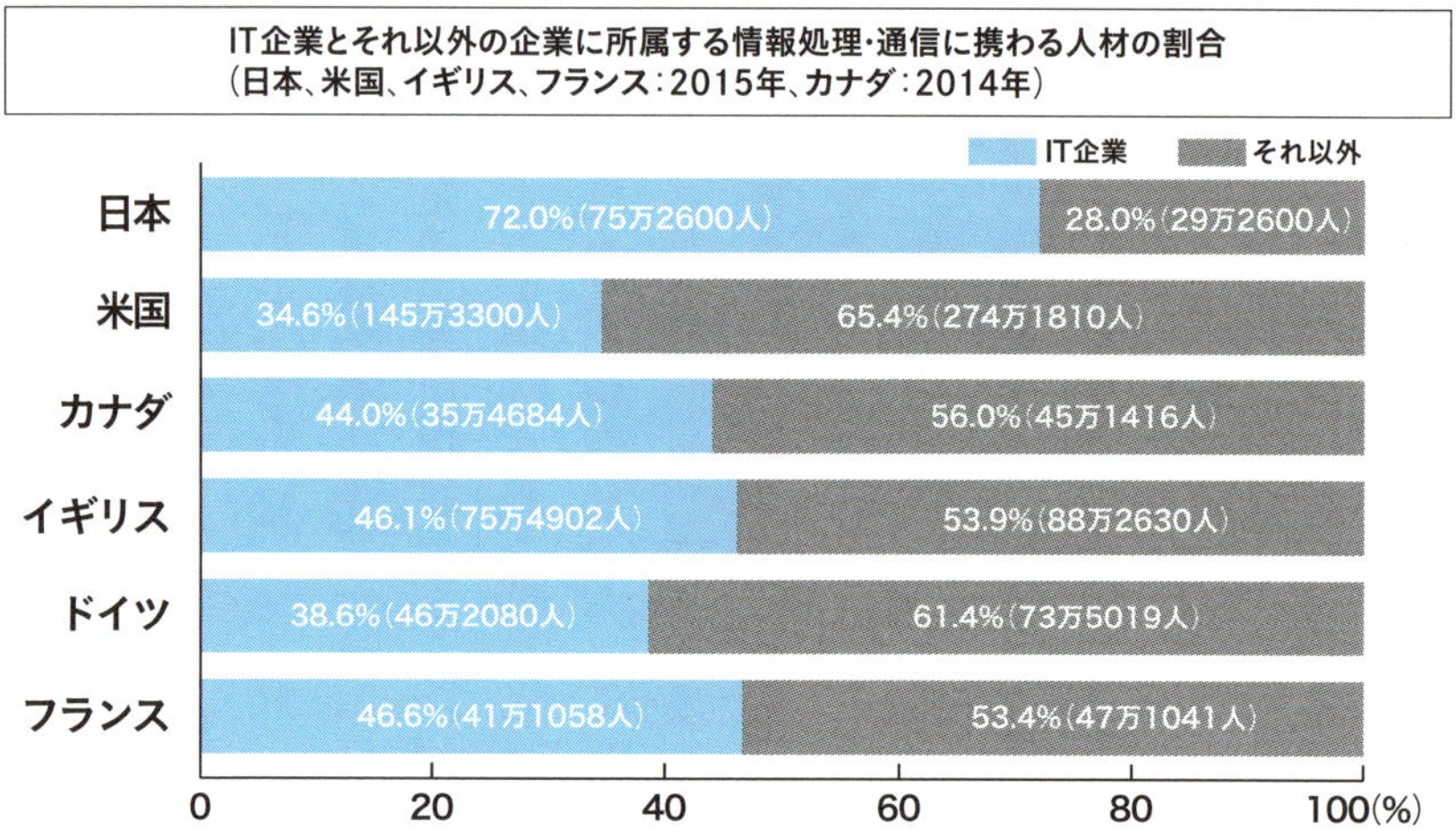

出典：独立行政法人情報処理推進機構（IPA）社会基盤センター『IT人材白書2019』（2019年5月24日）

なぜなのか。筆者が考える理由は３つあります。

１つは、事業会社側がＩＴをなぜか特別な技術と思い込み続けていることです。事業の成長に不可欠な新しい要素があれば自ら学んで活用するのに、ＩＴになった途端にそのような発想をしなくなり、専業のＩＴ企業に委託してしまうのです。また、それが成立するほどに日本のＩＴ業界が成長し、機能し続けてしまったというのも要因の１つでしょう。さらには、ＩＴ業界が製造業の構図を模倣した多重下請け構造で案件を回すようになり、事業会社がこの多重下請け構造化した「コミュニティ」に入っていくのが難しかったという点も挙げられます。

ＳＩｅｒが採るべき今後の選択肢

ＳＩｅｒの中には昨今のＤＸブームに乗っかり、

関連する案件の受注を増やしているところがあります。事業会社のＤＸをサポートするというビジネスで、継続して成長していく事業に対し、ＩＴの専門集団としてコミットする形です。そのため、契約形態もレベニューシェアと呼ばれる収益分配契約にしたり、成果報酬契約にするなど、多様な契約形態が結ばれるようになっています。

しかし、ＤＸの本質は事業と組織の双方に変革を起こすことです。組織変革にはＩＴの専門家の育成や採用が必須です。自ずと、内製化比率を高めていくことが重要となっていきます。そうなると、多くの（従来型の）ＳＩｅｒにとっては自分で自分の首を締めることになるはずです。事業会社が自走できるようになったら、ＤＸに対する外部からの支援は終了となります。突き詰めていくと、ＳＩｅｒは自らの存在価値を最小化していくことになるのです。

では、将来のＳＩｅｒはどんな存在になるでしょうか？　ＳＩｅｒの事業構造は製品販売とサービスのハイブリッド型になっていると書きましたが、日本のＳＩｅｒはサービス依存の傾向が強過ぎるので、製品販売の比率を増やしていくのも1つの手でしょう。その上で、提供した製品に付随するサービスを手厚くして利益を上げるのです。これを筆者は二階建てモデルと呼んでいます。製品は汎用性を持つものにし、できるだけ個別カスタマイズ不要なものとします。これが一階部分です。この一階部分はそのままで多くの顧客に使われることを目指します。これで営業利益率が上がります。一方で、顧客は汎用製品をそのままの状態では使えないことも多く、自社の事情に合わせたカスタマイズが必要です。ここが二階部分です。

実は、現在のＳＩｅｒでも事業モデルとしてはこの二階建てモデルを志向しているところは多くあります。しかし、その構造が歪《いびつ》になっている場合が見られます。一階が薄く、二階がやたらと厚いのです。本当にこんな家があったら、バランスが悪くすぐに倒れてしまうでしょう。この歪な二階建て構造で、しかも二階部分に収益を依存しているため、一階がいつまでも薄いまま、すなわち事業的に弱いままで放置されてしまっています。

仮に、この二階部分、すなわちカスタマイズ部分を自社ですべて担うのではなく、事業会社で担当してもらうようにしたり、自社以外のパートナーが行うようにすれば、自社は「スケールする」一階部分だけに集中できます。こうなれば、このＳＩｅｒはただのＳＩｅｒではなく、もはやプロダクトカンパニーと言うべき存在になります。

実は、この事業モデルはアマゾンやマイクロソフト、グーグルのクラウド事業と同じです。彼らは一階部分だけの専業と考えられます。自社にソリューションアーキテクトなどと呼ばれる技術職はいますが、顧客のシステムの開発までは担当しません。あくまでもアドバイスだけです。実際の開発は顧客自身か顧客が委託するＳＩｅｒが行うのです。

つまり、日本のＳＩｅｒを含むＩＴベンダーは一階部分での競争に破れたため、二階部分での事業に賭けざるを得なくなったという歴史があります。しかし、その状態にいつまでも甘んじていてはいけないでしょう。自社の利益確保のために、顧客の自立を阻害してもいけません。特定分野の製品に限定すれば、他国の企業が提供しておらず、日本企業が得意とする領域も残されています。

ただ、どちらの選択肢を取るにせよ、事業会社がＩＴシステムの内製化を進めていけば、今ほどの規模でＳＩｅｒが数多く残り続けることはないでしょう。現在の業態のＳＩｅｒは、将来的に小規模化し、数も減っていくのではないかと筆者は予測しています。

SIerの活用方法

ソフトウェアファーストの肝は「手の内化」です。本章冒頭でも述べたように、これは単に内製化を進めることだけを意味しません。手の内化が進むと内製化率は高まりますが、内製化しなくても良い部分や、できない部分もあります。特に、自社で抱えることのできない、またする必要もない専門性については、SIerを頼ることになります。また、最終的に高い内製化率を目指すとしても、その過渡期においては外部パートナーとしてのSIerが必要となります。

では、どのようにSIerを活用すれば良いのでしょう。ユーザー企業として意識すべき活用のポイントは次の通りです。

1. SIerの専門知識を活用する

SIerは特定の技術領域や業界における豊富な経験と専門知識を持っています。これらを評価・検討して、自社の技術スタックやプロジェクトの特性に最も適したSIerを選定しましょう。例えば、クラウド移行やデータ分析など、特定の技術分野で強みを持つSIerに依頼することで、プロジェクトの成功確率を高めることができます。

2. **内製と外注のバランスを取る**

すべてを内製化するのではなく、戦略的に外注する部分を決めることが重要です。コアなプロダクトやサービスの開発は内製化しつつ、周辺システムやインフラの運用管理などはＳＩｅｒに委託することで、内製チームが本来の業務に集中できる環境を作り出します。

3. **コラボレーション体制の構築**

ＳＩｅｒを単なる外注先として見るのではなく、パートナーとして協力関係を築くようにします。プロジェクト開始前にＳＩｅｒと一緒に要件定義を行い、定期的な進捗確認やレビューを実施することで、双方のコミュニケーションを密にし、プロジェクトの透明性と一貫性を確保します。

4. **知識の共有と移転**

プロジェクトの過程で、ＳＩｅｒからの知識を自社内に取り込む努力を怠らないことが重要です。ＳＩｅｒが持つ専門知識やノウハウを、自社のエンジニアやスタッフに対して教育・訓練する機会を設け、技術力の底上げを図ります。また、ドキュメントやマニュアルの整備を行い、将来的な内製化に備えることも怠らないようにします。

5. **成果ベースの契約**

ＳＩｅｒとの契約形態を、成果物に責任を持つ請負契約ではなく、システム開発業務自体を委託する準委任契約とすることで、プロジェクトの柔軟性を高めることができます。この形態は、外部パートナーも自社の開発者の一員として働いてもらう意図があり、プロジェクトのスピードと品質を維持するのに役立ちます。

まさにこの点を意識した例が、前節で紹介した星野リゾートが自社開発を開始した当初の体制でしょう。いずれにしろ、自社が制御権を持つことが、ＳＩｅｒ活用に関しても肝要です。

★　★　★

本章では、ＩＴ活用の「手の内化」を担うプロダクトチームのあり方を見てきました。すでに知っている内容も含まれていたかもしれませんが、改めて整理してみると組織形態からその人材採用・育成、外部活用まで、数多くの要素を検討・調整しなければならないことに気付かれたことでしょう。それを踏まえた上で次章では、個々の社員がすべきことについて考えてみましょう。

SOFTWARE FIRST

6章

各人材に求められる変革

適切な組織と必要な人材のあり方は理解できても、個々の社員が実際に行動を起こさない限りは何も変わりません。本章では経営陣、ミドルマネジメント、一般社員のそれぞれがどのように変わることが望まれているのかを解説します。その上で、マインドセットと文化、キャリア形成について、今後のあり方を示します。

これからの経営陣、ミドルマネジャー、一般社員がすべきこと

ソフトウェアファーストの実現には、技術やプロセスの導入だけでは不十分です。その根幹をなすのは、経営陣の強い意志です。変革はしばしば抵抗や不安を生み出しますが、経営陣が明確なビジョンを持ち、その実現に向けて揺るぎない決意を示すことで、組織全体を導くことができます。

経営陣は強い意志と決意を示せ

経営者の中には、ともすると、変革に伴う痛み、あるいは成否不明の危険な賭けを避ける形で、自らの在任中に改革への取り組みを意図的に遅らせているのではないかと思われる人も見られます。それではいけません。逃げ切りは許されないのです。

経営陣の役割には、ビジョンと戦略を明確に伝えるだけでなく、変革の進捗や成功事例も定期的に共有して社員の理解と支持を得ることが含まれます。透明なコミュニケーションは、組織全体の一体感を

高め、変革への信頼を醸成するからです。

変革にはリスクが伴います。しかし、それを恐れていては進展しません。リスクのない挑戦はありません。リスクを避けるのではなく、リスクに備えることが大事です。予期せぬ問題を未然に防ぎながら、新たな挑戦を積極的に受け入れる姿勢が重要です。経営陣が攻めの姿勢で挑戦し続けることで、組織全体に前向きな変革の風潮が育まれていきます。これは、ソフトウェアファーストの実現に不可欠な要素です。

分からないことを否定しない姿勢も大事です。人は自らが理解しないものを否定しがちです。デジタルに疎いあまりアナログに固執したり、デジタルに攻撃的になるようなことがあってはいけません。分からないことを否定せず、むしろ常に学び続けることが大切です。

ＤＸを進めることで、ＩＴリテラシーの低い人がついてこれなくなることを心配する声が上がるかもしれません。確かに、急速に高齢化が進む日本においては、技術に疎い人が多数派を占める場合もあるかもしれません。リテラシーの低い人を見捨てないという意味で「誰一人取り残さない」というフレーズが使われることもあります。確かにこの考えは重要ですが、学ばない人に逃げ道を作るための免罪符になってはいけません。今どきのＩＴは、マニュアルなど読まなくても使えるくらい簡単で、使い勝手が良くなっています。３歳児でも勝手にｉＰａｄの使い方を覚えて、ユーチューブを見ているほどです。また、むしろ「誰一人取り残さないために」ＩＴを使うべきであることも忘れてはいけません。あるサービスを使いたいのにファクシミリでしか受け付けておらず、自宅にファクシミリがなく諦めた若者を知っています。電話での対応が必要で、連絡するのを躊躇する聴覚障碍者がいます。このような事実に目をつぶってはいけません。
変化を嫌う人はたくさんいるでしょう。変化を起こさない理由はいくらでもあります。変化には強い意志が必要です。トップ自らが変わろうとする姿勢を見せることが、企業を変える原動力となります。

経営陣の中で誰が決めるのかを明確にせよ

変革全体をリードする役員が誰になるのかも決めておきたいところです。英語では「最高○○責任者」のことをCで始まる言葉で表記するため、C職と呼ぶこともあります。CEOは経営の責任者ですし、COOは事業執行の責任者です。IT活用に関しては、従来ならCIOが担当するのがほとんどでした。

デジタライゼーション（詳しくは補章を参照）を担当する組織はCIO管轄の情報システム部門であるケースが多い一方、DX推進は情報システム部門と異なる新しい組織を作ることが多いようです。CDOという役職が新設されることもあれば、CTOが担当することもあります。CDOが新設されるのは、その企業がIT以外の技術を本業としていたりするケースです。製薬やバイオなどを主力事業とする会社では、既存事業の技術担当がCTOで、DXのようなデジタル変革を担当するのがCDOになります。

このような形で役職を分ければ「CIOはデジタライゼーションを担当」「CTO（もしくはCDO）はDXを担当」と意思決定を分担できる反面、変革を進める中でこの2人（もしくは情報システム部門とDX推進チームという2つの組織）の間に壁を作るのは得策ではありません。メンタリティが違うと決めつけずに人材交流を図り、全体の変革スピードを上げる必要があります。

CTOとVPoEの役割分担

マネジメントの話に関連して、プロダクト開発の最終責任を持つ立場、つまり経営陣の役割分担についても説明しておきましょう。

先に述べたように、デジタライゼーションを担当する組織はCIOが管掌し、DX推進やプロダクト開発はCTOもしくはCDOが統括するという役割分担を行うことがあります。一般的なテクノロジー企業にはCDOがいないので（創業時からデジタル技術を活用しているからです）、いわゆる情報システム部門はCIOが、プロダクト開発部門はCTOが統括することになります。規模の小さいスタートアップだとCIOを置かないケースもあり、CTOがエンジニアリングに関する事柄全般の最終決定を下します。

そこで、以降はCTOをエンジニアリング組織のトップとして記していきますが、CTOが見なければならない範囲はとても広大です。ざっと上げるだけでも、プロダクトの出来そのものから改善の判断、それに伴う採用技術や組織体制の見直し、エンジニアの採用と人事評価などと多岐にわたります。これが複数のプロダクトになれば守備範囲がさらに広がるわけです。

そこで近年は、CTOとは別にVPoEという役職を設ける企業が出始めています。VPoEを日本語に直訳するのは難しいのですが、あえて意訳するなら開発本部長やエンジニアリング組織の担当役員となるでしょうか。CTOが担っていた人・組織面の戦略遂行を切り出して担う立場で、エンジニアの生産性と成長を最大化するために動きます。

整理すると、CTOの役割は次のようになり、VPoEを配置する場合には、このうち主に3つ目を担当することになります。

1. 自社の技術ディレクション（どのような技術を採用するべきか。例えば、プログラミング言語やフレームワーク、インフラなど）の決定。
2. 経営に対する技術面からの関与。開発への投資判断やパートナー選定、事業に対して技術面からの判断など。
3. エンジニアリング組織のトップとしての組織マネジメント。

CTOとVPoEを分離させた場合、その関係性はどのようになるでしょうか。CTOとVPoEが横並びになる、CTOにレポートする形でVPoEが存在する（つまりCTOが上でVPoEが下に入る）、またはその逆（VPoEが上でCTOが下に入る）など、さまざまな関係性が考えられます。一般的にはCTOが上に就いているケースが多く、その逆はあまり聞きません。CTOのCがチーフ（chief）であることを考えると納得できますし、技術はエンジニアリングのためだけにあるのではないと考えると、意味合い的にも分かりやすいでしょう。横並びだと指揮命令系統が分かりにくくなるデメリットがあります。CTOが人の管理が苦手であるという理由だけで、VPoEを置こうとしているのならば、本当に置く必要があるのかよく考えてみましょう。

そもそもCTOやVPoEを置く必要があるのか?というところから考えるのが大切です。日本では経営陣に技術の分かる人がいないことが多いので、筆者はCTOを置くことを推奨してきました。ただ、もしその企業が真のテクノロジー企業であるならば、あえてCTOを置く必要はないかもしれません。必然的に、経営陣や役員に技術出身者が多くいるはずだからです。マイクロソフトも以前は置いていませんでした。創業者のビル・ゲイツ氏がCTOそのものだったからです。

改めて、CTOを置く利点と、逆に課題となることを考えてみましょう。

CTOを置く利点

・経営陣の中に技術担当が存在することで、技術をどのように経営に活用するかを考えられる。技術部門の意見を経営陣に届けることができる。
・技術面での戦略を統括できる。
・エンジニアのキャリア形成に関して、社内にロールモデルを示せる。
・自社技術に関しての対外的なスポークスパーソン（代弁者）を用意できる。

これらは、経営陣や役員の中に技術の分かる人が一定の割合でいればCTOを置かなくても済む話です。ただし、昨今はエンジニアが転職先を選ぶ時の1つの要件として、その会社に優れたCTOがいるかどうかを見る風潮もあります。CTOがいなくても技術力が高くエンジニアを尊重している会社はありますが、ＣＴＯを置くくらいきちんと開発に取り組み、エンジニアの待遇や開発体制も整備されているかを判断材料にしている人もいるようです。

ＣＴＯを置いた場合の課題としては、そのＣＴＯよりも優秀な技術者を採用できなくなる可能性があることが挙げられます。これは特にスタートアップにありがちな話です。スタートアップでは、創業者の身近な友人や知人の中で「コードを書ける人」がＣＴＯとなっているケースがあります。その人が素晴らしく優秀であれば問題はありませんが、もしそうでない場合、その後順調に組織が拡大してエンジニア採用を本格的に行うとなった時に問題が生じます。そのＣＴＯよりも優秀なエンジニアは、「自分はこのＣＴＯにレポートすることになるのか」と転職を躊躇しかねないのです。一度最高責任者に任命すると、特に役員にした場合、解任するのが難しくなるので、慎重に判断する必要があります。

ＣＰＯを設置する利点と役割

ＣＩＯやＣＴＯ、ＣＤＯなどに加えて、ＣＰＯ（Chief Product Officer、最高プロダクト責任者）を設置する企業が増えています。特にコンシューマー向けや法人向けのプロダクトを持つ企業では、この役割が重要視されています。米国企業に多く見られる傾向ですが、日本企業でも徐々に増加しています。

ＣＰＯを設置する利点は、企業が複数のプロダクトを持つ場合に全体のプロダクト戦略を統括できることです。これにより、経営や事業戦略とプロダクト戦略の整合性を保ち、各プロダクト間の連携や分担を最適化できます。例えば、機能の重複を避けたり、リソースの配分を最適化したりすることが可能になります。

ＣＰＯの具体的な役割には以下があります。

1. **プロダクト戦略の策定と実行**：企業全体の目標に基づいてプロダクトの戦略を策定し、その実行を指揮する。
2. **プロダクトポートフォリオの管理**：複数のプロダクトのバランスを取りながら、成長性や市場ニーズに応じた最適なポートフォリオを維持する。
3. **プロダクト文化の浸透**：プロダクトマネジャーだけでなく、営業職やコーポレートスタッフにも、プロダクトの重要性を理解させ、企業全体でプロダクト力を高める文化を作る。
4. **外部への発信**：プロダクトの顔として外部に情報を発信し、企業のスポークスパーソンとしてプロダクト戦略を広める。
5. **部署間の連携と調整**：現場レベルでは困難な高レベルの交渉や調整を行い、全体の連携を強化する。

このように、ＣＰＯを設置することで、プロダクト戦略の一貫性を保ちつつ、迅速かつ柔軟に市場の変化に対応することが可能となります。

担当者の交代を厭わない

経営陣には、プロダクトがうまくいっていない時に担当者の交代を厭わない姿勢が求められます。例えば、プロダクトの成長が停滞している時や担当者が現状維持に甘んじている場合、新しい視点や戦略を持つ別の担当者が必要です。新しいリーダーが新たな挑戦やリスクを取ることで、プロダクトの活性化が期待できます。

担当者、特に責任者の交代は、良くも悪くも組織にインパクトを与えます。一種のショック療法的な意味合いも持ちます。ネガティブに働く要素もゼロではありませんが、丁寧なコミュニケーションを心掛け、担当者本人には別の部署での再挑戦の機会を与えましょう。

市場は変化し続け、顧客の要求も常に進化します。同一の担当者が柔軟に対応できれば良いのですが、必要とされるスキルも異なる中、適材適所の観点からも担当者を交代すべき局面に向き合いましょう。また、責任者のマネジメントが不適切でチーム全体の士気が低下している場合、その人の交代は急務です。退職が相次ぐようになったら末期症状ですが、なぜか経営者や組織長によっては責任者の言い分だけを鵜呑みにして、手を打たないこともあります。人材難の時代に、社員のモチベーション低下のリスクを軽視してはいけません。

もちろん、担当者交代の前に、本人に自覚を促し、改善を求めることはすべきです。それでも、担当者交代という切り札を使わない手はありません。筆者も過去にプロジェクトが長期化し、終わりが見えなくなっていた状況で、トップの交代を経験したことがあります。前任者は人格者でメンバーからの信望も厚かったのですが、プロジェクトには閉塞感がありました。そこに、隣の部署から若手のリーダーが赴任したのです。彼は自分の部下を引き連れて、今までのやり方を一新しました。「出荷するぞ」という意気込みがチーム全体に宿り、プロジェクトは生き返りました。

米国企業では、劇的に組織を変更することがあります。CEOが入れ替わった時など、前CEOの子飼いの部下が一掃されることもあります。組織の雰囲気が殺伐とすることも多く、必ずしも褒められたものではありませんが、確実に組織は変わります。日本は解雇規制も強く、アメリカと同じことはできませんし、するべきとも思いませんが、組織の和ばかりを重んじることも望ましくありません。

ミドルマネジャーの役割を明確にする

次は、組織内のミドルマネジャーの役割とあり方を見ていきましょう。

まずは、マネジメント職の役割を明確にしておくことが重要です。日本企業では、向き・不向きを問わず社歴や年齢を重ねただけの人が管理職（あえて管理職と書いた理由は後述します）に昇進し、若いメンバーが実務を担うという構図で組織づくりが行われるケースが多いように感じます。これではマネジメントがアマチュアなまま組織運営が行われ、機能不全に陥ってしまいます。しまいには誰もその管理職に期待もリスペクトもしなくなり、中途半端なプロダクトを開発するような組織に成り下がってしまうかもしれません。現場から本質的な提案や技術的なチャレンジが自発的に出てくる組織にするためにも、マネジメント職は組織運営やメンバーの育成・評価の専門家として任命するべきです。

中にはマネジメントの専門スキルを身に付けないまま組織を率い、ただメンバーに業務を割り振って指示を出すだけの調整役になっている人も見受けられます。

このような管理職は、本来の意味の「マネジャー」とはかけ離れた存在です。筆者が勤めてきた外資系企業では、マネジメントも1つの専門職として扱われ、評価や昇進は特定領域の専門性をベースに判断されます。その領域は人や組織、特定の顧客、プロダクトなどさまざまです。それぞれに対する専門性があって初めて、担当領域における「マネジャー」の職位を得ることができます。社歴や年齢は関係なく、能力があれば新卒社員でもマネジャーに就くことができるわけです。例えば、顧客担当のマネジャーはアカウントマネジャーであり、プロダクトの場合はプロダクトマネジャーとなります。これが、管理職との大きな違いです。

日本的な管理職は、まず事業運営にかかわる何かしらの専門性を高め、担当領域におけるマネジメントのプロに変わっていかなければなりません。以降は、日本で一般的に「管理職」と呼ばれているピープルマネジャー（People Manager）を例に、マネジャーがやるべきことをいくつか列挙していきます。

本来マネジャーが果たすべき役割を理解する上で参考になるのが、スポーツチームにおけるマネジャーです。甲子園出場を目指す高校野球チームのマネジャーを想像してみてください。もしくは、タレントやお笑い芸人のマネジャーでもいいです。どちらも主役はチームの選手やタレントです。彼らが成功するために支援するのがマネジャーの役割になります。決して目立つことはありませんが、チームやタレントの活躍には欠かすことのできない存在です。

企業におけるマネジャーの役割も、同じように考えることができます。担当組織のメンバーが活躍できるようにサポートするのがマネジャーの最も重要な役割です。それに加えて、スポーツチームで言う「監督」や「コーチ」の役割も加わります。それはメンバーのアサインメント（配置）と成長のためのコーチング、メンタリングという役割です。

いくつかの日本企業の相談を受けていると、残念ながらマネジャーが機能していないと言わざるを得ない現場が散見されます。マネジャーの職務は多岐にわたりますが、部下の成長をサポートするために一番大事なのは、適切な評価です。評価とは年に1～2回の人事考課だけを指すのではありません。給与やボーナスなどの報酬を決めることだけがマネジャーの役割ではないからです。

評価とは、部下が成長していくための気付きを与える行為です。定期的な人事考課の季節を待つのではなく、常に適切なタイミングでフィードバックしなければなりません。そのためには、部下の能力を理解し、その能力を活かしたパフォーマンスを発揮しているか把握し続けることが大切です。

適切なタイミングでフィードバックを与えるのにもスキルが必要です。そのために会社はマネジャー教育を実施し、マネジャーを育成するのがいいでしょう。マネジメントスキルは自然と身に付くものばかりではないからです。パフォーマンスの良し悪しを伝える場合も、その内容や対話法など工夫を凝らすべきことが多々あります。マネジャートレーニングでは、座学とロールプレイなどを組み合わせ、実践的なスキルを身に付けるようにします。

ソフトウェアファーストを実践するという観点で言うなら、これらのマネジメント業務を実践しながらDXやその他のIT活用を強力に進めていく組織を作り、競争力を高めていくことが求められます。その際、「競争力」には2つの意味があることを理解しておきましょう。1つは担当組織を強くしていくことで事業に貢献し、対外的な優位性を保つことです。もう1つは、担当組織のメンバーが転職や社内異動で離脱してしまうリスクを下げること、つまり最も魅力的な組織にしていくことを指します。

外資系を中心に、最近では日本企業でも、社員がかなり柔軟に異動できる制度を持つ組織があります。社内には社外向けとほぼ同じ求人情報（ジョブボード）が公開されており、社内転職が自由に行われます。似た制度として、プロスポーツに倣った社内FA制度もありますが、それとは異なり、決まった時期に限られることもなく、事前に上司に許可を得る必要もありません。まさに、転職に近い制度となります。社外への人材流出だけでなく、社内への人材流出も起こり得るのです。もしマネジャーが担当する事業そのものが停滞気味で、仕事を通じて成長していけるイメージも湧かない組織の場合、メンバーはどんどん抜けていきます。他の組織から異動を希望する人もおらず、弱体化していく一方です。だからこそ、マネジャーには担当組織の魅力を真剣に考え、その魅力を高めるために工夫する努力も問われます。

人材流動化が進んだ業界では、会社間の人材争奪戦が厳しくなりますが、もし企業の魅力が高く、退職率が低かったとしても、組織間での人材の奪い合いがあるため、マネジャーは常に同僚との厳しい競争にさらされることになります。足の引っ張り合いは問題外ですが、魅力的な組織づくりと事業への貢献のための正しい競争は企業を強くします。いわゆる中間管理職として、経営と現場の板挟みになりながら調整を繰り返しているだけではダメです。ＤＸのように経営方針そのものが変わる時は、担当組織の業務を変えなければならないこともあり得るでしょう。そこでメンバーの不満が噴出することも考えられます。それでも、できるだけ多く予算を確保できるように奔走したり、時には上司や会社に対して現場側の意見を伝えながら、事業推進とメンバーの成長を両立できるように動かなければなりません。会社の方針に沿った上で、現場の自由な発想を大事にして、より良いチームワークを生み出す。この役割を板挟みと感じるか、会社と個人を結ぶ重要なコネクターと感じるかは大きな違いです。

ちなみに、マネジャーがコネクターの役割を効率的に果たすための仕掛けとして、自分自身の「取扱説明書」を作って公開するというやり方があります。チームワークは人と人とのつながりから生まれるものですが、人は感情の生き物です。ちょっとした行き違いでそのつながりが阻害されてしまいます。マネジャーに悪気はなくても、あるメンバーにぶっきらぼうだと思われてしまったり、発言の真意がうまく伝わらないこともあるでしょう。このような状況を避けるためにも、自分の「取扱説明書」を公開しておくのは良いアイデアです。

実際、グーグルで長年SVP（Senior Vice President）を務め、現在はフェローのウルス・ヘルツル氏は、自分自身の取扱説明書（ユーザーズマニュアル）を社内に公開していました【編注1】。自分がどんな人間であるかを社内に公開し、自分の扱い方を周りに理解してもらっていたのです。筆者は彼のアイデアから発想を得て、支援しているクライアント数社にもメンバー間の相互理解のために、自分の取り扱い説明書を書き、共有することを勧めています。

開発組織におけるマネジャーの役割

マネジャー、もしくは管理職と言うと、何やらそれだけで偉い存在だと思われるかもしれませんが、マ

編注1　https://www.quora.com/Is-there-a-public-version-of-Urs-Holzles-personal-user-manual-If-so-where-can-I-find-it

ネジャーの役割はメンバーのパフォーマンスを最大化し、成長を助け、成長し続ける組織を通じて事業に貢献することです。つまり、縁の下の力持ち。「管理」という言葉が誤解を生じさせてしまうのかもしれませんが、組織のメンバーを駒のように動かして、好き勝手に振る舞うことでは決してありません。

マネジメントやそれに近い職位の社員は、現場発信の議論を受けつつ（引き出しつつ）、解決に向けたタスクを提案し、リードしていくことになります。中には技術選定やアーキテクチャについての議論も含まれるでしょう。つまり、エンジニアリング組織のマネジャーは、組織を束ねてメンバーの成長を支援するだけでなく、技術面の判断も求められるのです。

実装軽視が強い日本企業では、「プログラミングしなくなってからが一人前」という考えが根強く残っています。若手時代の数年間、実装経験を積んだ後は、設計やプロジェクト管理に移行するのが一般的なところも多いようです。しかし、技術は常に進化し続けており、1年前の「最新技術」ですらすぐに陳腐化してしまいます。そんな中で、十数年前の知識のまま、新しい手法を勉強もせずに過ごしていたら、現代的なエンジニアリング組織のマネジメントはできません。

『エンジニアのためのマネジメントキャリアパス』（オライリー・ジャパン）という本は、米国におけるソフトウェアエンジニアがマネジメントに進む際のガイドブックのような存在です。ラインマネジャーから始まり、複数の組織を見るマネジャー、そしてCTOに登り詰めるまでのキャリア構築のアドバイスが書いてあります。この本でも、常にハンズオンのスキルを磨き続けること、すなわち実装フェーズの技術を学び続けることを推奨しています。それくらいプログラミングへの理解が重要なのです。

ソフトウェアファースト時代のリーダーシップ

ソフトウェアファーストの時代において、リーダーシップの発揮はすべてのマネジャーに求められます。実際にはリーダーシップはマネジャーだけでなく、すべての社員が持つべきマインドですが、ここではいったんマネジャーに特に求められるものとして説明を続けます。

従来のリーダーシップスタイル、例えば官僚的リーダーシップや家長的リーダーシップなどは、この新しい時代には必ずしも適していません。官僚的リーダーシップとは、組織の規則や手順を重視するスタイルで、変化への適応を良しとしない傾向があります。また、家長的リーダーシップは、部下を家族のように扱い、指導するスタイルです。部下の従順さや忠誠心を重視する傾向があり、部下の自律性や創造性が育ちにくいという弊害があります。

ソフトウェアファースト時代に求められるのは、次のようなリーダーシップスタイルです。

- **変革型リーダーシップ**：変革型リーダーは、ビジョンを共有し、部下をそのビジョン実現のために動機づけます。
- **サーバントリーダーシップ**：サーバントリーダーは、部下のニーズを自らのニーズよりも優先し、部下が最高のパフォーマンスを発揮できるようにサポートします。先ほど、高校野球やタレントのマネジャーの例を出しましたが、そこで求められるリーダーシップのスタイルはこのサーバントリーダーシップと呼ばれるものです。

・**オーセンティックリーダーシップ：**オーセンティックリーダーは、弱さも含めて自己開示を行い、自らにも他人にも誠実であるリーダーです。透明性および倫理的な行動を通じて信頼を築きます。

マネジャーは、自身の固有の特性に基づいて特定のリーダーシップスタイルを採用していることが多いものです（そのスタイルが避けるべき従来型のものである可能性もあります）が、部下や組織、事業の現状に適応するためには、リーダーシップスタイルを柔軟に使い分ける能力が求められます。

一般社員の役割とあり方

最後は一般社員の役割とあり方を考えましょう。

一般社員は、職種によってやるべきことが変わります。しかし、ソフトウェアファーストを実践するには、どの職種の人も技術への理解を深めなければなりません。

経営陣の課題として挙げた「ソフトウェアに対する一般的な興味」についても、あらゆる職種の人に持ってほしいと思います。話題になっているアプリケーションは試してみましょう。お子さんがいるならば、何を使っているか聞いてみましょう。海外に知人がいる人は、現地で使われているアプリケーションを教えてもらうのもいいでしょう。そして、それらを他人事と思わずに、自分たちの仕事に重ね合わせてみる（自分事として捉える）のです。

コンシューマー向けのアプリケーションであっても、流行するには流行するだけの理由があります。それを法人向けに応用できないか、自分たちの仕事で参考になるところはないかを考えてみてください。

こうした習慣を持つことは、業務の助けになるだけでなく、将来の自分を助けることにもつながります。年功序列、終身雇用、労使協調が日本的経営の三本柱と呼ばれた時代は終わりつつあります。多くの大企業が終身雇用の看板だけは下ろさずにいましたが、２０１０年代に入ってはっきりと廃止を明言し始めています。政府が打ち出した骨太の方針では、労働市場改革に重点が置かれており、民間企業に終身雇用を見直すように求めています。経団連も政府同様に終身雇用などの日本の従来の雇用システムの見直しが必要だと発信しています。これが何を意味するかというと、自分のキャリアは自分で作るしかないということです。その際、欠かせないのが技術に関する興味と知識でしょう。

企業の寿命は30年と言われます【編注2】。高度成長期に絶頂を迎えた企業は、すでにその寿命を終えていると考えても過言ではありません。90年代～２０００年代にそのような会社に入社した人は、寿命を迎えているかもしれない会社に一生を託してしまっているかもしれないという危機感をもっと持つべきです。

もっとも、30年を超えても存続し続け、国内外で競合力を持ち続けている会社もあります。そうした会社は、掲げる看板こそ同じでも、事業の中身が変化しており、創業時と同じ会社とはもはや言えなかったりします。同じことを、個人のキャリア形成でもやらなければなりません。

２０１９年1月、トヨタ自動車の豊田章男氏が新年の年頭挨拶で社員に語ったスピーチが話題になりました。「トヨタの看板がなくても、外で勝負できるプロを目指してください」。トヨタが今すぐ終身雇用を守れなくなりそうだからという伏線があるわけではないでしょう。この発言の真意は、トヨタにし

編注2 https://business.nikkei.com/atcl/NBD/19/00107/00169/

がみつくことなく、どこに行っても通用する人材がトヨタで働き続けるということが、トヨタをより強くするというメッセージだと筆者は理解しています。

「どこでも働ける」人材が、能動的に所属する組織を選んで働いているという状況は、その組織を強くします。と同時に、その人材は常に「どこでも働き続けられる」だけの努力を怠りません。個人の強さが組織の強さとなります。一方で、組織は強くあり続け、強い個人を惹き付ける努力を怠らないようにしないと、「どこでも働ける」人材はすぐに流出してしまいます。この個人と会社との良い緊張関係がお互いを強くするのです。

「どこでも働ける」能力とは、企業の枠を超えて通用するポータブルなスキルのことです。この能力の獲得のためにネットワーキングを強化することを意識しましょう。最近では職種ごとに企業の枠を超えたコミュニティが存在していたりします。それらに参加することで社外のつながりを作り、新たな知識や技術に触れることで自身の視野を広げ、イノベーションを生み出すヒントを探っていきましょう。

最近の働き方改革の一環として、副業や兼業が推進されています。政府が就業規則のガイドラインで副業・兼業を含めたこともあり、多くの企業が副業を解禁し始めています。この副業や兼業も「どこでも働ける」能力の獲得となります。

さらに、リスキリングの重要性も忘れてはなりません。リスキリングとは、既存のスキルをアップデートしたり、新しいスキルを学び直すことを指します。日本でも、企業や政府、自治体がリスキリングのためのプログラムを提供していますが、これを利用するだけでなく、自ら積極的に主体性を持って学び続ける姿勢が求められます。経験上、雰囲気でＤＸをしているような企業が用意した研修は、旧態依然として時代に即していないことも多いのです。諸外国では、生涯にわたって断続的に学び続けるリカレント教育が当たり前とされています。日本でも自らのキャリア形成の一環として主体的に学ぶ必要があります。

マインドセットと文化を育成する

本節では、ソフトウェアファーストを進めるためのマインドセットと文化について考えます。まず、どのような組織文化を構築するかを考える際に筆者が主張している「プロダクト志向組織」について説明します。

全員がプロダクト志向になる

ソフトウェアファーストが目指す、手の内化や内製化の体制を整えるには、事業サイドの人間もＩＴやソフトウェアに対する理解を深めなければなりません。一方で、ソフトウェアエンジニアも事業やプロダクトにもっと意識を向けるべきだと考えています。

一般的なソフトウェア開発では、なぜ作るのか（Ｗｈｙ）、何を成すべきか（Ｗｈａｔ）を考えるのは事業サイドの企画職やプロダクトマネジャーの役割だとされています。その意向を受けてどう作るか

図6-1：全員が「プロダクト志向」で考える

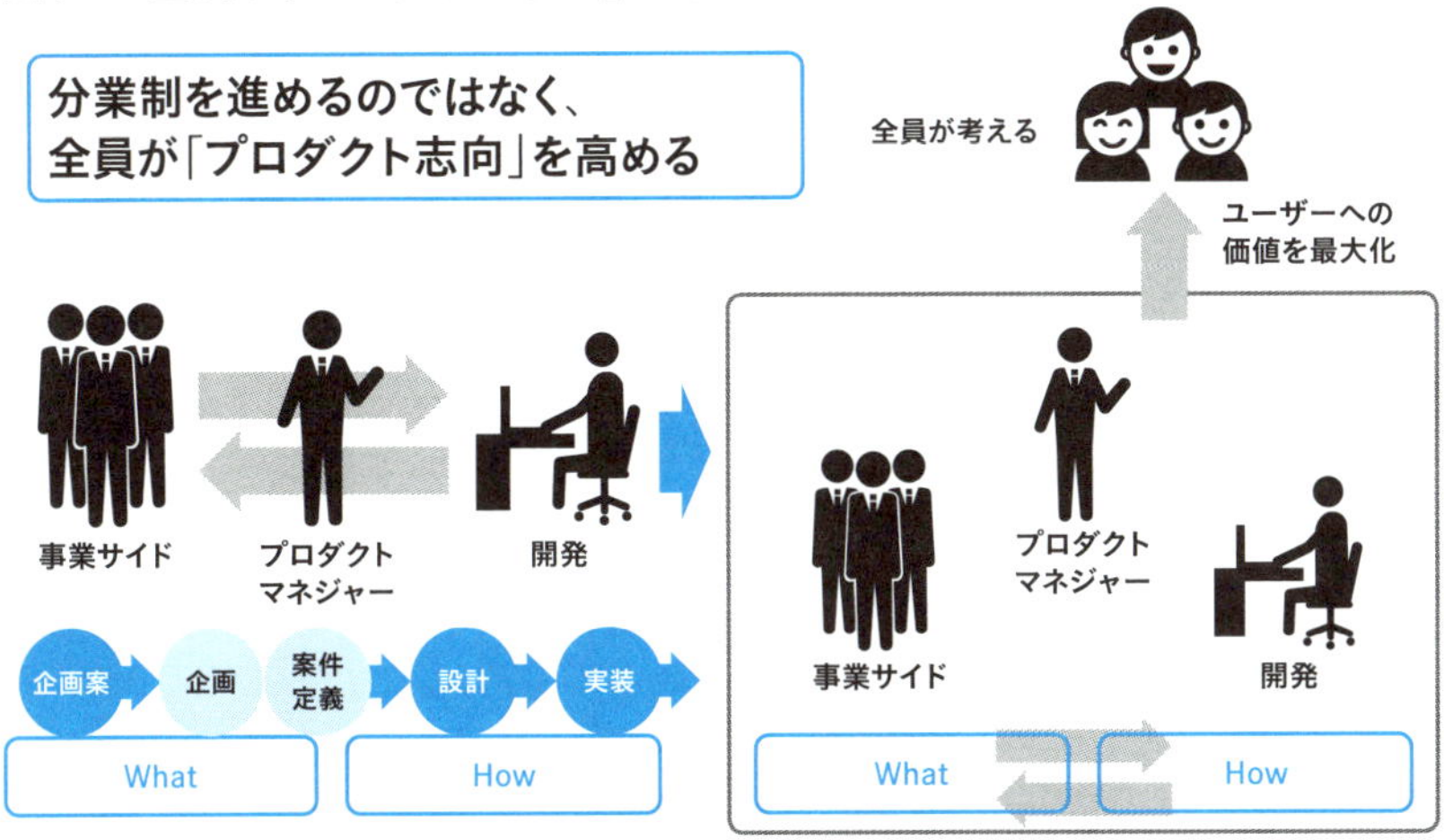

役割を明確にした結果、社内でありながら別会社のように受発注する関係になるのは本末転倒。事業サイドも開発サイドもユーザーへの価値提供を意識すれば連携が強まる

（How）を考え、実装するのがソフトウェアエンジニアの役割です。これはこれで、役割分担を明確にしてスピーディーに開発を進めるやり方ですが、分業が進み過ぎるとソフトウェアエンジニアがHowしか考えない存在になってしまいます。その行き着く先が、企業の情報システム部門が経営陣と外部委託先との間で調整役にしかなっていないという状況を生んでいるように思います。既存のIT部門が言われたことを形にするだけの役割でしかない場合、いざ内製化しようとなった時、経営陣が「ウチのIT部門では無理そうだ」と思ってしまうのも無理はありません。事業サイドの人間がテクノロジーを学ぶのと同様に、エンジニアリング組織もプロダクト志向で物事を考える組織に変わっていかなければならないのです。

筆者が言うプロダクト志向とは、製品に搭載する機能の良し悪しや技術的な実現可能性を考えるだけではありません。その本質は、事業がたどり着きたい目標、すなわちユーザーに提供する価値を最大化するために何が必要かを考えることにあります。

5章でも紹介した星野リゾートは、現在では自社でソフトウェアエンジニアを抱える企業としても知られています。

星野リゾートの場合、エンジニアは星野リゾートの目指す世界観に共感し、高いモチベーションで働いています【編注3】。彼らの多くは自身の旅行体験から課題意識を持ち、それを解消するアイデアを持っています。つまり、自らがプロダクトのユーザーであり、当事者として課題を捉え、解決策を提案しているのです。これが顧客ニーズに迅速に対応できる要因の1つとなっています。さらに、星野リゾートのシステム開発チームは、現場経験者とエンジニアの混成チームです。この構成により、現場の具体的な課題を的確に捉えたシステム開発が可能となっています。現場と開発の連携を強化し、理想的なプロダクトチームを実現しているのです。

プロダクト志向を少し別の言い方、若者言葉で言う「エモい」表現に言い換えると、「プロダクト愛」になります。プロダクトに強い思い入れがあり、誰に命令されたわけでもないのに、プロダクトを良くしようと頑張り、プロダクトを多くの人に使ってもらおうと奔走する、そんな状態です。

プロダクト志向組織とは、関係者全員がプロダクトに誇りを持っている組織を指します。皆さんは、自分の担当しているプロダクトをパートナーや子どもに自慢できますか？ 友人や知人に自信を持って勧められますか？

ある企業の若手エンジニアから筆者に相談がありました。彼は他人に勧めるどころか、自分なら競合

編注3　https://business.nikkei.com/atcl/gen/19/00401/052300021/

のプロダクトを買うと公言していました。その理由を尋ねると、自分なら妥協しない部分が妥協されていて、とても買う気になれないと言うのです。

成功しているプロダクトやサービスについて少し調べてみると、関係者がやたら多いことがあることに気付きます。かつて「〇〇の父」が多過ぎるサービスを見て、「お父さんがやたら多いな」と笑ったこともありました。しかし、実はこれは素晴らしいことだと気付きました。少しでもかかわったプロダクトを声高に誇りたいほど、そのサービスに思い入れがあるのでしょう。自分ならではのこだわりを尽くした結果、誇りに思えるプロダクトができたのです。

筆者がマイクロソフトに勤務していた当初、「イースターエッグ」という文化がありました【編注4】。イースターエッグとはもともと復活祭（イースター）を祝うためカラフルに塗られた卵のことですが、ＩＴ業界では開発者が遊び心を発揮して作った隠し機能で、特定の操作をしなければ見ることができないようになっているものです。

マイクロソフトでも、特定の画面で非常に複雑な操作を行うと、映画のエンドロールのように開発者の名前が表示されるというイースターエッグがありました。私もあるバージョンのウィンドウズの開発に参加していたので、そのバージョンのウィンドウズで指がつりそうなほど複雑な操作をすると、私の名前も出てきます。これは開発者として非常に誇らしい経験で、とても嬉しかったことを覚えています。

しかし、もし自分が少しも良いと思わない、恥ずかしいと思うプロダクトだったとしたら、自分の名前が載ることを喜ばしいとは思わなかったでしょう。今日の日本企業で、ここまでのこだわりを持ってプロダクトづくりをしている人はどれくらいいるでしょうか。言われたことをただこなしているだけの

編注4　2000年以降中止されている

人になってはいませんか。

5章で紹介したトヨタの主査制度について書かれた『どんがら』の中でも、自分が手掛けた新車が発表されると、真っ先に自宅に乗り付けて家族に披露するエピソードが紹介されています。まさに、プロダクト愛そのものです。

プロダクト愛は、そう単純な愛ではありません。プロダクトのために、信頼し合う仲間と激しく議論したり、高い期待をぶつけ合うといったことも必要です。

筆者がマイクロソフトでプロダクトマネジャーを務めていた頃、同じ仕事をしていた同僚からこんな話を聞いたことがあります。その同僚が社内のエンジニアリングチームに自分が作った次期プロダクトの企画をプレゼンしたところ、話を聴いていたエンジニアリングマネジャーから「お前、ウチの開発チームをナメてんのか」と鋭い口調で言われたそうです。「こんな中途半端なモノを開発させて、ユーザーに受け入れられなかったら、お前はエンジニアになんて言い訳するつもりだ？」と。彼は後に、開発のＨｏｗ（実装力）を理解していたからこそ、実現可能性を意識し過ぎた企画を作ってしまったと反省していました。自分自身が妥協してしまったわけです。他方、厳しい指摘をしたエンジニアリングマネジャーは、「事業を発展させるには次期プロダクトで何を実現しなければならないのか？」を考え、技術的な実現可能性はいったん忘れて、ユーザーが求めるだろう仕様を彼に期待していたのでした。

これが究極のプロダクト志向です。こうした健全な衝突が日常的に繰り返されることによって、世界有数のソフトウェア企業ができ上がったとも言えるでしょう。

スピードを意識する

次に考えてほしいのが、いかにしてスピードを意識できるようになるか、です。この場合のスピードは、仕事のスピードを意味します。迅速性と言い換えても良いかもしれません。もちろん、それぞれの業務にかかる最低必要時間はあるので、いい加減な仕事をして良いということではありません。しかし、すでに本書で説明しているように、何が正しいかがすぐには分からない中、最初から完全を目指すのは現実的ではありません。むしろ、こんなに雑でいいのかと自分でも気がとがめるくらいが、従来からの価値観を大事にしている日本企業には良いでしょう。

4章で紹介したアジャイルソフトウェア開発宣言には、「包括的なドキュメントよりも動くソフトウェア」を価値とすると書かれています。綿密な計画よりもすぐに試せる状態に持っていくことが大事です。現代の社会を支えるインターネットの標準化を行う団体では、「ラフな合意と動くプログラム（ソフトウェア）」を方針としています。ネット社会を支える技術がこんなに雑に決まっているのかと思われるかもしれませんが、決議も投票ではなく、その場にいる参加者のハミング（口ずさむこと）で決まります。ハミングが大きければ、多くの参加者が賛成していると判断され、その提案は承認されるのです。

この精神の背景には、いくら議論し尽くしても、実際には試してみなければ分からないという現実があります。一橋大学名誉教授の野中郁次郎氏も、日本企業は過剰分析、過剰計画、過剰なコンプライアンスという3つの「過剰」で身動きが取れなくなってしまっているという趣旨の発言で警告しています【編注5】。どれも大事ではありますが、実行しなければ意味がないですし、実行しなければ分からないこ

編注5　https://www.nikkei.com/article/DGXZQOCD026Z80S3A001C2000000/
https://toyokeizai.net/articles/-/537093

とがほとんどです。

実は、危機的な状況に陥ると、どんな企業でもスピードを出すことができます。2011年の東日本大震災では、多くの現場で迅速な意思決定がなされました。普段なら競合する企業間でも協力関係が築かれ、通常だったら会議に会議を重ねても結論が出ないようなことが、即座に実行に移されました。新型コロナでDXが一気に進んだのもその一例でしょう。マイクロソフトが「2年分のデジタル変革が2カ月で起きた」と分析しているほどです【編注6】。危機的な状況でできることが平時でもできない理由はありませんし、デジタル赤字が拡大している日本はまさに国家レベルで危機的な状況だと考えるべきでしょう。

ミッションとビジョンへの共感を得る

ミッションの明確化と共有は、変革を推進する上で不可欠です。経営陣は、組織の目的と目標を明確にし、それを組織全体で共有することで、全員が同じ方向を向いて努力できるようにする必要があります。ミッションステートメントもしくは企業理念などと呼ばれるものは、どの企業も用意していることでしょう。しかし、中身があるもの、本当に魂がこもっている内容になっているかは改めて確認しなければなりません。筆者もさまざまな企業を訪問する中でミッションを拝見することがありますが、正直、看板を隠したらどの企業のミッションなのか分からないものも少なくありません。道徳のようなものが書かれている場合、1人の人間としてなるほどとは思うものの、あまりにも当たり前過ぎて事業推進の旗

編注6 https://www.nikkei.com/article/DGXZQOGN280HA0Y1A420C2000000/

印にはなりません。それとは逆に、有名企業のミッションで代表的な好例を以下に挙げます。

グーグル

世界中の情報を整理し、世界中の人がアクセスできて使えるようにする

マイクロソフト

地球上のすべての個人とすべての組織が、より多くのことを達成できるようにする

これらのミッションを見て分かることは、適度に抽象的で、各社の事業と強い結びつきがあることです。ミッションがあまりにも具体的過ぎると、後にピボット（戦略転換）する場合の振り幅が小さくなりますし、異なる事業を立ち上げる余地も少なくなります。大きな目標を示した上で、そこに至るまでの道筋はいくつも考えられる。そのようなミッションがふさわしいのです。

ただ、ミッションを再確認し、抽象度が高過ぎると気付いたとしても、企業理念というものはそう簡単には変更できません。経営トップが変革に意欲を示していたとしても、コングロマリット化した全事業に影響を与えるような理念を掲げ直すのは難しいでしょう。このような場合は、担当者が管轄する事業やプロダクトだけでもミッションを再定義することをお勧めします。

プロダクトレベルのミッションの例として、筆者が開発にかかわったクロームの例を紹介しましょう。クロームは、２００８年にウィンドウズのみに対応するベータ版として世に出ました。今でこそ世界で

最も使われるブラウザに成長しましたが、リリース当初は「なぜ今さらグーグルがブラウザを出すのか」と疑問に思う人もいました。当時はマイクロソフトのインターネットエクスプローラーが圧倒的なシェアを占めており、ブラウザは〝枯れた技術〟となっていました。

グーグルはそこに疑問を呈します。人々がウェブ上で暮らし始めたと言っても過言ではない状況で、その入り口であるブラウザの進化が止まったままでいいのだろうか。これが、グーグルがブラウザを提供することになったきっかけです。

現在、クロームにはさまざまな機能が搭載されています。ただ、リリース当初はブラウザ拡張機能もない、とてもシンプルなものでした。開発のミッションとなるプロダクト原則は、スピード（Speed）、安定性（Stability）、セキュリティ（Security）、単純さ（Simplicity）の頭文字から「4S」と呼ばれ、当時から今に至るまで変わっていません。今でもクロームのオープンソースプロジェクトであるクロミアムのサイトに掲載されています【編注7】。

このプロダクト原則は、意思決定に使われるだけではなく、日々の開発の仕組みとしても取り入れられています。例えば、ある機能を追加しようとしても、パフォーマンスが劣化する場合は追加が認められません。事前に組み込まれたパフォーマンスボット【編注8】がパフォーマンスの劣化を検知すると、機能追加による変更が製品に取り込まれないようになっているのです。新しい機能を追加する時は、機能が追加された分、処理ステップが多くなるのが通例です。それでもパフォーマンスを落とさないために、開発者は追加しようとしている機能の周辺のソースコードをつぶさに確認し、最適化することで全体のスピードアップを図ることもあるほどです。

編注7　https://www.chromium.org/developers/core-principles
編注8　ソフトウェアのパフォーマンスを自動計測するためのソフトウェア

ちなみに、変革の中心を担うチームメンバーを集める時も、このミッションにふさわしい人かどうかを見極める必要があります。多様性（ダイバーシティ）の重要性が謳われるようになり久しいですが、組織に求められる多様性とは、てんでバラバラの人が寄り集まることではありません。ミッションに対する共感度が高いという同質性がある中で、多様性を重んじるのが正しいやり方です。特に、創業間もない会社や変革し始めたばかりの事業では、同質性が高い人同士で集まった方が意思決定のスピードが速くなります。議論を尽くすのは大事ではあるものの、行き先も価値観も全く異なる人との議論は時間の無駄です。

著者が講演や研修を行った際、「メンバーにミッションやビジョンへ共感してもらうにはどうしたら良いか」という質問をよく受けますが、これは本末転倒です。先に述べたように、ミッションやビジョンに共感している人がメンバーとなるべきなのです。

あなたが起業家だったとしましょう。社員を採用するなら、期待する業務能力を持つだけでなく、自分と同じ夢を追求する人を選ぶでしょう。山に登る時には山に登りたいという人と一緒に行くはずです。海に行きたい人を誘うことはありません。ミッションやビジョンへの共感も同じです。共通の目標に向かって進むには、同じ志を持つ仲間と一緒に歩むことが不可欠です。

何をするかではなく、どうあるべきかを考える

アジャイル開発の説明で、「ドゥ」だけではなく「ビー」で考えるべきだという話をしました。変革を

起こす際も、何をするかではなく、どうあるべきかを考えることが重要です。

『ジェームズ・クリアー式 複利で伸びる1つの習慣』（パンローリング）という書籍があります。この書籍では、人の習慣形成に関する具体的な方法や心理学的なアプローチが紹介されていますが、組織にも通じることが書かれています。

人だけでなく組織にも、小さな習慣を積み重ねることで長期的に変化をもたらすことができます。その際に意識すべきは、単に目標を設定するのではなく、どんな人、どんな組織になりたいか（アイデンティティ）を明確にすることが重要になるということです。

アイデンティティベースの習慣形成とは、自分のアイデンティティに基づいて習慣を形成する方法です。例えば、単に「禁煙する」という目標を設定するのではなく、「自分は非喫煙者だ」というアイデンティティを設定します。このアイデンティティを基に、「非喫煙者ならタバコを吸わない」という行動が自然と生まれ、禁煙が習慣として定着します。煙草を勧められた際にも、「今、禁煙中なんです」と断るのではなく、「私は煙草を吸わないんです」と非喫煙者のアイデンティティを前面に出せば良いのです。

これを組織に当てはめると、組織のアイデンティティを「ソフトウェアファーストな企業」と設定し、そのアイデンティティに基づいて日々の行動や習慣を積み重ねていくことが重要です。具体的には、次のような行動が考えられます。

- **全社員がプロダクトに理解と関心を持つ**：開発チーム以外の部門の社員もプロダクトに関する基本的な知識を持ち、チーム間での連携を深める。

- **顧客ニーズに迅速に対応する**：顧客からのフィードバックをリアルタイムで収集し、アジャイルな開発手法を用いて迅速に製品に反映させる。
- **オープンなコミュニケーションを通じて総力戦を心掛ける**：全社員が意見を自由に交換できる環境を整え、組織全体での知識共有を促進する。
- **ソフトウェアの手の内化を進める**：内製化を基本方針とし、技術力を組織内に蓄積することで、長期的な競争力を高める。
- **現状を容認するのではなく、常に変革を試みる**：現状に満足せず、常に改善と革新を目指し、新しい技術や手法を積極的に取り入れる。

このように、組織のアイデンティティを明確にし、そのアイデンティティに基づいた行動を日常的に行うことで、長期的な変革を実現することができます。

失敗への向き合い方を学ぶ

仮説検証とは、失敗を繰り返す過程でもあります。仮説を立て、それを検証し、学びを得て新たな仮説を立案する。このサイクルの中で、学ぶということは仮説が正しくなかったことを示しており、それ自体が失敗を意味します。それにもかかわらず、多くの企業は失敗を許容しません。挑戦を歓迎すると口にしながらも、実際に失敗が評価に悪影響を及ぼし続けることが多いのです。

失敗から学ぶというと、同じ失敗を繰り返さないという方向にばかり目が向いてしまいがちです。しかし、失敗を繰り返さないというだけではなく、失敗から何を学び、その結果、新たな打ち手の検討も必要です。挑戦し続けることを忘れてはなりません。

チェックリストは同じ失敗を繰り返さないために有効な手段です。ただ、その弊害も目立つようになってきました。不具合や障害が起きるたびにチェック項目は増え続け、スピード感を持って事業を進めることができなくなってしまいます。複数の異なる事業を行っているような大企業では、本来は自分の事業には関係ない項目までチェックしなければならず、チェックリスト自体が形骸化し、形式的にこなすだけになってしまっている例も見受けられます。

チェックリストは、項目を1つ追加したら、1つ削減するくらいのバランスを目指すと良いでしょう。チェックリストを管理するのは品質管理部のような部署であることが多いですが、チェックリストを実際に使う側になって、プロダクトの成功に本当に役立っているかを確認する必要があります。「自分たちは失敗を避けることに責任を持っている」と言うかもしれませんが、企業は失敗しないために存在しているのではなく、事業を通じて社会に貢献するために存在しています。失敗は避けるべきものではなく、むしろたくさん失敗し、その上で対処を考えていくことのほうが重要です。

チェックリストに関しては、1章の冒頭でも話した航空機開発の例をお伝えしたいと思います。本田技研工業がホンダジェットで事業化に成功したのとは対照的に、三菱重工業は三菱スペースジェットを長年に渡る調整の末、結局諦めました。理由はいくつかありますが、型式証明という航空機が安全に飛行できることを証明する認定が得られなかったことも大きな原因となっています【編注9】。

編注9　https://business.nikkei.com/atcl/gen/19/00289/020700050/
https://business.nikkei.com/atcl/NBD/19/depth/01697/

この型式証明は、日本だけでなく、販売先の国でも同様に取得しなければなりません。このため、三菱重工業子会社の三菱航空機は日本での審査を優先しつつ、米連邦航空局（ＦＡＡ）の審査にも対応できるよう進めていました。

ところが、日本の国土交通省航空局は、審査能力が十分ではありませんでした。これは、１９６２年に初飛行した国産ターボプロップ旅客機ＹＳ－11以来、半世紀もの間、新しい航空機の審査を行ってこなかったためです。結果として、航空局の審査は書類の形式的な確認に終始し、機体の安全性を十分立証するには至りませんでした。

この状況は、企業が自ら製品を開発せず、表面的な形式や手続きを重視するだけのチェックリスト管理に陥るリスクを示しています。ＤＸやソフトウェアを活用するＩＴ事業においても、同様の問題が発生する可能性があります。チェックリストの項目が完了したかどうかだけを確認し、実際の内容や品質を評価しないと、本質的な変革は期待できません。

このように、チェックリストは形式的な確認に留まらず、実際の内容や価値を評価する視点を持つことが重要です。さもなければ、企業は形骸化したプロセスに縛られ、真の価値創造から遠ざかってしまうリスクがあります。

リスクとの向き合い方を変えるには、スピードを意識すると良いでしょう。石橋を叩くのも良いですが、叩き過ぎていては石橋が壊れてしまいます。詩人のW・H・オーデン氏が言うように「見る前に跳ぶ」ことが必要なのです。リスクへの感度を高めることは大事です。先に険しい道があると予測することはもちろん重要です。見たいなら見ても良いですが、でもいつかは跳ばなければなりません。ならば、見過ぎる前に跳びましょう。オーデン氏がこの詩を書いたのは第二次世界大戦の真っ只中。閉塞感に襲われる中、それでも行動を起こすべきだと呼びかける気持ちがあったのでしょう。まさに今日の日本を覆う諦めムードを打破するには、跳ばないといけません。

日本企業の決裁プロセスを見て気付くことがあります。多くの日本企業では、決裁プロセス、いわゆる決裁チェーンを経て最終意思決定者までたどり着く仕組みが取られています。このチェーンは課長から部長、事業部長といった形で職位を上がっていく流れです。このチェーンに含まれる人々は、その企業に長年貢献してきた功労者です。しかし、今日の新しい技術やビジネスモデルについて詳しくない場合も少なくありません。

決裁チェーンに組み込まれた彼らは、自分が何か役に立つことを言わなければならないと感じます。これは善意に基づいた行動であり、多くの場合、そこで発せられるアドバイスや注意は自分の過去の経験に基づいたものとなります。「今は多少違うかもしれないが、きっと昔の自分の経験は今も役立つはずだ」と。しかし、これらのアドバイスが現代では不要な場合も少なくありません。例えば、組み込みソフトウェアの経験者がクラウド技術に対してアドバイスをしても、それが有効ではないことも多いでしょう。

自分は詳しくないと自覚している場合には、他の人を紹介することもあります。これも善意に基づく行為ですが、その紹介された人も新しい技術に長けているとは限りません。こうしたアドバイスはしばしば、追加で何かをチェックすることを要求する結果となり、チェックリストの肥大化を招き、実質的にはブレーキになりかねません。

自動車ならば、ブレーキを踏み続けて止まっても死にはしません。目的地に着かなかったとしても、困るのは自分だけです。しかし、現代の事業は自動車というよりも飛行機です。飛行機はジェットエンジンを停止させたら墜落します。いくら怖くても、先がきれいに見通せなくても、速度を一定以上に保って前進し続けることが重要です。

オープンコミュニケーションを実現する

本章ですでにコミュニケーションの重要性は訴えていますが、コミュニケーションのあるべき姿は職種の違いや役職の上下に関係なく、自由に質問できたり、意見を言える環境です。このようなオープンコミュニケーションを実現するには、すべての関係者が自己開示し、自分の弱点をも共有できる心理的安全性が必要です。

心理的安全性は、チームの生産性と創造性を高めるために不可欠な要素です。心理的安全性の高い組織では、メンバーは失敗や間違いを恐れずに安心して自分の考えを話し合い、互いに学び合うことができます。

心理的安全性は、グーグルが2015年に発表した「プロジェクトアリストテレス」によって広く知られるようになりました。このプロジェクトでは、優れたチームの共通要因を分析し、心理的安全性が最も重要な要素であることが指摘されました。

心理的安全性を実現するための重要な要素として、以下の点が挙げられます。

1. **自己開示**：メンバーが自分の弱点や失敗をオープンに共有できる環境を作ること。
2. **相互尊重**：メンバー間での相互の尊重があり、どんな意見も軽視されないこと。
3. **失敗の許容**：ミスや失敗が個人の評価に直結しない環境を作ること。
4. **建設的なフィードバック**：フィードバックは個人攻撃ではなく、改善と成長のために行われること。

注意したいのは、単に仲が良いだけの組織が、心理的安全性の高い組織ではないということです。時には激しい議論を交わすこともありますが、それが可能なのは、お互いに信頼と尊敬があるからです。このような環境を作るには、組織全体で努力が必要です。

心理的安全性に加えて、書籍『Team Geek』（オライリー・ジャパン）で紹介されているHRT原則についても紹介します。HRTとは、謙虚さ（Humility）、尊敬（Respect）、信頼（Trust）の先頭のアルファベットからの略語であり、以下のように定義されています。

- **H - Humility（謙虚さ）**：自分がすべてを知っているわけではないことを認識し、他人から学ぶ姿勢を持つこと。自分の間違いを認めることができ、他人の意見やアイデアを尊重する。
- **R - Respect（尊敬）**：他のチームメンバーを尊重し、彼らの時間、努力、意見を大切にすること。相手の立場に立って考える姿勢を持ち、建設的なフィードバックを提供する。
- **T - Trust（信頼）**：チームメンバーを信頼し、彼らがプロフェッショナルとしての責任を果たすことを信じること。信頼関係を築くことで、安心して意見を交換し、協力して問題を解決できる環境を作る。

これらの原則を実践することで、チームは心理的安全性を高め、オープンで建設的なコミュニケーションを促進できます。結果として、チーム全体のパフォーマンスが向上し、価値ある成果を迅速に生み出すことが可能となります。

名前にこだわる

人間は、変化しようと思っても、変革を進めようと思っても、つい現状維持する方向になびいてしまいがちです。これは慣性の法則とでも言えるかもしれません。これを打破する方法に、呼び名を変えてみるというのがあります。

筆者はグーグル在籍時にグーグル日本語入力というプロダクトの開発を担当しました。これはいわゆるＩＭＥ（インプットメソッドエディタ）で、古くは「かな漢字変換」とも呼ばれていた、ウィンドウズやマックなどで日本語を入力するためのソフトウェアです。筆者は極力、ＩＭＥと呼ばないように注意していました。当時はちょうどアンドロイドが出た直後だったので、後にアンドロイドにも対応することになれば、従来のＩＭＥとは大きく異なるものになるだろうと予想できたためです。事実、現在のスマートフォンでは、音声入力が可能になったり、検索やソーシャルメディアとの連携ができたりと、従来のＩＭＥを超える機能が実現しています。当時、このような世界が明確に見えていたわけではありませんでしたが、グーグル日本語入力を既存の枠組みで定義してしまうと、これから開発する機能に自分たち自身で制約をかけてしまうことになると考えました。

また、同じく筆者が担当したクロームの開発でも、相手によってはブラウザという呼び名を避けるようにしていました。新聞などでは今でも「ブラウザ」（インターネット閲覧ソフト）と書かれることがあります。この「閲覧ソフト」というのは、ウェブが登場したばかりの頃の概念です。ＨＴＭＬというマークアップ言語に従って情報を記載すれば、世界のどこからでも閲覧できる。それがウェブの誕生当初のコンセプトでした。このコンセプトはまだ残っているものの、現代のウェブはその枠を超え、多様なアプリケーションのプラットフォームになっています。そこでブラウザという呼び方をしてしまうと、かつてのウェブ＝静的な情報の受発信というイメージを想起させてしまう可能性があります。そのため筆者は必要に応じて、クロームを「クラウドアプリケーションのフロントエンドコンポーネント」と説明するようにしていました。

些細なことと思われるかもしれませんが、たかが名前、されど名前。呼び方1つで、自分たちの思考に枠を作ってしまうことがあるのです。

同志を集める

ソフトウェアファーストを実現するためには、技術だけでなく、人と組織の変革が必要です。企画を生むのも人ですし、それを形にしていくのも人です。手段であるソフトウェア技術を活かしきるには、どのように人材を集め・育て、組織化していくかを考えなければなりません。ソフトウェアファーストの実践、つまりＩＴ活用を手の内化するには、組織変革を同時に進めることが不可欠なのです。

どんな類のものでも、「変革」で全員が１００％満足できるものを目指すのは不可能です。現状に満足している人にとって変化は苦痛でしょう。全員が幸せになる変革は存在しません。少なくとも企業はある目的を持った人間が集まった団体です。目的に沿わない人、新しい方向性に同意できない人までを救わなければならない理由はありません。必要以上に全員に理解してもらうことを目的化しなくてもいいでしょう。考えなければいけないのは、「今いる社員」を満足させるより「将来の社員」を満足させることであり、新たに価値を提供するユーザーの満足度を最大化することです。

とはいえ、賛同者、協力者がいなければ変革を成し遂げられないのも事実です。米ペンシルバニア大学のデイモン・セントラ博士らがシミュレーションした研究【編注10】では、社会変容のティッピングポイント、つまり集団の行動が大きく変わるための閾値《しきいち》は、おおよそ25%の人々の変化だそうです。企業がＤＸのような新しい事業を起点に商習慣や組織文化を変えていく際も、25%程度の人たちに同志になってもらう必要があります。

まずは、自分の周りを見回し、仲間を探しましょう。その変革が企業に本当に必要なものであり、企業価値の向上に役立つものであるならば、同志は見つかるはずです。

筆者が過去に勤めていた企業は、米国企業であり、テクノロジー企業であり、プロダクト企業だったため、社内は理解者、協力者ばかりで揉めることはなかったと思われるかもしれませんが、そんなことはありません。筆者から見ると理不尽な理由で中止されそうになったプロジェクトもありますし、なか

編注10　米サイエンス誌vol, 360「Experimental evidence for tipping points in social convention」より（Damon Centola, Joshua Becker, Devon Brackbill, Andrea Baronchelli / 2018.6.8）

なか提案が通らなかったこともあります。筆者の米国人の同僚が同じような苦労をしているのを見ることもあります。たとえ米国のテクノロジー企業であっても、新しいことを進める際に否定されることや抵抗に会うことは珍しくなく、それを打破するには、やはり諦めずに、理解者や協力者を集める必要があるのです。

抵抗勢力との向き合い方を知る

このように、変革を進めようとする際に苦労するのが抵抗勢力の存在です。ソフトウェアの重要性を理解していなかったり、従来のやり方に固執してしまったりする方々です。

こういう人たちに突然「ソフトウェアを活用しよう」と言っても伝わらないことが多いでしょう。ソフトウェアの活用はあくまでも手段に過ぎず、それを目的化してしまうと、本質的なメッセージが伝わらなくなってしまいます。

そのため、まずは目的を明確にし、その目的が共有できているかを確認することが重要です。例えば、現時点での会社や組織の課題が何かを話し合い、共感し合うことから始めましょう。同じ課題感を持っていない限り、提案された解決策が受け入れられることはありません。

目的、つまり解決が必要な課題が共通であることが確認できたなら、そこから最善の解決策を一緒に考えていくプロセスが始まります。この段階で初めてソフトウェア活用を提案することが適切です。他の選択肢に比べてソフトウェアがより効率的で、投資効果が高い可能性があることを示すことができれば、抵抗勢力も少なくとも試してみることに対しては前向きになるでしょう。

この過程では、相手との対決を避け、共通の敵である課題に対して一致団結する姿勢を示すことが重要です。相手は敵ではなく、目の前の問題を解決するための同志であるという認識を持つことが、成功の鍵となります。

ソフトウェアが解決策として有効なことを示すには、実際にソフトウェアの威力を見てもらうのが良いでしょう。主力事業のＤＸにつながるようなシステムやアプリケーションを独りで開発しろという話ではありません。身の周りの業務を見回して、同僚が困っていること、ちょっと工夫すれば劇的に効率化できることがないか考えてみてください。「面倒くさい」「できればやりたくない」。そんな声が聞こえたら、それこそソフトウェアの出番です。

あなたがソフトウェアエンジニアなら、モックアップと呼ばれる試作品レベルでいいので、画面上で動く形にして提案してみましょう。

あなたがソフトウェアエンジニアではないとしても、ノーコードツールを使えば指示を線でつなぐだけでソフトウェアが作れます。それらを使ってアイデアを見える化して提案してみましょう。実際に動くものとしてアイデアを提案するのです。本格的なソフトウェアではなくても、実際に動くものとして見せることで、「こんなことができるのか！」と驚かれるでしょう。

また、今はブラウザさえあればかなりのことができます。ウェブサイトのデザイン変更を検討する時、現状のデザインのスクリーンショットを取ってパワーポイントなどに貼り付けながら作業することは多いですが、少しウェブ技術の知識があれば、ブラウザ上で直接ウェブデザインを変えて見せることができます。

このように、まずは身の周りからソフトウェアの魅力を伝えてみるのが、ソフトウェアファースト実践の第一歩です。

同意しないがコミットする

一方、全員が完全に同じ意見になるまでには時間がかかりますし、現実的でもありません。「同意しないが、決定には従う」【編注11】と聞いて、読者の皆さんはどう思うでしょうか? 同意できないなら、その提案に協力しないのは当たり前。決定に従うとは言っても嫌々従うのだろうと思われるかもしれません。

しかし、この「同意しないが、決定には従う」は、インテルやアマゾンなどが行動方針として定めているものです。これは、意思決定プロセスにおいて、チームメンバーが意見の相違を持ちながらも、最終的な決定には全員がコミットするというアプローチで、無限の議論に時間を浪費することなく、迅速な意思決定と効率的な実行を促進しています。

ソフトウェアファーストな変革を成功させるには、この「同意しないが、決定には従う」の精神が重要です。変革の過程では、新しいアイデアやアプローチに対して多様な反対意見が出ることが予想されます。しかし、この原則に則ることで、チームは意見の相違を乗り越え、迅速に前進することができます。

そもそもどんなアイデアにも異論や反論はつきものです。むしろ、万人が反対しない案とは誰もが考

編注11　英語では、Disagree and commitと言う

えつくような無難なものになりがちで、大きなインパクトを生む要素に欠けています。特にソフトウェア開発の分野では、技術や市場のトレンドが絶えず変化し、すべてのアイデアに何らかのリスクがあります。トレードオフの判断が求められることも多々あります。それでも変革を成功させるには、激しく議論を交わした後でも、全員が一致団結して進んでいくことが不可欠であり、「同意しないが、決定には従う」は、それを強力に後押しします。

組織のルールを変える

組織文化を変える方法はいくつかあります。例えば就業規則。インターネット系のスタートアップなどの多くは、コアタイムが短かったり、始業が遅かったりするような、かなり柔軟なフレックスタイム制度を採用しており、リモートワークも当たり前です。これらは、外資系、特にシリコンバレーの企業が採用していることもあり、エンジニアには好まれる制度です。ただし、単に外資系のまねをするのが正解とは限りません。エンジニアが好むからと言って、深く考えもせずに採用することは避けなければいけません。3章で説明した競合プロダクトの分析をする時と同じように、そもそも誰のどんな課題を解決しようとしているのか、その課題は自社でも重要な課題なのか、その解決策が最適なのかを考えなければなりません。その解決策を採用した場合に新たな課題が生じないかも考える必要があります。

例えば、フレックスタイム制度は柔軟な働き方を認めるもので、多くの企業で採用されています。個人のプライベートな事情やライフステージの変化に対応しやすくなり、通勤ラッシュを避けられるのも理にかなっています。そう考えると、フレックスタイム制度の採用は悪いことではなさそうです。ただ、気を付けなければならないのはコアタイムの設定でしょう。コアタイムを短くし過ぎると、必然的にメンバーがそろう時間が短くなります。コアタイム以外に関係者全員にそろってほしい会議を設定するのは避けるべきなので、短くなったコアタイムの間に会議が集中することになりかねません。コアタイムは通常日中の最も生産性が高まる時間帯に設定されますが、この時間帯がすべて会議で埋まってしまっては元も子もありません。個人に与える柔軟度と組織の論理は時としてトレードオフの関係にあるので、本質を忘れないように注意すべきでしょう。

勤務体系に関する持論として、筆者は1秒の遅れも許さないような勤怠管理こそ撤廃するべきだと思っています。さすがに最近は少なくなりましたが、勤務開始時間までにタイムカードを押さなければとオフィス街を走っている人を見ると、5分遅れたからと言って何があるのだろうと疑問が湧きます。5分や10分の遅れを人事評価に使っている組織があったら、何のためにそんなことをするのか自問してみることをお勧めします。その答えが、マネジャーが楽をするためでないことを祈ります。無意味なほど厳格な勤怠管理をはじめ、定量的なデータに依存する人事評価は、多くの場合マネジャーが楽をするためのものです。楽をするという言い過ぎかもしれませんが、早く社員の成果そのもので評価できるようになりましょう。

就業規則や勤務体系の柔軟化は、適切な評価制度が機能していることが前提となります。社員が真面目に勤務しているかどうかが分からないからリモートワークを認めないとか、裁量労働制を採用したら仕事の質や成果で評価しなければならなくなるから難しいという声も聞きます。本来はこのような制度を導入するから評価制度を変えるのではなく、終身雇用と年功序列が崩壊した今、新たな組織のあり方に合わせた評価制度を考える時期に差し掛かっているのです。エンジニアは職業柄、ロジカルに物事を考える習性があるので、非合理な制度に強い嫌悪感を抱きます。その点も理解して、各種制度を見直してみましょう。

ＯＫＲの精神に学ぶ

米国のテクノロジー企業や日本のスタートアップを中心に、ＯＫＲ（Objectives and Key Results、目標と主要な結果）という目標管理手法が導入されています。ＯＫＲは、プロダクト開発や事業推進だけでなく、管理部門などすべての人や組織の目標管理を行う際に活用できるものですが、ここでは骨太の方針を策定する際にも参考になるＯＫＲの考え方を学びましょう。

従来の目標管理手法としては、ＭＢＯ（Management By Objectives、目標による管理）がよく知られています。これは会社から組織、そして個人の順に目標設定が行われるものです。上長は部下の目標に対しての実績を監視し、必要に応じて指導を行います。一定期間後に目標を達成しているか評価が行われ、その結果が報酬に反映されるというループを回していきます。

これには次のような課題があります。

1．目標が自分事になっていない：まず、目標設定が「上から降ってくる」ものになってしまい、個人にとっては自分事になっていないことが多くあります。腹落ち感が少ないという言い方もできます。自分事になっていないということは、すなわちモチベーションが低くなり、結果として成果にも影響が出ます。

2. **組織の目標に向かっていない**：また、「上から降ってきた」形の目標に対して、自分なりに努力していても、それが本当に組織や会社の掲げる大きな目標に対して役立っているのか実感が湧かないことも多くあります。目標に対しての関連性が低いにもかかわらず、過去の経緯やしがらみなどから継続してしまっている業務もあるなど、複数のタスクの中でどれを優先させるかが明確にならないこともあるでしょう。組織のメンバーが全員努力しているのだけれども、微妙に進んでいる方向が違うため、組織の向かいたい方向へ進む力が弱まってしまうということも起こり得るのです。

3. **保守的な目標しか設定されない**：ＭＢＯは業績評価（人事評価）と連動する点も問題です。自分の評価に連動するとなると、人は目標設定を保守的にしがちです。例えば、１カ月で終わりそうなタスクでも、いろんなことが起きる事態を想定して１カ月半～２カ月と長い期間をもらったほうが無難と考えるでしょう。もしそれで、当初の予想通り１カ月で終わったならば評価が良くなるだけなので、できるだけバッファを積むほうが個人にとっては安心です。すべての人がこのように安全係数をかけて見積もることで、事業のスピード感は失われます。また、できるかどうか分からないことを目標に掲げることも少なくなるので、難易度の高いタスクは目標にさえ設定されなくなります。

このような従来型の目標管理手法の課題を解決するために生まれたのが、ＯＫＲです。特徴は難易度の高い目標を掲げた場合も進ちょく状況を確認できるようにしている点で、組織の目標を個人の目標まで落とし込むことでコミットメントを引き出します。組織と個人のエンゲージメントを高め、個人をエンパワーする手法だとも言えます。

ＯＫＲの仕組みはシンプルです。１つの目標（Objective）と、３～５個程度の主要な結果（Key Result）がＯＫＲの最小単位になります。組織によって、これを最大5個程度用意します。

「目標」は、自分たちが何を目指すのかを言語化して設定します。達成すべき戦略的目標と言ってもいいでしょう。そして「主要な結果」には目標が達成されたかどうかを判断するための客観的指標を設定します。目標は定性的な内容でよく、可能ならば個人をエンパワーメントして感情を揺さぶるようなメッセージ性の高いものを設定します。逆に、主要な結果は目標の成否を測定することができるような指標にする必要があるので、多くの場合は定量的なものとなります。

このＯＫＲを四半期の期初に設定し、期末にレビューするというのがＯＫＲを活用した目標管理の流れです。ＯＫＲを設定する時には組織のメンバーを巻き込み、全員で議論するようにします。それが自分の目標にもなるからです。また、レビュー時は「主要な結果」にスコアを付けます。スコアは０～１の間で小数点第一位までの数値とするか、パーセントで付けます。主要な結果のスコアを単純平均するか、重み付けをした結果を平均することで目標のスコアを算出します。

従来の目標管理における目標設定やレビューとの違いは、目標に対する結果をあらかじめ明確化しておくことで達成度を測りやすくしている点です。また、「主要な結果」を小数点第一位までの数値でスコア付けする場合、０･６～０･７を適正値とするのがいいとされています。さらに、ＯＫＲを導入した場合は人事評価と「主要な結果」を連動させせません。より正確に言うと、ＯＫＲのスコアとは直接連動させません。ＯＫＲに沿って仕事をしたかは確認しますが、定量的な形で示されるＯＫＲのスコアではなく、その仕事の中身を定性的に判断して評価を行います。これらのルールを組み合わせることで、より野心的な目標設定ができるようになるのです。

最後に、ＯＫＲで骨太の方針を立てる時のポイントを示します。

1. 目標と方針は自分事になるようにする。
2. 野心的な目標を設定できるようにする。
3. 達成度を計測する（達成したかどうかの指標をあらかじめ決め、その計測手段も確保しておく）。

できる人材になるためのキャリア形成

本節では、個人のキャリアについて考えていきたいと思います。

ここまではソフトウェアファーストの実践に向けた人材像を解説してきましたが、ソフトウェアファーストの主役は個人です。つまりあなたが変わり、成長していかなければ、ソフトウェアファーストは実現しません。あなたが組織の長であったり、経営陣であるならば、あなたの組織のメンバーにも変化を求める必要があります。筆者も長年ソフトウェアに携わる人間の1人として、変わらずに変化し続けることをモットーとして経験を積んできました。

スキルの伸ばし方を知る

これから記す内容は、エンジニアのキャリア形成に関する筆者の私見であり、あらゆる人に役立つものではないかもしれません。将来の仕事内容や組織内で求められる役職はテクノロジーの進化によって様変わりするでしょうし、中には起業してCEOになったり、フリーランスとして組織に属さず働いている人もいるかもしれません。それでも、もしあなたが生涯ソフトウェアに携わりながら仕事をしていきたいと考えているなら、そして、自分の会社や組織がソフトウェアを武器にしたいと思っているなら、微力ながらお役に立てると思います。

人それぞれの未来に対する唯一の答えは存在しません。しかし、筆者の考えの中から個人の成長を促すヒントを見つけてもらえたらと考えています。

人が専門的なスキルを身に付けながらキャリアを積んでいくには、ある程度の「型」があります。その中でよく言われるのが、T型のスキル構築です。

T型のスキル構築

スキル構築には2つのベクトルがあります。1つは、自分の専門分野を「縦軸」として深めていくこと。もう1つは、専門外の技術領域や関連業務の知識を「横軸」として広げていくことです。学校の授業に例えるなら、縦軸は専攻科目、横軸は一般教養のようなイメージです。この縦軸と横軸の両方を伸ばすことをT型のスキル構築と呼びます。

伝統工芸の職人や芸術家、あるいは一芸に秀でた研究者など、1つの分野に特化した人材をI型人材と分類することもあります。しかし、これらの職種の人も他の分野との連携やコミュニケーションが不可

図6-2：T型のスキル構築

専門性を「縦軸」、周辺知識を「横軸」として両方を深め広げる

欠であり、企業内での異動や転籍、転職も考えられます。特に流動性の高い組織で働くことを前提とする場合、I型のスキル構築だけでキャリアを築くのは難しいものです。ソフトウェアファーストを推進する人材を含むあらゆる職種において、高い専門性と幅広い知識を兼ね備えたT型を追求することが、キャリア形成の基本となるでしょう。

T型のスキル構築にはさまざまなパターンがあります。まず専門性を深めてから隣接するスキルを獲得する方法や、その逆もあります。日本企業が社員を短期間でジョブローテーションさせるのは、さまざまな業務を経験させることで横軸を広げ、その中から中長期的に深めていきたい縦軸の専門性を選ばせる意図があるのでしょう。しかし、特にソフトウェアファースト人材の場合、まずは専門スキルを深め、その後に関連する業務知識を広げることが求められます。

また、T型のスキル構築は、技術や知識を積み上げるだけではなく、問題解決能力やコミュニケーション能力を向上させるためにも有効です。多様な視点を持つことで、複雑な問題に対してより効果的な解決策を見いだすことができ、チーム全体のパフォーマンス向上にもつながります。このような能力は、ソフトウェアファーストの時代において特に重宝されるでしょう。

T型からπ《パイ》型へ

一般的に、業務経験を積めば積むほど、T型のスキルの横軸と縦軸は太くなっていきます。そこから先、自分の価値を高めて他者と差別化していくためには、自分なりに工夫を凝らす必要があります。特定の職種でスペシャリストとして認められるには、専門性を深めることが重要です。この場合、縦軸の長さが差別化要因になります。また、縦軸となる専門性を2つ以上持つことで他者との差別化を図る方法もあります。これが「π《パイ》型人材」です。

筆者もキャリアの途中から、π型の人材を目指してきました。例えば、ウィンドウズというOSの開発に携わり、その専門性を深めた後は、インターネットを支えるネットワーク標準の策定や公的認証基盤でも用いられるセキュリティ技術の専門性も高めました。

また、教育改革実践家である藤原和博氏が提唱する「100万人に1人の人材になる方法」も有名です。藤原氏はリクルートで営業スキルを磨き、その後、リクルート流のマネジメントを学びました。さらに、民間人初の公立中学校の校長として、教育分野の専門性も深めました。藤原氏は、異なる領域で

図6-3：T型からπ型への進化

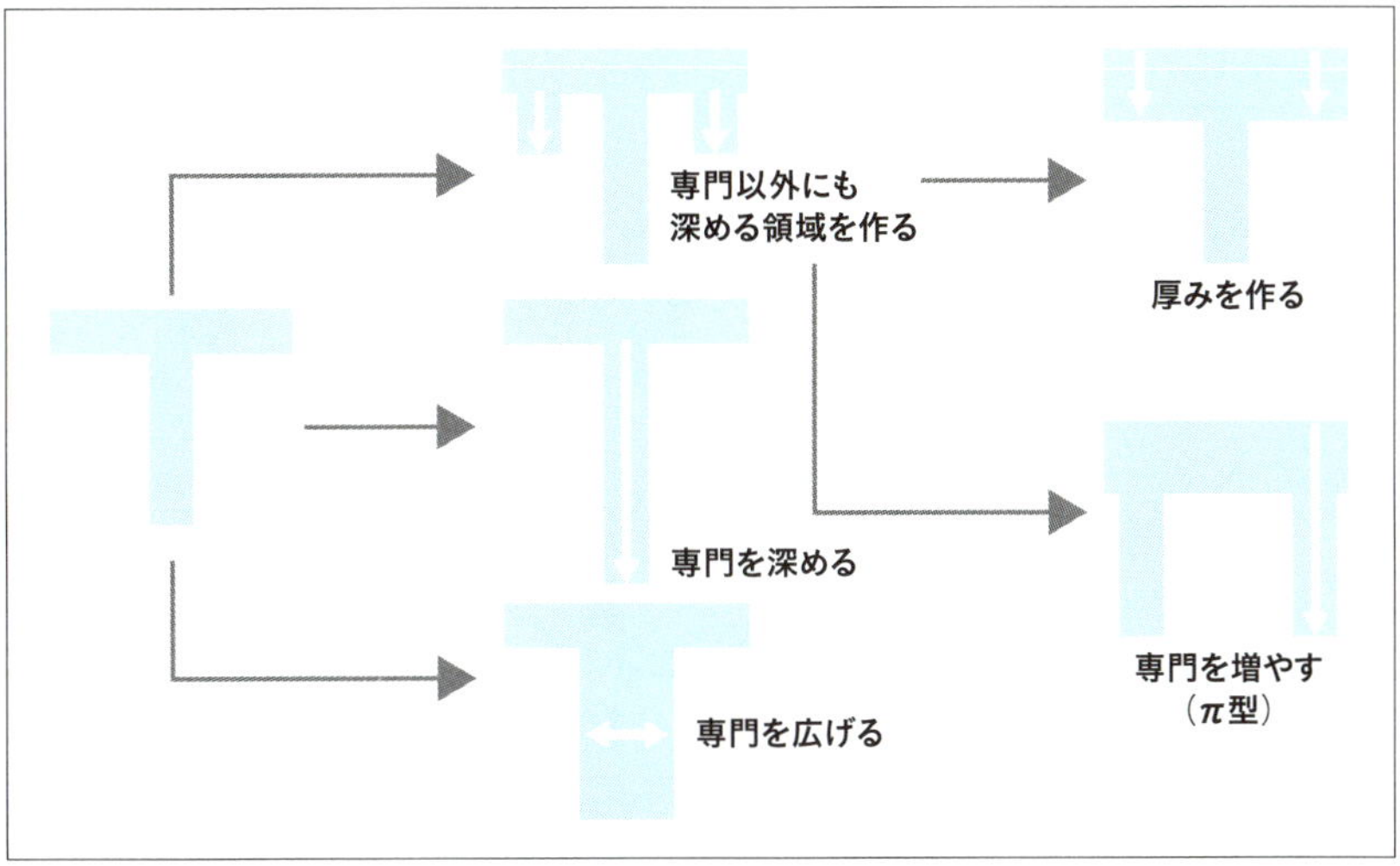

３つの専門性を持つことで希少な人材になるという考え方を提唱しています。

藤原氏が言う100万人に1人の人材になる方法は極めて論理的です。簡単に説明すると、人は1万時間の努力をすれば100人に1人の人材になれるので、まずは1万時間で1つの専門を身に付けることを目指します。これを異なる領域で3回繰り返すと、100万人に1人の人材となるという考え方です。

この話で最も重要なポイントは、何を身に付けるかです。藤原氏の例では、最初の2つは近しい領域でしたが、3つ目に文教を選んだことで、一気に希少性が高まりました。同氏はこれを「ホップ・ステップ・ジャンプ」と表現しており、最初のホップとステップでベースラインを固めた後に、ジャンプするように大きく足を踏み出すことで、図6－4のように三角形の面積が最大化します。詳しくは、同氏の著書『藤

図6-4：藤原和博氏が提唱する「ホップ・ステップ・ジャンプ」

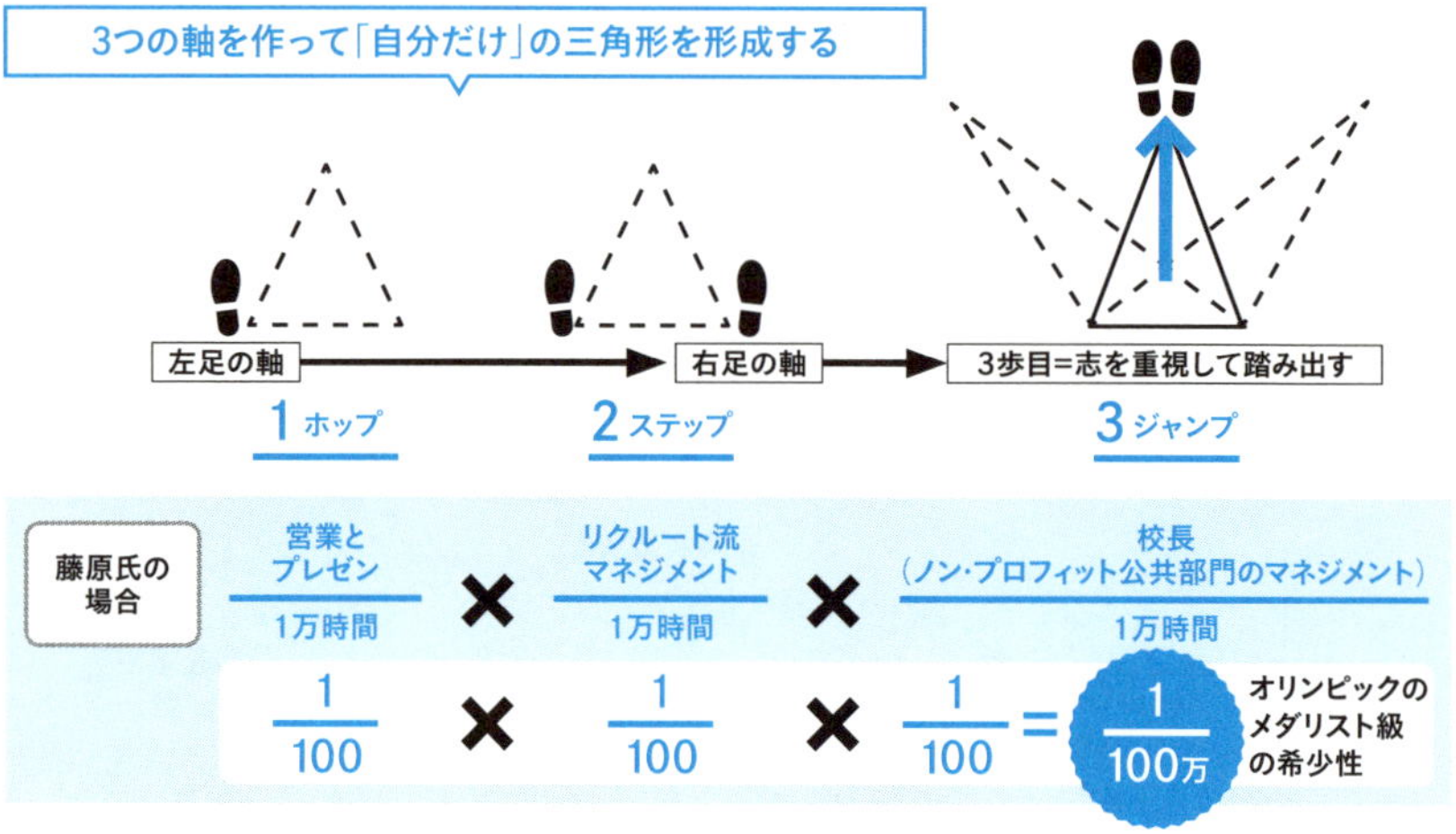

藤原氏が講演で説明していた内容を参照して作成

原先生、これからの働き方について教えてください。』（ディスカヴァー・トゥエンティワン）を読むか、ネットメディアで自ら解説している記事を見つけられますので、そちらを参照してください。

　キャリアを積んだシニア世代の方々は、もうキャリア形成を自分事として捉えられないかもしれません。しかし、人は生涯成長を続ける生き物だと筆者は考えます。学習しなくなった時点でその人の成長は止まります。もう年だからなどと考えず、常に学び続ける姿勢を忘れないようにしないといけません。

　部下を持つ方は、ぜひこの考えを部下の育成にも使ってください。部下の育成というのは、組織が求める仕事ができるように型にはめることではありません。部下の目指すキャリアが組織の目指す方向と多少ずれていたとしても、全力で支援することです。

ところで、筆者がインターネット技術やセキュリティの専門性を深めたのは、２０００年代初頭のマイクロソフト勤務時代でした。当時、筆者は親しくなったヘッドハンターと定期的に会い、自分のキャリアについてフィードバックをもらっていました。ある時、経営視点を養うために、マイクロソフト技術に偏らず、セールスやマーケティング部門への異動を勧められたことがありました。しかし、技術にこだわりたかった筆者は、マイクロソフト以外の技術に精通する道を模索し始めました。

ちょうどその頃、日本政府が「イージャパン戦略」を掲げ、国内のＩＴインフラを強化しようとしていました。これには、高速ブロードバンドの普及や電子政府の構築、次世代インターネットプロトコルであるＩＰｖ６の推進が含まれていました。また、電子政府の計画には高度なセキュリティ技術の利用が含まれていました。これらのプロジェクトには、ウィンドウズも対応が必要となり、マイクロソフトにも協力が求められました。

前職でインターネット技術に少しかかわりがあった筆者は、これらのプロジェクトに自ら手を挙げて参加しました。総務省や業界団体が主宰する委員会に参加し、国内のトップクラスの技術者たちと議論を重ねました。筆者はマイクロソフトの専門家の助けを借りながら、技術的な知識を深めていきました。その結果、マイクロソフト技術に加えて、インターネットプロトコルやセキュリティの知識を得ることができました。

藤原氏の「ホップ・ステップ・ジャンプ」にも通じるこの経験は、後に筆者の大きな強みとなりました。例えば、グーグルでクロームの開発に携わった際には、インターネット上でのデータ通信を効率化する技術の標準化と実装を担当し、それまでに培ったインターネット技術の知識が非常に役立ちました。

同様に、今日ではブロックチェーンの理解にも、過去に習得した技術が役立っています。

複数の縦軸を作る時の選び方

このように、過去にかかわっていた事柄や興味を持っていたことが将来になって生きてくることを、多くの人が自らの経験を基に語っています。中でも有名なのが、スティーブ・ジョブズ氏の「コネクティング・ザ・ドッツ」(Connecting the dots)でしょう。これは2005年、ジョブズ氏がスタンフォード大学の卒業式典で行ったスピーチに含まれていた話です。ジョブズ氏は、大学で学んだカリグラフィ【編注12】の知識が10年後にマッキントッシュを開発する際に役立ったという自らのエピソードを通じ、「思いもよらない形で点と点がつながった」旨を語っています。

筆者のコネクティング・ザ・ドッツ体験の1つとして、キーボードに関する話があります。筆者は最初の勤務先であるDECで、日本語キーボードの開発に携わりました。当時、DECのマシンは日本の官公庁でも使われていましたが、日本語キーボードは英語版配列に日本語を刻印しただけのもので、日本の標準であるJIS配列にはなっていませんでした。JISキーボードと英語キーボードは見た目だけでなく、キーの配置も異なるため、新しい金型を作る必要がありました。筆者は、英語キーボードとの互換性を保ちながらJIS規格に準拠したキーボードを設計することになりました。このプロジェクトでは、キーボードだけでなく、OSの言語処理ライブラリやユーティリティの標準化も行いました。筆者はソフトウェアのエンジニアだったので、ハードウェアであるキーボード開発にも携わることがで

編注12 アルファベットを美しく見せる(書く)ための技法

き、当時は良い経験をさせてもらったと思いました。正直、もうキーボードに携わることはないだろうと思っていたのですが、その後、二度もキーボードに関係する仕事をすることになります。

一度目はマイクロソフトで「ウィンドウズ サーバー ターミナル エディション」という製品の日本語版の開発に携わった時です。この製品は、複数のユーザーが1つのサーバーにリモート接続して使うもので、現在のリモートデスクトップの前身です。当時、日本では多種多様な日本語キーボードが存在していました。この製品では、接続される異なるキーボード配列に対応する必要がありました。サーバーに物理的に接続されているキーボードとリモートから接続されるキーボードの配列が異なる場合でも、正しく操作できるように設計しました。

二度目は、グーグルで「クロームブック」の開発にかかわった時です。正確にはクロームブックに搭載されるクロームOSの開発を担当していたのですが、そのハードウェアであるクロームブックのプロジェクトにも巻き込まれたというのが正しいでしょう。クロームブックは、グーグルが考えたリファレンスデザインに沿って、OEM（相手先ブランドによる生産）がハードウェアを生産・製造します。リファレンスデザインにはキーボードの設計についても記載されますが、本社の担当者が行ったのは英語配列とヨーロッパ言語の配列を考えるところまででした。

米国本社にて担当者と話していたところ、日本語の配列については、日本語が分かる人に担当してほしいということになったのです。そこで筆者がぼそっと「そういえば、以前に日本語キーボードを作ったことがある」と言ったところ、他に手を挙げる人がいなかったこともあり、筆者が考えることになりました。エンジニアの方はお分かりになると思いますが、エンジニアの多くはキーボードにこだわりがあります。「俺の考えた最強のキー配列」を作りたくなるものです。しかし、製造コストを考えると英語やヨーロッパ言語の配列を大きく変えるのは現実的ではありません。自社が製造するのならまだしも、パートナーであるOEMに作ってもらうのですから、製造コストは極力抑える必要があります。ここで活かされたのが、20代の頃、日本語キーボードを開発した経験です。当時はこんな将来が来るなんて考えもしなかったので、まさにコネクティング・ザ・ドッツと呼べる体験でした。

ちなみに、このコネクティング・ザ・ドッツの概念は、スタンフォード大学のジョン・D・クランボルツ教授が計画的偶発性理論として提唱している内容とほぼ同じです。この理論は「慎重に立てた計画以上に、予想外の出来事や偶然の出来事がキャリアに影響を与える」という考えに基づくものです。この偶発性を起こすには、その人に次のような特性が必要であると教授は論じています。

- 好奇心
- 持続性
- 柔軟性
- 楽観性
- 冒険心

計画的偶発性理論について、詳しくは教授の著書『その幸運は偶然ではないんです！』（ダイヤモンド社）などを参照してください。

図6-5：今持つ専門領域を「島」に例えて、次のステップを考える

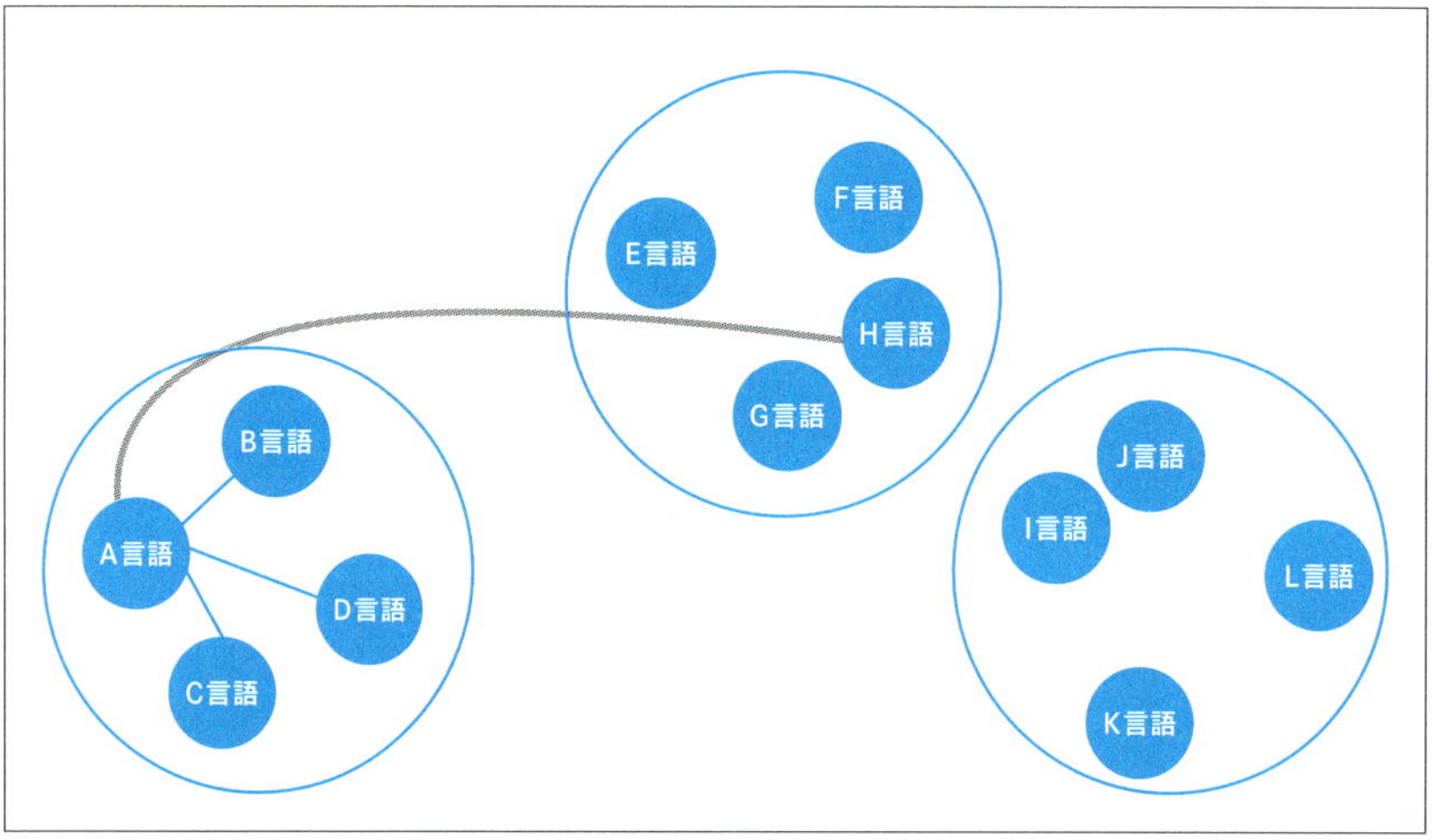

今はA言語を習得していて、似た特徴を持つ＝同じ「島」に属するB〜D言語を学んだ後は、学習対象を距離が遠い・ベクトルの異なる島から選ぶのがいい

このように、キャリア形成の方向性、π型人間で言うところの縦軸の選び方は、戦略的に自ら選択していく必然性と、コネクティング・ザ・ドッツのような偶然性の両方が必要となります。偶然性は、ともすれば流されるままに生きているだけのように見えるかもしれませんが、クランボルツ教授の理論にもあるように自らの興味や好奇心が必要であり、解釈の仕方次第では、自分の意思が招いた必然とも言えます。

では、自分の興味や好奇心の方向性はどのように決めればいいでしょうか。筆者は専門領域を島のように捉え、図6－5のようにその島の中で陣地を広げるか、別の島に新たな拠点を設けるかで考えることを勧めています。

大海にいくつも島があり、自分が今いる島で生活していく地固め（敷地化）が終わりつつあるとします。次に行うべきは、同じ島の中でも違う場所に行ってみるか、違う島を探索すること

です。違う島の中には、近隣の島もあれば、遠方の島もあります。同じ島の中は移動が楽ですし、近隣の島に行くのも遠方の島に比べればさほど難しくありません。ただ、遠方の島に行くのが大変でも、一度行ってしまえば次に行く時は楽になりますし、今自分のいる島で何か起きたとしても、その島に拠点を移すことが可能です。このたとえが、キャリアを考える際にそのまま応用できるのです。

技術の話に入る前に、このたとえを自然言語（人間が読み書きする言語）で考えてみましょう。日本人の母国語は日本語です。もし他言語の習得を考える場合、どの言語を選ぶのがいいでしょう？ 本来は言語習得の必要性が一番重要な要素になりますが、ここでは純粋に自分のスキルの幅を広げるためという条件で考えてみましょう。

言語には言語間の距離と言われるものがあります。例えば、英語とヨーロッパ言語は同じラテン語などをルーツに持つため、言語間の距離が近いとされています。一方、日本語は韓国語、インドネシア語などのマレー・ポリネシア語派と距離が近いとされています。この言語間の距離が、先ほどのたとえにおける島と島との距離になります。例えば、ヨーロッパ言語はどれも同じ島と考えられるので、そのうち1つの言語を習得すれば、他は比較的容易に習得できるはずです。なので、自分の言語能力の幅を広げたいのならば、同じ島ではなく、別の島の言語を選ぶほうがいいでしょう。

次はプログラミング言語について考えてみましょう。現在、多くのエンジニアは複数のプログラミング言語を使いこなしていますが、新しいスキルを習得する際には、異なる種類のプログラミング言語を学ぶことが効果的です。例えば、まず手続き型言語のC（シー）を習得したならば、次にオブジェクト指向言語のJava（ジャバ）を学び、その次に関数型言語のScala（スカラ）を学ぶといった具合です。主なプログラミング言語の種類には次のようなものがあり、これらが「島」となります。

- **手続き型言語**：プログラムを手順（手続き）の集合として書く言語。代表的な言語にはCやPascal（パスカル）などがある。
- **オブジェクト指向言語**：プログラムをオブジェクト（データとそれに関連する操作をまとめたもの）の集合として書く言語。代表的な言語にはJavaやPython（パイソン）、Ruby（ルビー）などがある。
- **関数型言語**：プログラムを関数（入力を与えると出力を返す処理機能）の集合として書く言語。代表的な言語にはScalaやHaskell（ハスケル）、Erlang（アーラン）などがある。

こうすることで、例えば仕事でRubyを使う必要が生じても、オブジェクト指向プログラミングの基本はJavaで学んでいるため、その知識を活かして学びやすくなります。これは、すでにオブジェクト指向プログラミングの基礎を築いているため、その基礎を活かして同じ分野の別の言語に進むという考え方です。

このように、異なる領域でのスキルを習得することで、より価値の高いスキルセットを持つことができます。敷地化した領域間の距離が長ければ長いほど、足場を築くのは大変ですが、価値は高くなります。このような複数軸、複数の領域での足場づくりは、藤原氏が言うホップ・ステップ・ジャンプで三角形を構築するのと同じ考え方です。

では、縦軸、横軸ともに飛躍的な成長を促す要因は何になるでしょう。大事なのは、その領域に対する興味です。内発的動機付けが学習のパフォーマンスに好影響を与えることはよく知られています。ただ、きっかけが内発的か外発的かにかかわらず、その領域に対して興味を持てるかどうかが学習に影響を与えるのです。社会人として仕事でソフトウェアにかかわっていると、業務上必要に迫られて新たな領域を学ぶことになるのがほとんどでしょう。しかし、幸いなことにソフトウェア技術の多くは興味深いものです。最初は外発的な形で動機付けされたとしても、それが内発的なものに変容していけばしめたものです。

筆者はマイクロソフト在籍時に組み込み型ウィンドウズという極めてマイナーなプロダクトを担当したことがあります。当初は、組み込み製品などは全く知らず、ほとんど興味もなかったのですが、担当してみるとこの世界は奥深く、技術的にも学ぶべきことが数多くありました。そう思うようになってからは、コンビニエンスストアに行ってＰＯＳ（販売時点情報管理）端末を見ても、デパートでキオスク端末を見ても、複合機を見ても、ウィンドウズを使っているかどうかが真っ先に気になり、ウィンドウズを使っていない店からは自然と足が遠のいたりしたものです。

もちろん、仕事の中にはレガシーシステムで技術的に何ら新しい要素がないものもありますし、他者が作ったシステムの保守を押し付けられたりすることもあるでしょう。必要に迫られてかかわることになった技術が必ずしも興味を惹くものとは限りませんが、そのような仕事ばかりが続くことはないでしょう。もしそのような仕事しかない職場ならば、真剣に転職を考えることをお勧めします。

あなたが仕事を作る側の立場だったり、新しい仕事を取ってくる立場なら、部下がその仕事によって成長の機会を得られるかどうかという視点も忘れないようにしてください。短期的には収益が上がったとしても、エンジニアとしての成長には結びつかないような仕事は、中長期的な組織の成長を阻害し、最終的には収益にも影響を与えることになるでしょう。

もう1つ、学習効果を高める秘訣は、自分のやりたいことを仕事にしてしまう方法です。転職するというのが最も分かりやすい手段ですが、そうでなくてもできることはあります。自分が興味を持っている技術を会社で利用するように提案してしまうのです。もちろん、手掛けるプロダクト開発に全く関連のないものや、適していないものを提案してはいけません。ですが、自分が勉強している技術で仕事にも活かせるかもしれないと思ったものを提案するなら、会社にとってもプラスになります。メインのプロジェクトでは無理だったとしても、本業の傍らで行うもの、それも業務改善のようなものだったりしたら始めやすいでしょう。例えば、IoT関連の勉強をして興味を持ち、センサーでオフィス内の温度を可視化する仕組みを作ってみたといった取り組みは、いくつかの企業ですでに行われています。

経営陣やマネジャーは、その時間は本業に充ててほしい、業務に関係のない技術の習得に会社の時間を使わないでほしいと考えるかもしれません。しかし、業務に関連付けて学習することにより、内発的動機付けと外発的動機付けが一致することになるので、学習効果は飛躍的に上がります。また、企業には多少の余裕が必要です。さくらインターネットの田中邦裕氏も講演などで「会社には余白が必要」と語っています【編注13】。さまざまな事態が起きる会社運営において、少しくらいの余白は常に必要ですし、その余白を社員が自分の学習に使うくらいは認める余裕を持ちたいものです。

編注13 https://www.sakura.ad.jp/corporate/corp/message/

W型人材として幅広い知識と複数の専門性を

一方で、ソフトウェアファースト人材、特にプロダクトマネジャーは、W型の人材を目指すべきという意見もあります。これは3章末で紹介した『プロダクトマネジメントのすべて』の中で述べられている考えです。

プロダクトマネジャーの理想的なスキルセットは、幅広い知識と複数の専門分野における深い理解を組み合わせたW型モデルです。これは単に広範な知識を持つだけでなく、特定の領域で深い専門性を持つことを意味します。

例えば、医療業界のプロダクトマネジャーであれば、最新の医療技術や治療法だけでなく、医療制度や規制、病院運営、患者の心理やニーズといった多岐にわたる知識を持つことが求められます。この広範な知識がWの字の上部に相当します。

さらに、プロダクトマネジャーは担当プロダクトの領域のみならず、隣接する分野についても深く理解する必要があります。これはWの字の上下に伸びている部分を表しています。表面的な知識ではなく、ステークホルダーとの対話が成り立つ程度の深さが必要です。

このように、プロダクトマネジャーは広範な知識と適度なレベルの深い専門性を持つことで、異なる分野の知識を組み合わせて新しい洞察を生み出すことができます。これがWの字の真ん中の交点と下部に相当します。例えば、エンジニアと議論する際にユーザーの視点でフィードバックを提供したり、デザイナーと話す際にビジネスの視点からコメントするなど、異なる分野の知識を融合させることで新た

図6-6：W型人材のスキル構築

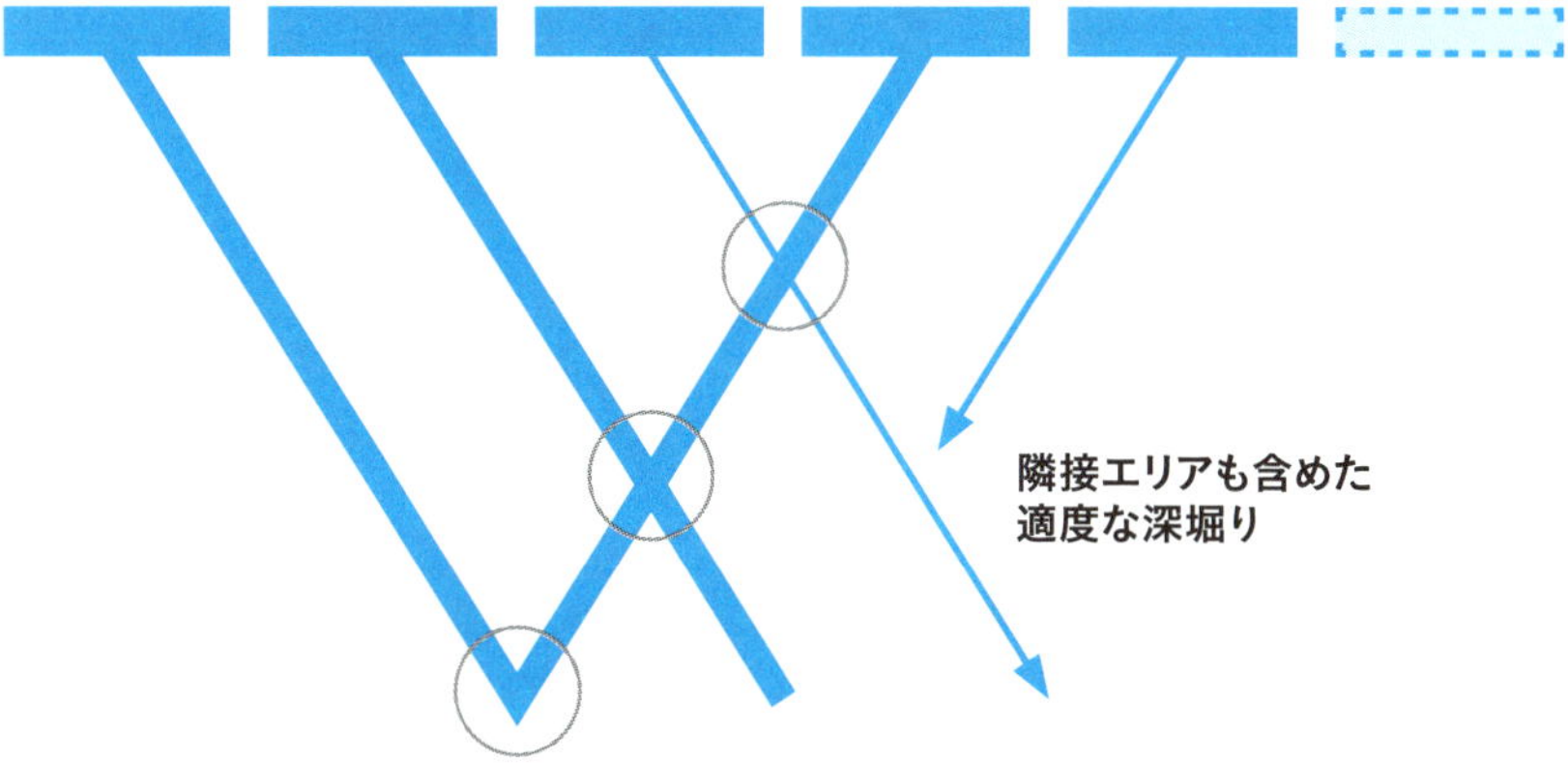

『プロダクトマネジメントのすべて』を参照して作成

な発見を得ることが求められます。

★　★　★

本章では、ソフトウェアファーストを実践できる人材像、および、そのマインドセットと文化、キャリア形成について説明しました。どの立場にいるかに応じて役割はそれぞれ異なりますが、これからの時代に通用するリーダーシップを発揮し、プロダクト志向で挑戦し続ける姿勢はあらゆる社員に必要です。その姿勢がなければ、次の最終章で述べる「日本企業の進むべき道」を歩んでいくのは困難でしょう。

SOFTWARE FIRST

7章

日本企業への提言

最終章では、日本企業がソフトウェアファーストを実践すべき領域と方策について著者の考えを述べます。具体的には、「体験のサービス化」でサイバーフィジカル領域を活用する、日本の強みをソフトウェアで「手の内化」する、プラットフォームを正しく活用する——これらが日本企業の進むべき道だと考えます。

サイバーフィジカル領域を活かそう

日本がこれから注力すべき領域の1つに、物理的な現実世界とデジタルの情報世界を結びつける「サイバーフィジカル」が挙げられます。

サイバーとは、コンピューターやネットワークなどのデジタル技術を指し、それには情報の収集、分析、処理、そして通信を行うための技術領域を含みます。サイバーを活用することで、リアルタイムなデータ分析や、遠隔操作、ネットワークを介した情報共有が可能になります。

一方、フィジカルとは現実世界を指し、リアルな物体や環境、そしてそれらが持つ特性や状態を意味します。これには、センサーを用いて物理的なデータを収集したり、機械的な動作を制御する技術などが含まれますが、それだけに留まりません。

これら2つを融合したサイバーフィジカルシステムは、CPSとも略され、一般的には「センサーやアクチュエーターを用いて物理世界のデータを収集し、それをサイバー空間で処理・分析し、得られた情報を元に物理世界にフィードバックするシステム」を指します。CPSは製造業や自動運転、医療などさまざまな分野で応用されており、革新的なサービスやソリューションを生み出しています。

フィジカルの体験をサイバーと連携させる

具体例として分かりやすいのは、スマートストアでしょう。スマートストアとはコンビニやスーパーなどの店舗が高度にIT化したものです。代表例が登場時に大きな驚きを持って迎えられた、レジなし店舗のアマゾンゴーです。その名の通りアマゾンが運営するアマゾンゴーは「無人コンビニ」として当初は知られていましたが、実際には完全な無人店舗ではありません。店内には、顧客のサポートをする数名のスタッフが常駐しています。

アマゾンゴーを利用するには、自身のアマゾンアカウントと連携したアマゾンゴーアプリケーションを使って入店します。店舗の天井には多くのカメラが設置されていて、このカメラと入店時に使ったアプリケーションによって、「フィジカルな存在である顧客」と「サイバー上のアマゾンアカウント」が紐付けられます。この仕組みにより、顧客は店舗で欲しい商品を選び、そのまま店舗を出るだけで、買い物は終わりです。しばらくすると、アマゾンゴーアプリケーションに明細通知が届き、アカウント経由で購入手続きが完了したことが分かります。

「ジャストウォークアウト」という名前のこのアマゾンゴーの精算不要システムは、自動運転と類似の先進技術によって実現されています。このシステムの中核をなすのは、コンピュータービジョンとセンサーフュージョンという2つの技術です。コンピュータービジョンは、人間の目の役割を果たし、店内の様子を映像で捉えます。センサーフュージョンは、複数のセンサーから得られる情報を統合し、より詳細な状況把握を可能にします。これらの技術を組み合わせ、「いつ商品が棚から取り出されたのか」「いつ戻されたのか」などを自動的に認識します。棚から取り出された「フィジカル」な商品は、顧客のアマゾンアカウントに紐付く「サイバー」上の仮想カートで追跡されます。

このアマゾンゴーは、当初アマゾン社員のみが利用できる店舗としてスタートしましたが、２０２３年には全米で43店舗にまで拡大しています。また、ジャストウォークアウトは外販もされ、アマゾン以外の店舗でも利用できるようになっています。

日本でも、コロナ禍で店舗のスマート化が急速に進みました。以前から深刻な労働力不足などを背景に進んでいた店舗の効率化が、人との接触を回避する必要性から一気に加速したのです。

２０２０年に開業した山手線の高輪ゲートウェイ駅には、タッチトゥゴーという無人店舗があります。こちらは退店時にタッチパネル端末での決済が必要ですが、それ以外はアマゾンゴーと同様に誰が何を手に取ったのか把握するので、店員を必要としません。また、ＮＴＴデータが提供するキャッチ&ゴーは、決済も自動化された和製アマゾンゴーとも呼べるもので、ダイエーの店舗で展開されています。

九州を中心に全国にスーパーマーケットを展開するトライアルの取り組みも非常に先進的です【編注1】。一部店舗では、スマートショッピングカート、リテールＡＩカメラ、デジタルサイネージなどの最新技術が導入されています。スマートショッピングカートは今やトライアル以外でも多くのスーパーで導入されており、カートに備え付けのバーコードリーダーによって、買い物しながらセルフレジを済ませる

編注1　https://www.nikkei.com/article/DGXMZO56954110Y0A310C2H11A00/

ことができます。

トライアルの店舗に行くと、天井に設置された多くのカメラに気付くでしょう。これはリテールＡＩカメラと呼ばれ、アマゾンゴーなどの無人店舗と同じく商品棚の監視や顧客の動線分析を行っています。トライアルの場合は、無人化ではなく、発注や補充の最適化、顧客が必要な商品を容易に見つけられる購買体験の向上を目的に活用しています。また、このリテールＡＩカメラでダイナミックプライシングも実現しています。ＡＩカメラが売り場の電子棚札と連携し、商品の売れ行きを分析して自動的に価格調整を行うのです。例えば、弁当類が売れ残るとＡＩがこれを検知し、20％や半額などの割引を適用します。電子棚札は新しい価格を表示し、商品のバーコード情報も更新されるため、レジでのスキャン時に値下げが適用されます。これは、在庫管理の効率化と廃棄ロスの削減を実現した例です。

加えて、店舗の各所にデジタルサイネージが配置されています。そこで動画や静止画を表示し、フィーバータイムや出来立て商品の情報を伝えることで、顧客体験をさらに向上させています。

ここまでは、フィジカルの体験をサイバーと連携させることで改善するアプローチでした。他にも、オムニチャネルやＯＭＯ（オンラインとオフラインの融合）マーケティングが有名です。オムニチャネルは、顧客がオンラインとオフラインの両方のチャネルをシームレスに利用できるようにする戦略であり、例えばオンラインで購入した商品を店舗で受け取るサービスなどが含まれます。一方、ＯＭＯはオンラインとオフラインを完全に一体化し、顧客がどちらのチャネルでも同じ体験を得られるようにするアプローチです。スマートストアもＯＭＯの1つと考えることができます。これらのマーケティング手法は、サイバーとフィジカルの連携を活用することで、顧客体験の向上と企業の効率化を同時に実現しています。

サイバーの体験をフィジカルと連携させる

サイバーの体験をフィジカル連携させるアプローチもあります。その代表例が、ゾゾの取り組みです。ゾゾは、ゾゾタウンというオンラインファッション通販サイトを運営している企業で、先進技術を積極的に取り入れていることで知られています。

Ｅコマースサイトの課題の１つが、商品を手に取って確認したり試着したりができないことです。そこで、返品コストをゼロにしたり、複数サイズを同時に配送してサイズが合わないものを返品できるようにしているサービスもあります。

ゾゾは多種多様なアパレルブランドを扱っているため、顧客はブランドごとに自分に合ったサイズを判断しなければなりませんでした。例えば、ＡブランドではＭサイズが合うのに対して、ＢブランドではＳサイズが適していることがあります。これに対し、ゾゾは共通のサイズ基準「ゾゾサイズ」を導入し、異なるブランドでも統一されたサイズを提供。顧客はブランドごとにサイズを比較する手間を省き、安心してショッピングを楽しめます。

ゾゾは以前、ゾゾスーツと呼ぶボディスーツを提供していました。これはユーザーが自宅で簡単に体型を測定してぴったりのサイズを注文するための仕組みでした。全体に施されたドットマーカーが特徴的で、大々的に宣伝されたので覚えている方も多いでしょう。ゾゾスーツを着たユーザーがスマートフォンのカメラで360度撮影することで、高精度な計測を可能にしたのです。2018年にリリースされたゾゾスーツは、2022年にサービスを終了しています。ただし、アメリカ市場向けには、類似技術を用いたゾゾフィットが提供されています。ゾゾフィットはフィットネス用途に特化し、より正確な体型データを収集することで、健康管理やパーソナライズされたフィットネスプランの作成に役立てられています。

ゾゾはまた、靴の購入に関してもゾゾマットという3Dフットスキャニング技術を提供しています。ゾゾマットは、スマートフォンを使って足の3Dモデルを生成し、これに基づいて正確な靴のサイズを提案します。顧客は自分にぴったりの靴を選ぶことができ、ゾゾとしては返品のリスクを減らすことができます。

さらに、コスメでの取り組みもあります。ゾゾグラスは、ユーザーが自分の肌の色を正確に測定できる眼鏡型デバイスです。これで測定したデータを基に、ユーザーの肌に最適なコスメの色を提案します。ゾゾはこうした取り組みにより、オンラインショッピングの課題を解決し、より安心で便利な購買体験を提供しています。

このようにサイバーとフィジカルは補完関係にあり、これらをソフトウェアでつなぐことで、体験を大きく改善することができるのです。

CPSを目指すソサイエティ5・0を実現するために

日本政府が推進するソサエティ5・0（Society 5.0）【編注2】も、このCPSを目指しています。ソサエティ5・0は、日本政府が提唱する未来社会のビジョンで、人間中心の社会を目指すものです。ソサエティ1・0は狩猟社会、2・0は農耕社会、3・0は工業社会、4・0は情報社会を指し、5・0はこれらに続く第5の社会として、IoT、ビッグデータ、AI、ロボット技術などを活用することで、さまざまな社会課題の解決を図ります。

ただし、ソサエティ5・0は主にインフラや製造業などの特定領域を中心に考えているところがあります。サイバーとフィジカルの連携は、それ以外の領域にも適用されます。小売業、サービス業、医療、教育など、さまざまな分野での応用が期待されており、私たちの生活のあらゆる側面で体験の向上が可能です。

では、サイバーとフィジカルの連携は、どのように進めれば良いのでしょうか。

まず、（1）課題（目的）を明確にすることです。サイバーフィジカルシステムは、多くの技術を組み合わせて提供するため、技術ありきの発想になりがちです。しかし、課題がないところに需要はありません。まずは具体的な課題を洗い出し、それに対する最適なソリューションを考えることが重要です。

次に、（2）ユーザー体験の最大化を考えることです。コンシューマー向けのサービスではこれが価値の源泉となりますし、法人向けのサービスにおいても操作する人の体験を向上させることが求められます。使いやすさと利便性がユーザーの満足度を高め、結果として、サービスの成功につながります。

編注2　https://www8.cao.go.jp/cstp/society5_0/index.html

また、（3）サイバーとフィジカルのバランスも重要です。ソフトウェアとハードウェアにはそれぞれ得意分野があり、どちらが主役になるかはケースバイケースです。また、技術の進化によっても状況は変わります。柔軟に、適切な組み合わせを考えるべきでしょう。

最後に、（4）フィジカルの進化をサイバーに合わせることも忘れないようにしましょう。前提として、ソフトウェアとハードウェアをバランスよく組み合わせることが大事ですが、技術進化のスピードという点では、ソフトウェアのほうが速いと予測されます。ハードウェアもソフトウェアの進化に合わせるように、具体的にはＯＴＡを活用したり、パーツ交換を容易にするなど、進化のスピードを鈍化させない工夫が必要です。

日本の強みをソフトウェア化しよう

日本企業が今後、ソフトウェアファーストでさらなる成長を遂げるには、日本ならではの強みを活かした領域に注力することが重要です。２章で説明した製造業での活用もその1つですが、他にも、日本のおもてなし文化をソフトウェアを用いて強化することで、観光業やサービス業における顧客体験を飛躍的に向上させることが期待できます。

また、日本の豊かなカルチャー、特にクールジャパンとして知られるアニメ、漫画、ゲーム、ファッションなどを、デジタルプラットフォームを通じて世界中に広めることも有望です。これにより、国際的なファン層を拡大し、新たな市場を開拓することが可能になります。

さらに、パーソナライゼーションをもう一歩進めて得意とするハードウェア領域に適用したり、世界に先駆けて取り組むさまざまな課題への解決策を強みに変えて他国に展開したりすることにも、大きな可能性が見いだせます。

ソフトウェアファーストな「おもてなし」

まず、おもてなしについて見ていきましょう。おもてなしとは、言い換えれば顧客体験そのものです。よく、日本のおもてなしにはアナログだからこその良さがあり、「人のぬくもりが大事なのにデジタルなんてとんでもない」と言われることがありますが、これは、これまで人が担ってきたおもてなしが、ＡＩやロボットに取って代わられるイメージからくる誤解です。

いかなる最新技術を使っていようとも、おもてなしの本質は変わりません。むしろ技術を適切に活用することで、人はより付加価値の高い接客やサービスに集中でき、より洗練された顧客体験を生み出せる可能性を秘めています。例えば、データ分析によって顧客の嗜好を把握し、よりパーソナライズされたサービスを提供することが可能になります。また、ＡＩやロボットにルーティン作業を任せることで、人はよりきめ細やかな顧客対応に時間を割けるようになります。

「シニア層はデジタルが苦手で、人が対応しなければならない」と言う人がいます。しかし、スマホの所有率は60代で9割を超え、70代でも8割超え、さらに80代前半でも6割を超えています【編注3】。シニア層がつまずくのは、デジタルが苦手だからというよりも、ＵＩやＵＸが十分考慮されていない特定のデジタルデバイスの問題であることが多いのです。

デジタルデバイスは今後も進化し続けるでしょう。例えば、タブレットの画面が見にくいという問題も、電子ペーパー技術で解決されるかもしれません。現状のデジタルデバイスだけを見て、デジタルは使えないと判断するのは早計です。

編注3　https://www.moba-ken.jp/project/seniors/seniors20240318.html#a01

ソフトウェアによっておもてなしを最大化させている例に、前にも紹介した星野リゾートが挙げられます。星野リゾートは、独自のソフトウェアシステムを開発・導入し、顧客体験の向上を図っています。例えば、「料理進行管理システム」を導入し、顧客への料理提供のタイミングを最適化しています。このシステムは、料理の進行状況をリアルタイムで管理し、「サプライズケーキあり」「左利き」といった顧客の個別情報も一括管理します。これにより、顧客一人ひとりに合わせたサービスが提供でき、提供ミスやタイミングの遅れを防いでいます。

このシステムが導入される前、星野リゾートではホワイトボードとインカムを駆使して料理の進行を管理していました。しかし、提供ミスや遅れが頻発していたと言います。料理進行管理システムを導入することで、こうした課題を解決しました。このシステムは、ローコードツールで開発され、エンジニアではないスタッフでも改良できます。

星野リゾートはこのようなシステムを導入することで、顧客に対して個別に最適化されたおもてなしを提供できるようになりました。ポイントは、顧客から見れば、よりきめ細やかなサービスが受けられるようになっただけで、料理進行管理システムの存在を意識することはないということです。ソフトウェアファーストなおもてなしとは、エンドトゥエンドですべてデジタル化するという意味ではありません。人のぬくもりを残すことは可能ですし、それが自分たちの存在価値だと言うのなら、デジタル技術を駆使してボトルネックを解消し、より良い顧客体験を追求していくべきです。

ソフトウェアファーストなクールジャパン

クールジャパンは、日本のアニメ、漫画、音楽、ファッション、映画などのポップカルチャーや伝統芸術が世界的に高い評価を得て、多くのファンを獲得している現象を指す概念です。その影響力は、カルチャーやエンターテインメントに留まりません。筆者が外資系企業に勤務していた時、海外オフィスから日本への赴任募集に予想を大幅に上回る応募があり、その多くがクールジャパンを通じて日本が好きになったという人でした。

ポストコロナ時代に入り、日本へのインバウンド観光が再び活況を呈しています。日本各地の観光地が海外からの旅行客であふれ、その過熱ぶりはオーバーツーリズムとして問題視されるほどです。このようなインバウンド観光の増加は、クールジャパンの魅力を物語っており、日本の美しい自然や独特の文化が世界中の人々を惹き付けていることの証明です。

このクールジャパンをソフトウェアによって最大化している例を、バンダイナムコに見てみましょう。バンダイナムコは、日本を代表する総合エンターテインメント企業で、玩具、アニメ、ゲーム、アミューズメント施設など、幅広い分野で事業を展開しています。ガンダム、ドラゴンボール、ワンピースなどは皆さんもご存知でしょう。これらは日本のみならず世界中で多くのファンを魅了しています。

まず、ナムコパークス【編注4】は、バンダイナムコの知的財産（ＩＰ）を活用したデジタル体験を提供するポータルサイトです。リアル店舗でのイベントをオンラインで再現するだけでなく、イベント限定商品や会員特典、顧客分析機能など、多様なコンテンツを展開しています。ナムコパークスには、カ

編注4　https://parks.bandainamco-am.co.jp/

プセルトイのドキドキ感をオンラインで再現するオンラインガシャポンサービス「ガシャポンオンライン」があります。また、バンダイナムコＩＤを用いた顧客との共通プラットフォームは、購買履歴や嗜好に基づいた最適な情報配信や特典提供、スムーズな決済など、顧客体験の向上に貢献しています。

このように、バンダイナムコは、単にＩＰをデジタル化するだけでなく、その価値を最大限に引き出す取り組みを積極的に進めています。

バンダイナムコは、世界約20の地域・国に海外拠点を持ち、長年にわたりゲームパッケージの流通を牽引してきました。近年は店頭でのパッケージ型のゲーム販売ではなく、ダウンロードゲームやクラウドゲームが主流となり、各地域のファンとのコミュニケーションやマーケティングがますます重要になっています。

今後は、ＩＰメタバースの創出にも取り組んでいきます。まずはガンダムを皮切りに、中長期的な視点でメタバースを展開し、デジタルとフィジカルの両面から顧客とつながることを目指しています。各ＩＰメタバースおよびフィジカル店舗を支えるデータベースやＩＤは一括管理を行い、統合された顧客体験を提供する予定です。

こうしたクールジャパンに代表される日本独自の文化や美意識を取り入れたサービスは従来、ゲームなどのエンターテインメントの分野に閉じる傾向がありました。しかし、クールジャパンの大本《おおもと》であるＩＰは今後、生成ＡＩなどの分野でも重要になるでしょう。生成ＡＩによって日本の重要なＩＰが侵害されないように守ることはもちろんですが、むしろこれを武器に世界に打って出ることもできるでしょう。

また、持続的成長を重んじる新しい世界で求められる体験は、シリコンバレーのような技術至上主義の土地から生まれるとは限りません。ノーション【編注5】というメモやドキュメント、タスク管理、汎用データベースなどに使える万能ツールが普及していますが、これは実は京都で開発されたものです。２人の米国人創業者がサンフランシスコで開発を始めたものの、資金が枯渇し、開発を中止。その後、開発を再開する時に選んだ土地は京都でした。彼らは、「京都の和の環境がノーションのシンプルで使いやすいデザインを生み出した」と語っています。

これからは、ゲームやエンターテインメントだけでなく、さまざまなプロダクトにおいても日本文化を取り入れていくのが良いでしょう。

ハイパーパーソナライゼーションが現実に

日本は、製造業が強い国として知られています。自動車や家電など、世界に誇る製品を数多く生み出してきました。この製造業では、マスプロダクション（大量生産）とカスタマイズ（多品種少量生産）という2つのアプローチが主流でした。

近年、技術の進化により、マスカスタマイゼーションという新しいアプローチが可能になっています。マスカスタマイゼーションとは、大量生産の効率を維持しながら、個々の顧客のニーズに合わせた製品を提供することです。これにより、製品のバリエーションが豊富になり、顧客一人ひとりの要求に応えることが可能になります。

例えばナイキは、ナイキバイユー【編注6】というオンラインサービスを通じて、顧客ごとの個性を表

編注5　https://www.notion.so/ja-jp/desktop
編注6　https://www.nike.com/jp/nike-by-you

現できる革新的なシューズを提供しています。顧客は、靴の色、パターン、紐のデザインなど、豊富な選択肢から自分好みの要素を自由に組み合わせることができます。つまり、世界で1つだけのオリジナルシューズを製作できるのです。

また、スイスの補聴器メーカーであるソノヴァ【編注7】は、3Dプリント技術を駆使し、患者の耳にぴったりフィットする補聴器を製造しています。従来の補聴器よりも快適な装着感を実現し、長時間使用しても疲れにくくなっており、個々の患者のニーズに応じた高精度な補聴器が迅速に提供可能となりました。

ソフトウェアファーストのアプローチにより、こうしたマスカスタマイゼーションがさらに進化し、ハイパーパーソナライゼーションの世界が現実のものとなっています。ハイパーパーソナライゼーションとは、AIを駆使して、個々の消費者の嗜好や行動に基づく極めて個別化されたサービスや製品を提供することです。顧客が自らデザインをしたり、選択肢の中から選んだりしなくとも、自分の好みにあったプロダクトを入手できるようになります。

例えば小売業のオンラインショッピング分野では、過去の購入履歴や閲覧履歴を基に、個々の顧客に対してパーソナライズされたおすすめ商品を提案するシステムが一般化しています。エンターテインメント業界では、ネットフリックスなどが視聴履歴に基づいて個別にお勧めの映画やドラマを提案しています。これにより、視聴者の好みに合わせたコンテンツを提供し、視聴者の満足度を高めています。金融業においても、銀行やフィンテック企業が顧客の取引履歴や信用情報を分析し、最適な金融商品やサービスを提供することで、個々の顧客に合ったファイナンシャルアドバイスを実現しています。

編注7　https://www.sonova.com/japan/ja

ただし、これらの例はすべてサイバー空間で閉じたものとなっています。このハイパーパーソナライゼーションが、今後はフィジカルの領域にまで展開していくことが予想されています。ここが日本の勝機です。

また、おもてなしやクールジャパンも、このハイパーパーソナリゼーションを目指して進化するべきです。例えば、観光業では、訪日外国人旅行者の嗜好や過去の訪問履歴を基に、最適な観光プランを提案するサービスが考えられます。また、アニメやゲームなどのコンテンツ産業でも、ファンの好みや過去の視聴履歴に基づいて、新作の提案や関連グッズの販売を行うことで、満足度を高めることができるのです。

課題先進国であることを活かす

日本はしばしば「課題先進国」と言われます。不名誉だと憤慨することもありますが、残念ながら真実でしょう。日本は高齢化社会、人口減少、災害リスクといった複数の社会的・経済的課題に直面しています。ただ、他の先進国もやがてこれらの課題に向き合わざる負えないと言われています。

課題1：高齢化

日本の高齢化率（65歳以上の人口割合）は、2023年時点で29.1％に達しています【編注8】。これは世界全体の平均8％未満と比較しても突出していますが、欧州では、イタリア（24.5％）、フィンラ

編注8 https://www.stat.go.jp/data/topics/pdf/topics138.pdf

ンド（23・6％）ポルトガル（23・3％）、ギリシャ（23・1％）、ドイツ（22・7％）などが非常に高い高齢化率となっています。

世界保健機関（WHO）は、65歳以上の高齢者の割合が14％を超えた社会を「高齢社会」、21％を超えた社会を「超高齢社会」と定義していますが、日本をはじめとする欧州先進国はすでに超高齢社会です。アジアに目を向けると、高齢化率はまだ日本や欧州各国ほどではありません。しかし、その上昇ペースは急激であり、韓国などは将来日本を上回ると予測されています。中国も2030年代には超高齢社会になると予想されます。

高齢化は少子化と密接に関連しており、その結果、人口減少というさらに大きな課題にもつながります。救いようのない話に思えるかもしれませんが、世界に先駆けて課題と向き合えることは、大きなチャンスでもあります。

例えば、日本のパラマウントベッドは、医療・介護ベッド分野で先進的な技術を導入しています。彼らはスマートベッド【編注9】というコンセプトを推進しており、ベッドにセンサーを搭載し、患者の動きや体位の変化をリアルタイムでモニタリングするシステムを提供しています。このシステムにより、看護師や介護士は離れた場所からでも患者の状態を確認し、迅速に適切なケアを施すことが可能になります。

これらのデータは分析され、患者の健康状態の予測やリスク管理にも役立てられます。パラマウントベッドのソリューションは、ソフトウェアを駆使して医療と介護の質を向上させることを目指しており、高齢化社会の課題解決に貢献するものです。これは、日本国内だけでなく、特にアジア市場を中心に多くの医療機関や介護施設に導入されており、高齢化が進む地域での需要が高まっています。ヨーロッパ

編注9　https://www.paramount.co.jp/sbs/index.html

や北米市場にも進出しており、世界第2位のシェアを誇ります。

課題2：少子化

日本の少子化は急速に進行しており、非常に深刻な状況にあります。最新のデータによると、2023年の出生数は72万7277人で、前年から5・6%減少しており、過去最少を記録しました【編注10】。この急激な人口減少は、日本が国家として今のような形で継続することさえ不可能になるほどの深刻な影響を与えます。

予測では、日本の総人口は約1億2500万人から2070年までに約30%減少し、8700万人になると見込まれています【編注11】。このペースは当初の予測よりもかなり速く進んでおり、2017年に国立社会保障・人口問題研究所が予測していた「出生数が80万人を下回るのは2030年以降」よりも大幅に前倒しされています。

この現状を踏まえ、日本は少子化対策と少子化が進んだ人口減少への対策を講じる必要があります。

少子化対策は、少子化の進行をできるだけ食い止め、少しでも人口増加につなげることを目的とします。結婚を増やすための支援のために、結婚にかかる費用の補助や婚活支援サービスの充実などが行われています。また、子どもを望むカップルが子どもを産めるようにするために、不妊治療の費用補助や制度の改善を行い、安心して子どもを持てる環境も整えられています。さらに、子育て支援として保育所の整備や育児休業制度の充実、教育費の削減を実施したり、働き方改革を進めることで仕事と育児を両立しやすい環境を作り出すことも重要です。

編注10 https://www.mhlw.go.jp/toukei/saikin/hw/jinkou/geppo/nengai23/dl/gaikyouR5.pdf
編注11 https://www.mhlw.go.jp/content/12601000/001093650.pdf

一方、少子化が進行し、人口減少が避けられない状況に対する対策も講じる必要があります。これらの対策は、少子化対策が成功しても労働人口の減少が進む現実を踏まえて行われます。減少した労働人口を移民で補うという考え方もありますが、基本的には労働生産性を高めることが対策となります。

この生産性改善は出産や育児を行うカップルへの支援にもつながります。ワークライフバランスを実現し、ライフに割く時間が増えれば、結婚や出産も増えるでしょう。育児にしても、託児所や保育園、幼稚園従事者の働き方改革が必要です。ここで重要なのが、テクノロジーの導入です。

テクノロジーの導入や業務プロセスの改善を通じて、少ない労働力で高い成果を上げることが重要です。無人化や省力化も推進すべきです。ＡＩやロボティクスを活用して、農業や製造業などの分野で無人化や省力化が進められています。

カップルとして出会い、出産するためにもテクノロジーが使われています。出会いにはマッチングアプリがあり、コロナ禍を経てその認知度も高く、結婚したカップルの25％がマッチングアプリを通じて出会っているという調査結果もあります【編注12】。これらのアプリにはＡＩが活用されており、婚活ＡＩアシスタントは、ユーザーがパートナーを見つけるためのサポートを提供します。メジャーなマッチングアプリにはこの機能が備わっています。

出産支援へのテクノロジー活用の例としては不妊治療が挙げられます。婦人科・不妊治療診療分野のスタートアップであるアーチは、不妊治療施設の開業支援と運営支援を行っており、医療者が医療行為に集中できる環境を整えています【編注13】。また、自らプロデュースした医療施設も持っており、実際にＤＸが駆使されたサービスが提供されています。

編注12　https://www.meijiyasuda.co.jp/profile/news/release/2023/pdf/20231116_01.pdf

不妊治療には高額な費用、仕事との両立の難しさ、心理的な負担、情報不足といった課題がありますが、これらの解決にデジタル技術が活用されています。例えば、診察予約、事前問診、事後決済を1つのアプリで完結することで院内滞在時間を大幅に短縮しています。これは忙しい働く世代にとってはとても重要です。また、電子カルテシステムを自社開発して医療データの連携と管理を効率化しています。

さらに、受診前の問診で患者のメンタル状態を定量化し、必要に応じてカウンセリングを提供することで、心理的負担を軽減しています。教育と啓蒙活動を通じて、妊孕性《にんようせい》の理解を深め、適切な年齢に受診できる社会風土を醸成することも目指しています。治療の効率化と短期化を図るための情報網の構築も進めており、患者が途中で挫折せずに治療を継続できるよう支援しています。

課題3：災害

少子高齢化の他にも、他国に比べて課題が大きい分野があります。それは災害です。日本は、地震や水害などの自然災害に常に脅かされています。近年、東日本大震災や熊本地震、西日本豪雨、能登半島地震など、甚大な被害をもたらす災害が相次いでいます。知人の防災研究者によれば、統計上5年に一度は大規模な災害が起きているそうです。

しかし、日本だけが災害リスクに直面しているわけではありません。地球温暖化の影響により、世界中で異常気象による災害が増加しています。ハリケーン、サイクロン、熱波、干ばつなどの災害は、世界各地に甚大な被害をもたらし、人々の生活や経済に大きな影響を及ぼしています。

こうした背景から、日本で培われた災害情報共有システム「Lアラート（エルアラート）」が注目され

 編注13 https://www.arch.social/

ています。Ｌアラートは、地方公共団体やライフライン事業者が発出する避難指示や避難勧告などの災害情報を、テレビやラジオ、スマートフォンアプリなどの多様なメディアを通じて、迅速かつ効率的に地域住民に伝えるための共通基盤です。このシステムは、災害時の迅速な情報伝達手段として日本国内で定着しつつあります。

そして、このＬアラートは、海外での活用も期待されています。ＮＴＴデータは２０２３年９月、Ｌアラートを基にした防災情報処理伝達システム（ＤＰＩＳ）をインドネシアに提供することを発表しました【編注14】。インドネシアでは、２００４年のスマトラ島沖地震や２０１８年のスラウェシ地震などで情報伝達の遅れが浮き彫りになりました。ＤＰＩＳは、インドネシアの気象庁が持つ津波・地震情報を迅速に国民に伝達し、避難を促すことで、災害対策に貢献します。このシステムは、Ｌアラートとしては初の海外展開事例となり、今後も国際的な展開と機能向上が期待されています。

従来はこれらの課題に関して非ＩＴで臨むことが多かったのですが、今後はＩＴを活用せざるを得ません。否が応でもＩＴを活用する方向に進んでいくでしょう。

編注14 https://www.nttdata.com/global/ja/news/topics/2023/091501/
https://www.nikkei.com/article/DGXZQOUC251KS0V20C23A8000000/

プラットフォームを正しく活用しよう

ＩＴサービスのプラットフォームと聞くと、多くの人がＥコマースやスマホアプリのマーケットプレイス、クラウドサービス、ソーシャルメディアなどを思い浮かべるでしょう。これらは、今では仕事や日常生活で欠かせない存在となっており、その影響力は高まる一方です。しかし、その影響力が強まるにつれ、独占の懸念やプライバシー、セキュリティの問題から、一部の国では規制が強化される傾向も見られます。

そもそもプラットフォームとは、不特定多数を対象に製品やサービスを提供する場所を構築することです。ユーザーはプラットフォーム上にある複数のサービスを目的に応じて利用できます。プラットフォーム提供企業以外もサービス提供者として参加できるオープンプラットフォームとして運営されるプラットフォームもあり、参加するプレーヤーが増えるほどサービスが拡充され、利用料も増えていきます。これがいわゆるエコシステムです。自然界における生態系と同じように、多様なプレーヤーが共存している環境です。

プラットフォームには2つの特徴があります。1つは汎用性です。特定の顧客だけに使われるのではなく、複数の顧客に使われることがプラットフォームの条件です。もう1つの特徴は誘引性です。プラットフォームにいる顧客が新たな顧客を呼び込むのです。

楽天市場のようなテナント型のマーケットプレイスを例に説明すると、製品の出品者が増えれば出品数が増え、「場の魅力」が増し、購買者が増えます。購買者が増えると、出品者から見てもマーケットプレイスの魅力が増し、ますます出品者が増えるという好循環が生まれます。これを、ネットワーク外部性（ネットワーク効果）と呼びます。このネットワーク外部性によってプラットフォームの優劣が決まります。

プラットフォーム事業は、ビジネスに与える影響が非常に大きいため、日本企業もこれを強く意識するべきです。自らプラットフォームを構築できるのであれば、その恩恵を最大限に享受できますが、そうでない場合でも、既存のプラットフォームを適切に活用することでビジネスの成長に寄与できます。ただし、プラットフォームの活用時には注意が必要です（詳しくは後述）。適切な利用を心掛けることで、効率的なサービス提供や新たなビジネスチャンスの発掘が期待できるのです。

プラットフォームを構築する

まず、プラットフォームを構築する場合について説明します。プラットフォーマーとして成功するには多様なユーザーニーズに応える場所を作ることが重要です。しかし、初めから汎用的なプラットフォームを目指すと失敗することが多いのです。プラットフォーム上で提供するサービスや参加するプレーヤーが少ない時期に、あらゆるユーザーニーズに応えようとしても、期待を裏切る結果になってしまうからです。そこで最初の一歩は、特定の領域や少数の企業が確実に使えるものを提供するバーティカル（垂直）なサービス作りから始めるべきです。

このような例として、通信サービスのAPIを提供するトゥイリオ【編注15】を見てみましょう。トゥイリオは特定の領域からスタートし、汎用的なプラットフォームへと進化した成功例の1つです。2008年の設立当初は開発者向けに音声通話やSMSメッセージングの機能を簡単に実装できるAPIを提供することから始まりました。その頃の顧客は、主にスタートアップ企業や個人開発者でした。彼らは、音声通話やSMSの機能を自社のアプリケーションやサービスに迅速かつ容易に組み込むためにトゥイリオのAPIを利用しました。トゥイリオの提供するAPIは、従来の通信インフラに比べて簡単に使える上に柔軟性があり、コストも抑えられるという利点があったためです。

トゥイリオはその後、提供するAPIの範囲を広げ、より多くの通信機能をサポートするようになりました。音声通話やSMSに加えて、ビデオ通話、チャット、ファクシミリ、認証など、多様な通信機能を提供するようになりました。これにより、トゥイリオのプラットフォームは、単なる音声通話やSMSのAPIプロバイダーから、総合的な通信プラットフォームへと進化しました。

Eコマースプラットフォームを提供する、ネット通販支援のショッピファイ【編注16】も同様の例です。2006年に設立されたショッピファイは、まず小規模なオンラインストア向けに簡単にウェブショップを開設・運営できるツールを提供することから始まりました。当時の主要顧客は、主に個人や小規模

編注15 https://www.twilio.com/ja-jp
編注16 https://www.shopify.com/jp

ビジネスのオーナーでした。手軽にオンラインストアを立ち上げ、商品を販売するには、ショッピファイのツールが便利だったのです。

その後、ショッピファイは提供する機能の範囲を拡大し、より多くのEコマース機能をサポートするようになりました。基本的なオンラインストア機能に加えて、在庫管理、支払い処理、マーケティングツール、カスタマーサポート機能など、多岐にわたる機能を提供するようになったのです。ショッピファイは、単なるオンラインストア構築ツールから、統合Eコマースプラットフォームへと変貌を遂げたわけです。

さらに、ショッピファイはサードパーティのアプリ開発者向けにAPIを公開し、アプリマーケットを構築しました。これにより、ショッピファイのユーザーは、自分のストアにカスタマイズした機能を追加することができるようになりました。このエコシステムの拡充により、ショッピファイはさらに多様なニーズに応えることができ、利用者の幅を広げることができました。

このトゥイリオとショッピファイの事例は、特定のニッチ市場からスタートし、汎用性を高めていくことで、広範な顧客基盤を獲得して成功したプラットフォーム戦略の好例と言えるでしょう。ニッチでも特定領域で強烈に支持されている開発力や専門知識を武器に、ITを使ってバーティカルに「サービス化」を進めていけば、独占的なプラットフォームを構築できるのです。

プラットフォームを差別化する

成功しているプラットフォームの共通点に、他の手段での代替が難しいことが挙げられます。例えば、ウィンドウズのようなソフトウェア、インテルのプロセッサなどは簡単には置き換えられないため、プラットフォームとして機能しています。この状態を実現するには、明確な差別化が必要です。差別化にはいくつかの手段がありますが、ここでは「機能差別化」と「エコシステムの確立」について説明します。

機能差別化とは、他社には提供不可能もしくは極めて難しい機能を提供することです。例えば、ＡＩ分野におけるエヌビディアのプロセッサなどがこれに該当します。ただし、機能差別化は他社が追従することで希少性が薄くなることがあります。そのため、常に圧倒的な機能を提供し続けるか、エコシステムを確立することが重要です。

エコシステムとは、複数のプレーヤーが価値を交換し合う環境のことを指します。プレーヤーとは、価値を提供するプレーヤー企業や個人と、それを享受する側の企業や個人を指します。マーケットプレイスがエコシステムの典型的な例です。

機能差別化がなかったり弱かったりする場合でも、既存のプロダクトで獲得したユーザー基盤を元にエコシステムを構築し、プラットフォームとしての価値を高める方法があります。その結果、そのプラットフォームを利用して、新たなプロダクトを生み出すことも可能となります。例えば、マイクロソフトは法人向けのウィンドウズサーバーのエコシステムを活用し、顧客情報管理（ＣＲＭ）プロダクトに参入しました。すでに関係値を築いている法人顧客とパートナー企業を活用することで、新しい領域にスムーズに進出できたのです。

このように、機能差別化とエコシステムの確立は相互に作用し、互いに強化し合う関係にあります。機能差別化により自社製品が使用されると、それがエコシステムの基盤を作り、エコシステムが確立されることで、機能の置き換えが難しくなります。この相互作用により、企業は持続的な競争優位性を築くことができるのです。

汎用プラットフォームとして成功した企業は、自社が作り上げたプラットフォームの中に、特定領域のプラットフォームが入り込むことを嫌います。例えば、マイクロソフト、アマゾン、グーグルが提供するパブリッククラウドは、ＡＩ機能の１つとしてエヌビディアのプロセッサを利用できるようにしていますが、見方によってはＡＩをエヌビディアに依存している状態とも言えます。プラットフォーム企業はこの状況をベストとは考えません。そのため、グーグルもＴＰＵという独自のＡＩプロセッサを開発しており、マイクロソフトもプロセッサを開発しています。

日本企業はプラットフォーム戦略において、特に汎用化が苦手な印象があります。日本は顧客ニーズに合わせて製品をカスタマイズする「すり合わせ」や複数の製品やシステムを組み合わせる「インテグレーション」を得意としていますが、欧州の製造業は「モジュール化」による汎用性の高い製品を生み出すことが得意です。

２章でも紹介したミスミは、標準化されていないことによる非効率性を改善するために「生産財の流通革命」を起こしたことで知られています。従来の生産財（部品）は、機能が同じであってもメーカーごとに仕様が異なり、生産現場では仕様の差異を考慮する手間がかかっていました。そこで、ミスミは部品の購入者の視点に立ち、部品の標準化によるコスト削減と効率化を図りました。これが初期のミスミの成長を支えたのです。

このミスミの成功は、顧客の視点に立って標準化を進め、汎用的なプラットフォームを作り上げたことにあります。日本企業はこのミスミの成功を参考に、ＩＴのプラットフォームにおいても汎用性を高めることを目指す必要があります。

筆者は5章で、汎用性と個社ごとの対応であるカスタマイズの組み合わせを、二階建ての建物に例えました。一階が汎用的なプラットフォームを表し、二階がそれに基づく個別のカスタマイズを意味します。この形態は汎用化と個社対応のバランスを取ることを目指しています。一階のプラットフォームはしっかりとした土台として存在し、顧客の個別要求に応じて二階でカスタマイズを加えることで対応します。

しかし、実際にはプラットフォームがあっても、顧客に提供する際には個別カスタマイズが主体となり、二階が不釣り合いに重くなることがあります。これはプラットフォームの本来の目的から逸脱し、効率性や柔軟性を損なうことにつながります。理想的なプラットフォーム戦略では、汎用的な基盤をしっかりと構築し、その上で必要最小限のカスタマイズを行うことが重要です。そうすることで、プラットフォームはその柔軟性を保ちつつ、個々の顧客の特定のニーズにも効果的に対応できるようになります。

プラットフォームを利用する

次にプラットフォームを利用する場合を考えましょう。

最近では、クラウド（パブリッククラウド）を利用することが一般的になっています。プロダクトの迅速な開発と展開、その拡張性やコスト削減などを考えると、クラウドに利点があることが多くなっています。ここでは、プラットフォームの代表例としてクラウドを例に取り、プラットフォーム利用のメリットとそれに伴う課題、そして適切な判断のための指針について説明します。

まず、クラウドを利用することで、インフラの設定や管理に時間をかけずに、迅速にプロダクトを市場に投入できます。これは、大企業の新規事業開発だけでなく、スタートアップや中小企業にとっても大きなメリットです。オンプレミスとクラウドの比較では、タンス預金と銀行を例にすることがあります。銀行に預金することで、すぐにお金を第三者に振り込めるなどの利便性が得られるのと同様に、クラウドを使うことで即座にリソースを利用できるからです。

さらに、クラウドは拡張性を提供します。需要の増加に応じて柔軟に必要なコンピューター資源を拡張できるのです。事業が成長するにつれて増大する負荷を効果的に処理できます。テレビＣＭで話題になったり、ヤフートピックスで取り上げられたりすることで、サイトへのアクセスが急増することがあります。その場合でもクラウドなら適宜対処でき、貴重な顧客獲得の機会を失わずに済みます。使用量に応じた課金モデルにより、初期投資を抑え、運用コストを効果的に管理できることも大きな利点です。

クラウドはまた、ＡＩや機械学習、ＩｏＴなどのモダン技術を提供しており、これらを利用することで先進的なソリューションを迅速に開発できます。さらに、最新のセキュリティ対策と高可用性も提供しており、安心してサービスを展開できます。これは、銀行が高度なセキュリティシステムを持っているため、個人で管理するよりも安全なのと同じです。

しかしながら、クラウドの利用にはトレードオフが存在します。先にも説明したように、特定のクラウド事業者に依存することは、将来的な価格変更やサービス変更によるリスクを伴います。また、プロバイダーのダウンタイム（停止・中断している時間）やサービス停止が、ビジネスに直接影響する可能性があります。銀行が破綻しそうな時に、アクセスが一時制限されるリスクに似ています。

クラウドにデータを預けることで、データのセキュリティとプライバシー保護に関する懸念も生じます。プロバイダーが提供するセキュリティ対策に依存するため、自社での制御が難しくなります。また、各国のデータ保護規制や業界特有のコンプライアンス要件を遵守する必要があり、グローバルに展開する場合は地域ごとの規制を理解し対応することが複雑になる可能性があります。

コスト管理も重要な課題です。クラウドのリソースの無駄遣いを避けるには、継続的なモニタリングとコスト管理が欠かせません。使用状況を常にチェックし、最適なリソース配置を行うことが求められます。

企業がプラットフォームを利用するか否かの判断は、自社のコアコンピタンスがどこにあるかに基づいて行うべきです。例えば、現金をタンスに保管することで、いつでも手元に置いておける安心感がある一方、盗難や災害のリスクがあります。同様に、自社内にデータを保管することで完全な制御が可能ですが、管理の負担やセキュリティリスクがあります。昨今は情報セキュリティでも安全保障上のリスクを勘案することが不可欠であり、クラウドを使うべきか、使う場合はどの事業者にすべきかが重要な事業判断となっています。

適切な判断のためには、まず自社のコアコンピタンスを確認することが重要です。自社の強みがソフトウェア開発やサービス提供にある場合、インフラ管理にリソースを割くよりも、クラウドを利用して迅速に市場にサービスを提供するほうが有利です。しかし、特定のクラウド事業者に依存し過ぎると、ノウハウが社内に蓄積されず、ロックインのリスクが生じます。ソフトウェアファーストの手の内化を考えるならば、過度なロックインを避けるためにも、あえて自社のデータセンターで行う事業を残しておいたり、マルチクラウド戦略を採用するなどして、ノウハウの社内蓄積とリスク分散を図ることも検討する必要があります。

このように、プラットフォームの利点とリスクをバランスよく考慮し、自社の戦略に最適な選択を行うことが求められます。適切な判断を下し、プラットフォームの利点を最大限に活かすことで、事業競争力を高めることができるのです。

★　★　★

本章では、日本の強みを生かしてソフトウェアファースト型企業として成長するための領域と方策を述べました。デジタル敗戦からの脱却に向けて、なるべく具体的に説明したつもりです。クラウドに代表されるプラットフォーム活用に言及したのもそのためです。

「はじめに」で記したように、「今度こそ、日本がソフトウェアをしっかりと活用し、以前と同じように世界で輝ける国になってほしい」一心でここまで書き進めてきました。DXの定義を確認する「補章」に続く「おわりに」では、改めて著者が本書に込めた思いをお伝えします。

補章

DXの定義と前提を確認する

1章で著者は、次のように問いかけました。

あなたにとってのDXとは何ですか？　この質問に明確に答えることができますか？

その上で次のように断言しました。

DXとはソフトウェアファーストである。

このように述べた背景には、DXの定義と前提があります。DXに取り組む上で押さえておきたいポイントですので、以下で補足します。

DXの定義

まず、DXという言葉を世に送り出したのは、現インディアナ大学上級副学長のエリック・ストルターマン氏です。

エリック・ストルターマン氏は、2004年に当時在籍していたスウェーデンのウメオ大学の教授として、「Information Technology and the Good Life」という論文【編注1】を発表し、〝the changes that digital technology causes or influences in all aspects of human life（デジタル技術が人々の生活をあらゆる面を変化させる）〟と表現しました。デジタル技術が人間の生活を形づくり、改善することに焦点を当てているのですが、皆さんもお察しの通り、この段階での定義は、正直なところ極めて抽象的なものでした。

そして２０２２年、ストルターマン氏は、社会、公共、民間の３つの領域に分けて、ＤＸを再定義しました。

社会のＤＸ

デジタル技術が人々の生活のあらゆる側面に影響を及ぼし、リアル空間とデジタル空間の融合を通じて、よりスマートで健康的、文化的に豊かな生活を実現するための変化を指します。

公共のＤＸ

スマートな行政サービスの展開と革新的な価値創造を通じて、住民の安全と快適さを高め、持続可能な社会を構築することを目指します。ＤＸを推進するためには、組織のあり方や文化を革新的、アジャイル、協調的に変革することが必要であり、トップマネジメントの強いリーダーシップと全ステークホルダーの参加が求められます。

編注１　https://cir.nii.ac.jp/crid/1361137045702515712

民間のDX

企業がビジネスの目標やビジョンを達成するために、価値、製品、サービスの提供の仕組みを変革することを指します。DXは、トップマネジメントが主導し、リードしながら、全従業員が変革に参加することが必要であり、組織のあらゆる要素を変革し、デジタル技術の活用に基づく最適なエコシステムを構築することが求められます。

再定義によると、DXは単なる技術導入を超え、組織全体の根本的な変革を促すものと位置付けられています。トップの強いリーダーシップと全員の参加が、DXを成功に導く鍵だと強調されています。日本国内におけるDXの定義として挙げられるのが、経済産業省が2018年12月に公開した「デジタルトランスフォーメーションを推進するためのガイドライン（通称DX推進ガイドライン）」【編注2】でしょう。ここでは、DXを次のように定義しています。

企業がビジネス環境の激しい変化に対応し、データとデジタル技術を活用して、顧客や社会のニーズを基に、製品やサービス、ビジネスモデルを変革するとともに、業務そのものや、組織、プロセス、企業文化・風土を変革し、競争上の優位性を確立すること。

経済産業省は、このDX推進ガイドラインとは別に、企業のDXを促そうと、経営者に求められる対応をまとめた「デジタルガバナンス・コード」を策定・公表しています。2022年には利用者視点も

編注2　https://www.meti.go.jp/shingikai/mono_info_service/chiiki_dx/pdf/002_02_00.pdf

統合した「デジタルガバナンス・コード2.0」【編注3】が公表されていますが、ここでも、デジタル技術を導入して活用するだけではなく、業務やビジネスモデル、企業文化・風土を変革する必要性が強調されています。

定義で少し混乱があるとすると、同じく経済産業省が2018年9月に公表した「DXレポート～ITシステム「2025年の崖」の克服とDXの本格的な展開～」（通称DXレポート）【編注4】では、やや異なる定義をしている点でしょうか。このDXレポートでは、IT調査会社IDCジャパンによる次の定義を紹介しています。

企業が外部エコシステム（顧客、市場）の破壊的な変化に対応しつつ、内部エコシステム（組織、文化、従業員）の変革を牽引しながら、第3のプラットフォーム（クラウド、モビリティ、ビッグデータ／アナリティクス、ソーシャル技術）を利用して、新しい製品やサービス、新しいビジネス・モデルを通して、ネットとリアルの両面での顧客エクスペリエンスの変革を図ることで価値を創出し、競争上の優位性を確立すること。

ここで「第3のプラットフォーム」という言葉が出てきますが、IDCジャパンは

・第1のプラットフォーム……メインフレームと端末システム
・第2のプラットフォーム……クライアント・サーバーシステム

編注3 https://www.meti.go.jp/policy/it_policy/investment/dgc/dgc2.pdf
編注4 https://www.meti.go.jp/shingikai/mono_info_service/digital_transformation/20180907_report.html

と定義しています【編注5】。第2と第3の間にかなりギャップがありますし、第3のプラットフォームに要素を盛り込み過ぎという気もします。とはいえ、ITを使った事業をほとんどしてこなかったような大企業の実態を考えると、DXでは新しいプラットフォームの活用が必須だと強く訴える必要があったのでしょう。

IDCジャパンの定義は、経済産業省も参照しているだけあって、普遍性があり、多くの人が納得できるものでしょう。反面、普遍性が高いだけに、DXの進め方は各社に委ねられます。ITを使った事業の変革ではなく、社内の業務効率化やオペレーション改善をDXと呼ぶことも可能です。実際には「内部エコシステム（組織、文化、従業員）の変革」としっかり書かれているのですが、第3のプラットフォームであるクラウド、モビリティ、ビッグデータ／アナリティクス、ソーシャル技術という要素技術が目立つあまり、つい手段である技術面だけに目が行きがちです。また、レガシーシステムのモダナイゼーションが待ったなしであることを「2025年の崖」と表現して危機感を煽った結果、システムを刷新することがDXであると誤解してしまった例も多くあります。

また、DXという言葉を使えば、積極的にITを活用している企業だと社内外にアピールできることもあり、確信犯なのか、無知なのか、変革が全く伴わないただのIT活用をDX事例として宣伝に利用するケースもあります。

新しい言葉を使うことで、何かすごいことをやっているように錯覚してしまうのは、日本企業が昔から何度も繰り返してきたことです。DXがそうなってしまってはいけません。だからこそ筆者はあえて、「DXとはソフトウェアファーストである」と断言した上で、「ソフトウェアの進化スピードと柔軟性を

編注5　https://www.idc.com/jp/research/explain-word

活かして武器にする」ことをお伝えしています。

デジタイゼーションとデジタライゼーション

ソフトウェアファーストを主軸に据えたDXにおいて前提となるのが、デジタイゼーション（Digitization）とデジタライゼーション（Digitalization）という2種類の「デジタル化」です。この2つは似て非なる概念なので、ここで補足しておきましょう。

デジタイゼーションとは、いわゆるデジタル化（守りのデジタル化と言われることもあります）のことです。今までアナログで扱っていたものをデジタル情報として扱うようにすることで、音楽の収録でアナログレコードやカセットテープを使っていたのがCDになるような変化です。オフィスのペーパーレス化などもこの例でしょう。

一方、デジタライゼーションは、デジタルデータを用いたプロセス化、言い換えればデジタル技術を活用した変革（攻めのデジタル化と言われることもあります）のことです。音楽の例で言うと、MP3としてインターネットで共有可能になったのはデジタイゼーションです。フォーマットがデジタル化されただけではなく、インターネットという別のデジタル技術と組み合わさって、楽曲の販売方法も変わりました。オフィス業務では、クラウド上のスプレッドシートにデータが保存できるようになり、複数名での同時更新が可能になった例などが挙げられます。

DXは、このデジタライゼーションを前提として、ユーザーに新たな価値を提供する事業を生み出すこ

補章図1：デジタイゼーション／デジタライゼーションとDXの関係

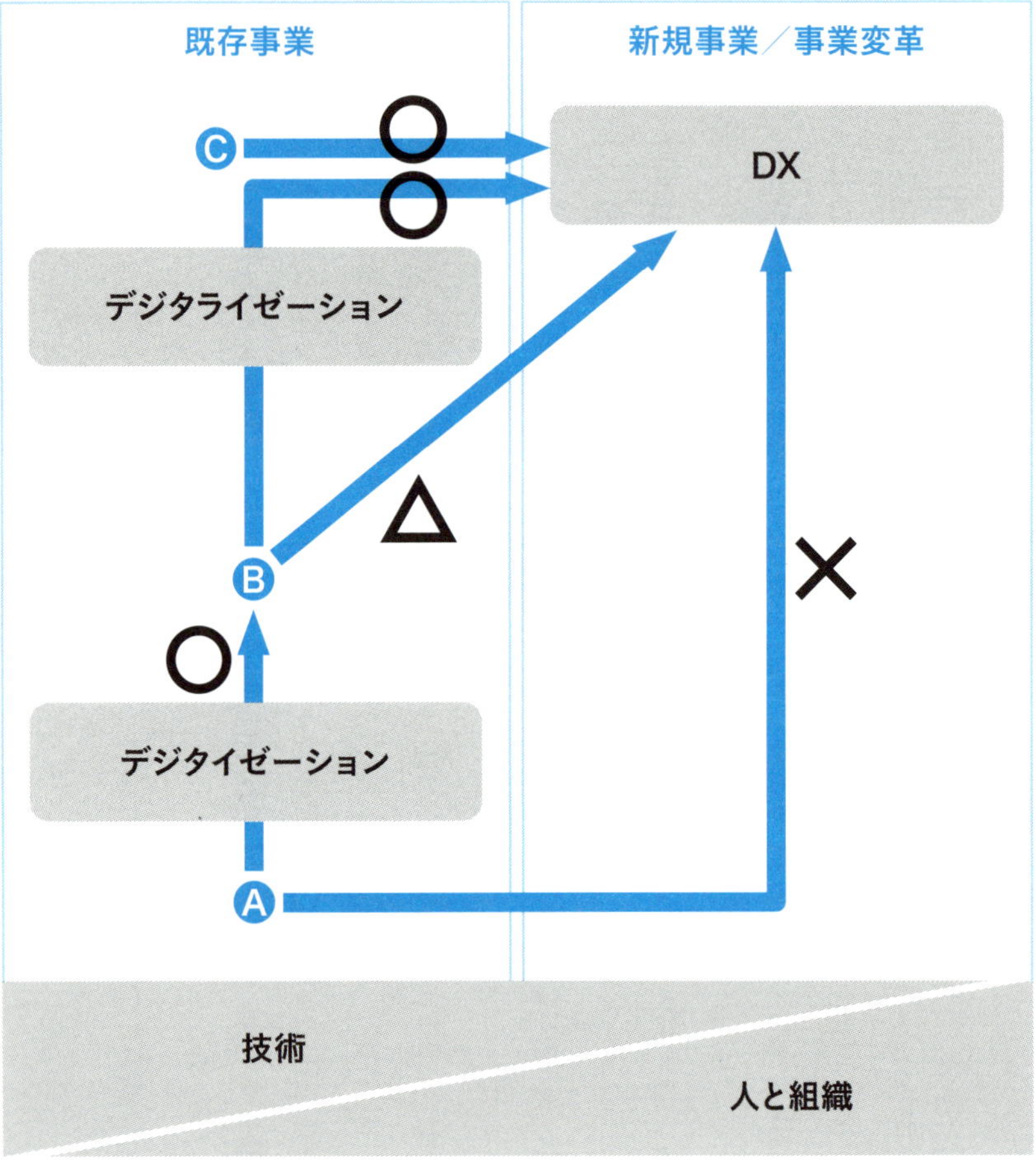

図の中のA～Cが組織の現在地を示すとして、

- Aはまだデジタイゼーションが完了していないので、いきなりDX推進することを考えず、まずはBかCの位置を狙う
- Bはデジタライゼーションの途中なので、DX推進を始めてもいいが、かなりの覚悟が必要
- デジタイゼーション／デジタライゼーションが完了してCの位置にある組織はDXを進めやすくなる

とだと言えます。当然、そこには組織や業務プロセスの変革が伴いますが、DXを推進するソフトウェアファーストの実践者は、補章図1を参考にしながら、まず自社がどのステージにあるかを確認しておくと良いでしょう。

例えばオフィスの中が紙だらけで、あらゆる承認フローで自筆の署名や印鑑が求められているとしたら、まだ社内のデジタイゼーションが進んでいないと考えられます。これは社内にそれを価値と感じている人、つまり業務を現行のプロセスに最適化している人が多いということです。そのような方々は変革の障害になりかねません。極端な場合、抵抗勢力とも言える存在になるでしょう。

もし自社がこのような状態だったら、デジタイゼーション／デジタライゼーションの2つを同時に行うか、それとも順番に行うかを検討する必要があるのです。

おわりに

「プロダクトが希望になる」と言った若い知人がいます。

彼は生きる目標を見失いかけた時、あるコミュニティサービスにめぐり逢い、それによって人生が劇的に変わりました。そのサービスを使うことで日々がいきいきと輝き始めただけでなく、そのサービスの生みの親が語るサービスにかけた想いに触れ、彼は自分もそのようなプロダクトを生み出したいと強く感じるようになりました。

本書は、一貫してプロダクトの重要性を訴えてきました。顧客を理解し、顧客が真に求めているものを提供するプロダクトは、いつの時代も必要とされ続けています。

特に昨今は、米国のＩＴ企業に関する数多くのニュースを、日本の私たちも毎日のように目にしています。彼らの提供するプロダクトが社会に与える影響の大きさゆえです。グーグル、マイクロソフト、アマゾンなどの企業は、優れたプロダクトを通じて世界中の人々の日常を変え続けています。

彼らほど多くの顧客を持たずとも、我々の周りはプロダクトであふれています。身近なものでは、社内で使うシステムや各種ツールなどもそうです。社内プロダクトであっても、顧客である社員を理解し、適切に開発され、継続的に改善されることで、企業全体の生産性や社員のモチベーションに大きく影響するのです。

「楽しいから」プロダクトづくりに人生を捧げてきた

筆者がプロダクトづくりに携わるようになったのは、社会人になってからです。大学を卒業してすぐにソフトウェア技術者としてのキャリアをスタートさせたわけですが、当初からプロダクトというものを意識していたわけではなく、プロダクトづくりにこだわってキャリアを形成してきたわけでもありませんでした。しかし、振り返ってみると、30年以上の社会人人生のすべてをプロダクトづくりに捧げてきたことに気付きます。

自分でもなぜプロダクトづくりを続けているのだろうと考えてみることがあります。その答えは結局、「楽しいから」に尽きると思います。筆者と同世代には大企業の役員や起業して上場させた創業者、アカデミックの世界で大きな研究成果を残した人がたくさんいます。そうした方々と比べると、筆者はただ1つのことをやり続けただけなのですが、それでも嬉しいことに、多くの企業から支援の依頼を受けたり、若い世代からアドバイスを求められたりしています。筆者のようになりたいと言ってくれる人もいます。いや、もっと他の人を参考にしたほうが良いのではないかと思うこともありますが、それでも皆さんに言えるのは、やりがいのあること、楽しいと思えることを愚直に続けるだけで、少なくとも筆者のような人間にはなれるのだということです。

日本企業のお手伝いをしていると、のれんに腕押しのような感情を抱くことがあります。いかにこちらが熱く語っても、「この人には響いていないな」と感じることが多くあります。筆者の話が的外れであったり、説得力に欠けている可能性も否めませんが、そうした方々はどんな話であっても必要以上の感情移入はせず、極めてドライに対応しているように見えます。どこか諦めがあるのでしょうか。もしくは必死に努力しても報われないと思っているのでしょうか。

もし筆者をロールモデルとするならば、1つだけお伝えできることがあります。冒頭の友人の話ではないですが、プロダクトが希望を生み、希望は連鎖していくということです。筆者は楽しかったからプロダクトづくりを続けただけですが、楽しいのは1%で、99%は辛いことや大変なことです。しかし、その1%の楽しさは他のすべてを忘れさせるものです。プロダクトを使ってくれた人が喜んだ顔。プロダクトによって劇的に便利になった暮らし。これらを見ることで、また次も頑張ろうと思えるようになります。もしかしたら、今は努力の先に何が見えてくるのか分からず、必要以上の軋轢《あつれき》や対立を避けているのかもしれません。しかし、登山と同じように、その努力の先には苦しい山道を登り切った者にしか見えない景色が広がっているのです。ぜひこれを目指してほしいと心から思います。

筆者がマイクロソフトでウィンドウズの開発を担当していたころ、セキュリティ問題が頻発したことがあります。ソフトウェア開発者やセキュリティ技術者が集まる場に呼ばれ、まるで公開裁判のように質問を浴びせられ、対応を迫られました。非常に厳しい状況に直面し、逃げ出したくなることもありましたが、実際に使っているユーザーのリアルな状況を肌で感じ、本社と至急連絡を取り対応を進めました。その際、国際電話では埒《らち》が明かないと判断し、日本側のサポート担当者およびマーケティング担当者とともに本社に乗り込み、必要な措置について直談判しました。その結果、ほどなくして適切な対応が取れるようになりました。その後も厳しい状況はありましたが、次第にユーザーから感謝の言葉をいただけるようになり、ほっとしたことを覚えています。

ちなみに、この時の出張は1泊3日の強行軍でした。帰国便の飛行機の中で、行きの便にも乗っていたキャビンアテンダントが「あれ、お客様、昨日到着されたばかりですが、もう戻られるのですか？」と驚いていたのを覚えています。

当時のウィンドウズは、セキュリティ問題があっただけでなく、市場で強過ぎる存在だったこともあり、風当たりが厳しい状況にありました。それでも筆者は、ウィンドウズは必ず世の中を良くするプロダクトだと強く信じていました。だからこそ、このような辛いことがあっても、今は少しずつ理解してもらうための過程なのだと捉え、決して苦ではありませんでした。

ソフトウェアがプロダクトの武器になる

本書では、プロダクトがソフトウェアを武器に顧客への価値を最大化させる方法を説明しています。顧客が対価を払ってでも得たい価値を提供することで、収益が上がり、その結果、再度顧客価値の増大のために投資を行うという好循環サイクルが回り続ける――これにより企業としての持続的な成長が可能となります。

ここで重要となるのがソフトウェアです。進化が早く、適応領域も広く、実体を持たない――こうしたことから柔軟に変容可能なソフトウェアが世の中を変えています。これを使わない手はありません。

しかし、このソフトウェアの開発も、その周辺の業務も、筆者が社会人になったばかりのころはまだハードウェアの付属品として扱われることが少なくありませんでした。ソフトウェアはハードウェアがないと動かすことさえできないため、ハードウェアに組み込まれた形でのみ提供されていました。また、ハードウェアとソフトウェアが分離されていても、価格差が大きかったため、ソフトウェアはハードウェアのおまけとして納品される時代でもありました。

ソフトウェアの実力が正しく評価されていないことに警鐘を鳴らすのが本書の目的ではありますが、確実に世の中が変わっているのも事実です。筆者の社会人人生の中でも、当初は存在しなかったようなプロダクトや職業が生まれています。

筆者がマイクロソフトに勤務していた時、これぞコンピューター社会を象徴するとさえ思うプロダクトがありました。それがエンカルタです。

マイクロソフト エンカルタは、1993年から2009年まで開発・販売されていた電子百科事典です。膨大な知識をまるで魔法のように手元のコンピューターで瞬時に引き出せるこのソフトウェアは、当時最先端の技術を駆使し、画像、音声、動画を豊富に収録していました。1990年代初頭には、このエンカルタこそが教育に革命をもたらすと信じられ、多くの家庭や学校で利用されました。特に教育熱心な保護者にとって、エンカルタは子どもたちの学びのツールとして欠かせない存在となってきたのです。しかし、その背後で、インターネットの普及が進み、新たな挑戦者が現れました。それがウィキペディアです。

ウィキペディアが登場した当初、世界中のボランティアが共同作業で百科事典を作り上げていくというアイデアは、多くの人々にとって「安かろう悪かろう」の典型と見なされていました。情報の信憑性が疑問視され、権威ある百科事典を置き換えることなど不可能だと考えられていたのです。エンカルタの成功を必ずしも確信していたわけではなかった筆者でさえも、まさかこのプロダクトが不要になるとは想像もしませんでした。

しかし、ウィキペディアは急速に成長し、エンカルタを凌駕する存在となりました。誰もが自由に編集できるこのプラットフォームは、情報の網羅性と迅速な更新により教育や研究に不可欠なツールとして認知されるようになったのです。気が付けば、エンカルタは２００９年にその役割を終え、一方、ウィキペディアはその地位を揺るぎないものとしています。

新たな技術やサービスの台頭とともに、新しい職業も生まれています。クラウドコンピューティングやスマートフォン関連の仕事は、すべてここ20年ほどで生まれたものです。仮想現実（ＶＲ）や拡張現実（ＡＲ）も、20年前には日常で使える技術としては存在していませんでした。

本書執筆中の今も、新しい職種が次々と生まれていると言っても過言ではありません。特に生成ＡＩは、人間の作業の一部を肩代わりし、人間が持つ本来の可能性を拡張させる技術として、この数年で劇的に進化し、今後どこまで革新をもたらすかは計り知れません。実際、この生成ＡＩのスキルを活かした新しい仕事も生まれています。その1つがプロンプトエンジニアリングです。これは、人間の話し言葉で指示して生成ＡＩを活用する技術を指します。ソフトウェア開発の現場では、生成ＡＩを使ったプログラミングが必須のスキルになると予測されています。このように、今この瞬間にも新しい仕事が生まれ、それを担当する職種も誕生しているのです。

「おもちゃ」こそが世の中を変える

誕生したばかりの新しい技術は、おもちゃのようなものと捉えられることがあります。しかし、そのおもちゃが世の中を変えてきています。

例えば、パーソナルコンピューターの登場当時、それはコンピューターマニアの週末の遊び道具と見なされていました。コンピューターサイエンスを学び、本格的なコンピューターの研究開発をしているエンジニアたちは、パーソナルコンピューターを担当したがらないこともありました。しかし、パーソナルコンピューターはダウンサイジングの始まりを告げ、産業構造を大きく変える存在となりました。

クラウドも同じです。インターネットの黎明期には、ウェブ技術は「ゆるい情報共有のツール」に過ぎませんでした。これが進化して国や企業の基幹業務を支えるものになるとは誰も思っていませんでした。おもちゃと思われていたものが世界を変える。これが1つの法則です。

この法則は、新しい技術が最初は過小評価されるという現象を示しています。新しい技術が誕生した時、多くの人々はその可能性に気付かず、ただの遊び道具として扱います。しかし、その技術が進化し、応用されることで、最終的には産業や社会に大きな変革をもたらします。

だからこそ、自分が楽しいと思ったら、周りの評価に左右されず、自分の本能に従ってみることが重要です。初めはおもちゃのように見えたとしても、それが未来の世界を形づくる鍵となるかもしれないのです。

ソフトウェアファーストの本質は、今はおもちゃのように見える新しい技術を、「面白い」と思える心を持つことです。年齢を重ねると、新しいことを覚えるのが億劫になったり、興味を失ったりすることがあるかもしれませんが、それではいけません。変化を楽しいと感じることが大事なのです。

筆者は、歳を重ねても変化を楽しみ続けてほしいと思っています。新しい技術やトレンドに対して、子どものような好奇心と冒険心を持ち続けることが、ソフトウェアファーストを実践する鍵となります。変化を恐れず、その可能性を楽しむことで、未来を切り開く力となるのです。

自動車業界は今、電動化やソフトウェア化により１００年に一度の変革期の真っ只中と言われますが、ＩＴ業界では10年に一度かそれ以上に短い期間で同様の大きな変革が起きています。この変化を負担に感じる人もいれば、逆にワクワクする人もいます。筆者は心から楽しいと感じてきました。この業界で働くことができて、本当に良かったと思っています。

変化を楽しみ、挑戦し続けよう

日本はここ30年以上、大きな失敗を恐れるあまり、小さな失敗を繰り返してきました。その小さな失敗は、時には失敗とも見なされないようなものでした。しかし、先進国の中で日本だけが経済成長をしていない現実こそが、まさに失敗そのものです。チャレンジしないことこそが真の失敗なのです。

筆者も普通に会社勤めをしていたら、間もなく定年を迎える年齢です。50歳を過ぎてからは、次の世代に何を残せるかを強く意識するようになりました。同じような立場の50代以降の方々には、定年までの安泰を考えるのではなく、未来に対して自分がどのように貢献できるかを考えていただきたいのです。

見ているると、自分の代で大きな失敗をすることを恐れるあまり、大きなチャレンジを避ける人が多いように感じます。驚くことに、「自分は勝ち逃げられる」と口にする人もいます。しかし、それではいけません。企業の未来、日本の未来、そして世界の未来を考えて行動してほしいのです。勝ち逃げを狙うのではなく、積極的にチャレンジしてほしいのです。

自分さえ良ければ、自社さえ良ければという考えを捨て、常に広い視野を持ち、日本だけでなく、世界を見てほしい。そして、未来を見据えてチャレンジしてほしいのです。これはシニア世代だけでなく、すべての世代に訴えたいメッセージです。未来を築くためには、失敗を恐れず、新しいことに挑戦し続ける勇気が必要なのです。

本書で一貫して主張してきたのは、ソフトウェアが現代のビジネスにおいて最も重要な要素であるということです。ソフトウェアファーストのアプローチは、単なる技術的な選択ではなく、企業戦略の根幹に据えるべき考え方です。

第一に、ソフトウェアは顧客価値の最大化に直結します。顧客が真に求めるものを理解し、それを実現するための手段としてソフトウェアを活用することで、競争優位を築くことができます。

第二に、ソフトウェアは事業価値の最大化にも直結します。ソフトウェアを使ったリカーリング（継続課金）ビジネスモデルは、持続可能な収益を生み出し、ビジネスをスケールさせる力を持っています。

第三に、ソフトウェアは企業の適応力と迅速性を高めます。変化する市場環境や顧客ニーズに迅速に対応するには、柔軟かつスピーディーなプロダクト開発が不可欠です。ソフトウェアを中核に据えることで、企業は変化に対する耐性を持つだけでなく、変化を起こす側に回ることも可能になります。既存の仕組みや業界構造を抜本的に変革する、いわゆるディスラプター（破壊者）となり得るのです。

最後にお伝えしたいのは、ソフトウェアファーストだからと言って、ソフトウェアだけを考えれば良いわけではないということです。本書はソフトウェアに焦点を当ててきましたが、ハードウェアも大事です。ソフトウェアとハードウェアは対立するものではなく、どちらかを採用したらどちらかを切り捨てるものでもありません。両者は連携して機能する技術です。

実はハードウェアで実現したほうが良いケースもあります。ソフトウェアは柔軟性が高く、更新が容易な一方で、消費電力や実行速度の面ではハードウェアに劣ります。そのため、消費電力を抑えたい場合や高速な処理が必要な場合には、ソフトウェアでもできることをハードウェアにオフロードする（肩代わりさせる）のが有効です。

重要なのは、ソフトウェアとハードウェア、2つの選択肢を持ち、目的に応じて最適な選択ができることです。そして、どちらを選んでも自社で対応できるのが一番強い。日本は伝統的にハードウェア分野に強みを持っています。従って、ソフトウェアの力を強化すれば、相乗効果でさらに競争力を高めることができるのです。

ソフトウェアファーストとは、ソフトウェアを最初から考えようということであって、ソフトウェアがハードウェアよりも大事ということではありません。ソフトウェアを新たな武器に企業競争力を高めることで、日本がもう一度発展していくことを望んでいます。

謝辞

今回の改訂版（第二版）を書くことになったきっかけは、内容は陳腐化していないものの、紹介されている事例が古くなっているとの指摘を受けたことでした。当初は事例の更新だけを予定していましたが、書き始めてみると、5年の歳月を経て、日本企業の間でもソフトウェアファーストの理解が広がり、実践する企業が増えていることが分かりました。また、技術も大きく変化していました。

そのため、本書の内容を抜本的に書き換えることになりました。完全に別の書籍にしても良かったかもしれませんが、ソフトウェアファーストの重要性を引き続き訴えたいと考え、改訂版という形を採りました。

執筆においては、第一版（初版）と同様にプロダクトマネジメントの手法を可能な限り取り入れました。バージョン1である第一版のフィードバックを参考にし、Ｅコマースサイトのレビューも分析し、ターゲット読者をより明確にしました。技術的には平易な説明を心掛け、専門用語の使用を避けるよう努めました。これも第一版を振り返った結果です。

今回の改訂版が世に出るまでには、多くの方々の協力がありました。まず、第一版の編集者である伊藤健吾氏と、第一版で編集協力をいただいた武田敏則氏に深く感謝します。そして、第一版に引き続き、今回も編集協力をしてくれた酒井真弓氏には特に感謝の意を表します。酒井氏は売れっ子ライターであり、イベントでのモデレーターとしても引っ張りだこの中、サポートを惜しまず提供してくれました。普段から寝不足気味のところをさらに寝不足にさせてしまったことと思いますが、深く感謝しています。彼女は私の普段の仕事ぶりをよく知っており、講演やクライアントへのアドバイスの際にどのようなことをどのように表現しているかを理解し、それを本書に再現してくれました。彼女なしでは本書は完成しなかったでしょう。

また、日経ＢＰ編集者の田島篤氏にも感謝の意を表します。田島氏は私が本当に書きたいことを引き出してくれました。第一版の良いところを継承しつつ、必要ならば大胆に書き直し、構成を変えることを提案してくれました。結果として、第一版とは異なる章立てになり、かなり読みやすくなっていると思います。これは田島氏の功績です。

最後に、改訂版の執筆にあたりご協力いただいたすべての方々に心より感謝申し上げます。本書が少しでも多くの読者の方々に役立ち、ソフトウェアファーストの理念が広まることを願っています。

プロダクトと、それを支えるソフトウェアが皆様の希望となりますように。

著者略歴

及川卓也（おいかわ・たくや）

大学卒業後、DEC（ディジタルイクイップメントコーポレーション）でソフトウェアエンジニアとしてキャリアをスタートした後、マイクロソフトでウィンドウズの開発を、グーグルでプロダクトマネジャーやエンジニアリングマネジャーとしてさまざまなプロダクト開発を指揮。その後、スタートアップを経て独立。2019年1月、テクノロジーにより企業や社会の変革を支援するTably（テーブリー）株式会社を設立。主な著書に『プロダクトマネジメントのすべて　事業戦略・IT開発・UXデザイン・マーケティングからチーム・組織運営まで』（共著、翔泳社）、『プロダクトマネージャーになりたい人のための本　エンジニアからプロジェクトマネージャー・事業企画・経営コンサルタント・デザイナー・現役PMまで』（監修、翔泳社）。

ソフトウェアファースト 第2版

あらゆるビジネスを一変させる最強戦略

2019年10月15日　第1版第1刷発行
2023年　7月31日　第1版第9刷発行
2024年　9月17日　第2版第1刷発行

著　者　及川卓也
発行者　中川ヒロミ
発　行　株式会社日経BP
発　売　株式会社日経BPマーケティング
〒105-8308　東京都港区虎ノ門4-3-12
https://bookplus.nikkei.com/
装　幀　小口翔平+畑中茜(tobufune)
編　集　田島篤
制　作　QuomodoDESIGN
印刷・製本　中央精版印刷株式会社

本書の無断複写・複製(コピー等)は、著作権法上の例外を除き、禁じられています。

購入者以外の第三者による電子データ化および電子書籍化は、私的使用を含め一切認められておりません。

本文中に記載のある社名および製品名は、それぞれの会社の登録商標または商標です。

本文中では®および™を明記しておりません。

本書に関するお問い合わせ、ご連絡は下記にて承ります。
https://nkbp.jp/booksQA

ISBN 978-4-296-00211-5
Printed in Japan
© Takuya Oikawa 2024